亀谷敬正の
競馬血統辞典

oo-parts
publishing

CONTENTS

目　次

種牡馬解説（五十音順） ················· 030

亀谷敬正の
競馬血統辞典

ダーレーアラビアン (1700)
│
エクリプス (1764)
│
ファラリス (1913)

ナスルーラ系

ネイティヴダンサー系

ターントゥ系

ミスプロ系

サンデー系

大系統・小系統の分類

本書では大系統を11通りに、
そこからさらに小系統として46通りに分類しています。
系統順に読み進めると系統の能力伝達が理解しやすくなります。

ま　え　が　き

本書は単行本『永久馬券格言』に基づき、種牡馬を分析。
YouTube「亀谷敬正の競馬血統辞典」で公開された内容を書籍化したものです。
また書籍化にあたり、YouTube「亀谷敬正の競馬血統辞典」で
公開された内容の一部に補足、修正を加えています。

1頭の種牡馬を覚えるだけでも競馬は勝てる

　本書は最初から順番に読んでいただく必要はございません。興味
のある種牡馬、あるいは今までの予想方法で狙いたい馬がいた場合、
その馬の種馬のページから読んでいただいてもよろしいかと存じま
す。

　「亀谷競馬サロン」でも「サウスヴィグラスだけを狙う」「父系に
エーピーインディ系を持つ馬だけを狙う」といったテーマを持った
メンバーさんが、予想を披露してくれています。それだけでも十分
な馬券成果を収められているメンバーさんがたくさんいらっしゃる
ので、競馬をより一層楽しむお手伝いができていることへの充実感
を頂戴しております。「血統の分析レポートを日々出してよかった」
「リアルに語り合える場所を作ってよかった」と心から喜びがこみ
上げてきます。

　本書を手に取ってくださった皆様にも、同じ様な楽しみを伝える
ことができれば、幸甚に存じます。

競走馬の能力は一定ではない

　もしも競馬も人工授精がOKになったら……？

　サンデーサイレンス、サドラーズウェルズ、エーピーインディ、
ストームキャット、キングマンボのいずれかの種牡馬は、日本、ア
メリカ、ヨーロッパすべての国でリーディングサイアーを取れるで

しょうか？

　おそらく、先に挙げた種牡馬1頭だけが世界中でリーディングサイアーを取れる可能性は限りなく低いはず。なぜなら競馬で要求される能力の方向性は一定ではないからです。だからこそ、競馬は面白く、未来永劫に続くのです。

　また、血統を用いてお馬さんの能力を予測するには「単純な集計データではわからないこと」を理解することも重要です。

　たとえば、クロフネの産駒は、全体の勝ち星の60％以上がダートです。また、1400m以下の勝ち星比率と1500m以上の勝ち星比率は、ほぼ半々。ところが、重賞勝ちの90％以上は芝（レース比率を考慮しても勝率も圧倒的に芝）。芝GI勝ちは牝馬のほうが多く、芝1600m以下に偏っています。

　ダイワメジャーは芝短距離のほうが勝ち星比率は高いですが、人気で裏切るパターン（危険な人気馬）を量産するのは芝の短距離レースです。

　つまり単純に距離や芝ダート別の勝ち星を眺めている（機械に分析させている）だけでは、産駒の能力を予測するのは難しいのです。

　本書を読み進めていただければ、血統そして競馬の奥深さの一端を知ることができると信じています。あえて本書でも芝、ダート、短距離、中距離以上の勝ち星比率をグラフで掲載していますが、それを理解した上で日本、米国、欧州への適性について書かれた本文とあわせて読めば、「より深い競走馬の分析」を行うためのヒントになることでしょう。

競走馬は走る距離を知らない

　競馬において、未来永劫変わることのないであろう原則であり、競馬は血統が重要である理由。

　それは「競走馬は走る距離を知らない」ことです。

　ゲートを出て芝やダートを走り、様々な距離を走るのは「本能」によるものです。そして競走馬の本能には遺伝による影響も大きいのです。血統とは、本能の傾向を示すツールでもあります。

血統は馬柱の分析にコクを与える

　多くのプロ馬券師は（馬券師自体多くはないですけど）、馬券で勝つための馬柱の分析方法、読み解くコツを知っています。「亀谷競馬サロン」でも、血統を用いなくても馬券で勝てる戦歴パターンをたくさん紹介しています。

　たとえば、ダート短距離では「距離短縮」の戦歴に該当する馬を狙えば勝てるシチュエーションがあります。

　先に書いたように「競走馬は走る距離を知らない」ので、前走までの経験に基づき「本能」で走ります。ダートの短距離では「前走で今回より長い距離のリズム」を記憶した馬が有利になる局面が多いためです。

　この予測手法は、30年近く前に筆者の師匠である今井雅宏さん、心の師匠であるアンドリュー・ベイヤーさん（が40年近く前に出した競馬の書籍）、同じく心の師匠である多くの一流調教師のレースの使い方とお馬さんを見て勝手に教わりました。こうして「短縮ショック」と呼ばれる予測手法だけでも毎年多くの馬券収益を上げ続けてきました。

　そして、この「短縮ショック」は「血統によるタイプ分け」を用いることで収益率がさらに上がります。競走馬の心身性質は「血統」による影響を多分に受けるからです。

　簡単に言ってしまえば、ダートへの距離短縮を苦手とする馬は、特定の血統タイプに該当する馬がほとんど。つまり「ダートへの距離短縮が苦手な血統」を買い目からオミットすることで、収益率はさらに上昇するわけです。

　このように、本書では、各種牡馬の産駒の特徴を「長年使い続けている有効な競馬予測手法」に基づき分析しています。つまり、各種牡馬の特徴や傾向だけではなく、戦歴（馬柱）の分析手法も知ることができます。

　本書は「血統辞典」の皮をかぶってはいるものの（笑）、競馬分析手法、各国、各競馬場のコース分析手法の解説書でもあるのです。

　将来的に本書に載っている産駒が出走しなくなっても、本書に掲載している競馬の分析方法、血統の分析方法は未来永劫使えることでしょう。

血統は能力のデータベースである

　血統は心身性質の遺伝傾向を示すものであり、戦歴分析において有効なツールです。そして、戦歴による反応（好走率・凡走率）の傾向は代々引き継がれるものです。

　たとえば、サンデーサイレンス産駒（直仔）は、昇級戦の重賞成績が他の種牡馬に比べて圧倒的に優秀でした。昇級戦のサンデーサイレンス産駒を重賞で買い続けるだけでも高い収益率を収めたものです。

　その特性はディープインパクトにも引き継がれ、さらにディープ産駒にも引き継がれました。ディープ産駒の昇級戦の重賞成績はやはり優秀です。

　ただし、同じサンデー直仔でもハーツクライの産駒は昇級戦の成績が芳しくありません。ハーツクライはトニービンの影響を受けたことで「勢い」よりも「経験」が重要な心身傾向を示すためです。

　ハーツクライの現役時代は重賞初挑戦でもＧＩ初挑戦でも勝つことはできませんでした。有馬記念もジャパンカップも２度目の挑戦で勝利、連対しています。

　ハーツクライの母父であるトニービンの産駒（ウイニングチケット、

　ジャングルポケット、サクラチトセオー、オフサイドトラップなど
など）に初挑戦よりも2回目以降で結果を出す馬が多かったのも「勢
い」よりも「経験」が糧となる心身性質があるからでしょう。

　そしてハーツクライの産駒も勢いよりも経験が糧になる産駒が出
やすい傾向を示します。産駒のスワーヴリチャードもGIレースは4
度目の挑戦で優勝。ジャパンカップも2度目の挑戦で優勝しています。

　このように、血統別の戦歴傾向は代々引き継がれるものなのです。
だからこそ、新種牡馬の産駒の傾向も、血統図（その父と母の戦歴
傾向）から予測することができるのです。

　種牡馬名だけで分析する手法ではわからない（機械分析ではわか
らない）傾向を見抜くことができる。これこそが血統を体系立てて
分析する醍醐味であり、強みといえるでしょう。

　ケンタッキーダービーや、凱旋門賞、ドバイミーティングなど、
数々の海外レースで高配当を的中できたのも、血統の仕組みと競馬
場で要求される能力を体系立てて分析しているからこそだと思いま
す。

血を育むのは人

　経験が重要なハーツクライ産駒ながら重賞を初挑戦で優勝、GI
を初挑戦で優勝した馬がサリオスです。

　血統はあくまでも傾向を示すツールである……というのももっと
もなのですが、サリオスの育成がノーザンファームであり、管理調
教師が堀宣行調教師であることでハーツクライの傾向を覆したとい
うことも見逃せません。

　本書では、調教師の味付けによって血統（系統）の傾向がどのよ
うに変わったか？についても意識的に記するよう心がけました。

　堀厩舎とノーザンファームはモーリスでも血統の傾向を覆しまし
た。このチームは産駒をスピード寄りに味付けする傾向があります。

よってモーリスの産駒は、父の現役時代よりも父父であるスクリーンヒーローの戦歴傾向を継いだ産駒が多いのです。

同じく血統傾向を覆し、スピード（を引き出す前向きな気性）を強く引き出す調教を施すのが藤原英昭厩舎。これは本書を読み産駒を分析すれば納得していただけるはずです。

競馬は農業

筆者は、数多くのレストランをめぐり、シェフとの会話を楽しむのがもうひとつの仕事です（亀谷競馬サロンで超一流シェフとの食事会をメンバーの皆さんに楽しんでいただく下見も兼ねています）。

リスペクトするシェフの方々は、生産者のことや、どのような手法で調理したか？を詳しく解説してくれます。

たしかにシェフからの解説を聞かずとも、料理の味は同じかもしれません。しかし、シェフからの解説により農家の思いを噛み締めて味わう料理は、感動を一層引き立ててくれる気がするのです。

競馬も同じく農業。本書は農家の方が仕上げた渾身の種馬を理解するスパイス（筆者の競馬の見解は亀ＳＰと呼ばれています）になるはずです。

馬券の払戻金、オーナーのレース賞金自体は無機質なものです。しかし、お馬さんを育まれたホースマンの思いを噛み締めれば、払戻金、レース賞金は同じであっても、今までにない感動も噛み締めることができるのではないでしょうか？

本書は農家の皆様が育んだ種馬に敬意を持って分析させていただいています。競馬への感動をより一層引き立てる役割を少しでも果たすことができれば幸いです。

2021年8月　亀谷敬正

本書の読み方ガイド

大まかなタイプ分けで傾向が出るファクターが重要

　血統ビームが登場した20年前は「血統のタイプ化」という手法はほとんど知られていませんでした。いや、今でも多くのファンは知らないですし、今でも否定はされますが、昔はもっとマイナーで否定もされたものです。

　個々の種牡馬で「細かく」特徴が異なるのは当然です。もっといえば同じ種牡馬でも産駒それぞれの特徴が「細かく」異なるのも当然ですね。ですが「大まかな特徴」を「体系立てて」出せるのが「大まかな血統のタイプ分け」の魅力なのです。

　競馬の傾向を分析する際には「大まかなタイプ分け」で傾向が出るファクターを発見することが極めて重要です。その有効なファクターが「血統」であり、「大系統」「小系統」「国別タイプ」といった血統ビーム独特のツールなのです。

　実際に大系統、小系統、国別タイプは、大雑把に分類しているのに明らかな傾向が30年以上前から出続けています。

　「血統のタイプ分け」の考え方は、血統の奥深さを知る上で大事な基礎となります。ぜひ最後までご覧ください。

血統の分類について　　　　　　　大系統

　まずは系統について解説していきましょう。

　ボクが作った「ブラッドバイアス血統馬券プロジェクト」及び「スマート出馬表」では大系統を11通りに分類し、そこから小系統として46通りに分類しています（P4の系統表を参照）。

　まぁ、これは大雑把であり、好みですね。この分類方法を細かく議論しても大した意味がないことは後々わかっていただけるでしょう。

　また、いきなりカタカナだらけの系統表を見せられると難しく感じるかもしれないので、系統がどのようにして作られていったのかを簡単に説明したいと思います。血統と系統って意外と簡単なんだと理解していただけると思います。

系統はどのようにして作られるか

　サラブレッドの歴史はバイアリーターク、ダーレーアラビアン、ゴドルフィンアラビアンという3頭の馬から始まっています。それがサラブレッドの最初の大系統です。

　そこから競馬を通じて選別・淘汰を繰り返し、今活躍している種牡馬の99%はダーレーアラビアンの系統になります。バイアリータークはヘロド系として、ゴドルフィンアラビアンはマッチェム系としてわずかに残っているだけです。なので、昔の系統分類ですと、すべての大系統はダーレーアラビアン系になってしまいます。

　血統というのはそのときの競馬に適応した系統が生き残り、適応しなかった系統が淘汰されますから、繁栄する血統に大きく偏りが出ます。

　ダーレーアラビアンの系統も選別・淘汰を繰り返し、今ではターントゥ系、ネイティヴダンサー系、ナスルーラ系、ノーザンダンサー系の4種類が大多数を占めています。超大雑把にいえば、この4つの大系統に世界中の多くのサラブレッドは属することになります。

　日本の場合、ほとんどがターントゥ系から派生したサンデー系、ネイティヴダンサー系から派生したミスプロ系の馬です。つまり、日本競馬の主流血統はサンデー系とミスプロ系であり、ナスルーラ系、ノーザンダンサー系、サンデー系以外のターントゥ系、ミスプロ系以外のネイティヴダンサー系は非主流の大系統になるわけです。

タイプ分けの重要性

　ここまでの話を聞いて、こんな大雑把でいいのか？と思う方もい

るかもしれません。

　実際にボクがこの系統のタイプ分けを作った20年前、「こんな大雑把な分類で傾向が出るわけがない」と言われました。血統をやっていない人はもちろんのこと、血統派の人も9割は否定していました。それをデータで証明してやろうと思って、最初にターントゥ系、ネイティヴダンサー系、ナスルーラ系、ノーザンダンサー系という4つの系統でデータを出したのです。

　その結果、大系統のタイプ分けでも馬の個性やレースの傾向が出ることがユーザーに認められました。そして、さらに種牡馬よりも大雑把で、大系統よりは細かい小系統も作っていったのです。

　このようなタイプ分け（データの抽象化）の手法、考え方は世の中の多くの投資対象において有効なのではないでしょうか？

　たとえば株。「業種」というのが血統で言う大系統です。「個別銘柄」が種牡馬です。市況に応じて特定の業種が伸びる。コースや馬場に応じて特定の大系統が走る。その中からより恵まれそうな個別銘柄、種牡馬を探す。株も競馬も同じなんです。

　そして、血統の場合は大系統と小系統の血統構成を見れば産駒が走る前、もっといえば種牡馬のサンプルがゼロの段階でも大まかな予測をすることができる。そこが血統というファクター独自の素晴らしさ、面白さなのです。

血統の分類について　　　　　　　小系統

　続いて小系統についてです。

　先ほど言ったように、小系統は大系統をさらに細分化して、46通りに分類したものです。これも血統構成から来る個性を見出す上ではとても重要です。

　たとえば、出走馬がサンデー系ばかりだったときに、その中から個性の差を考えていく必要があります。そのため「スマート出馬

阪神 11R G1大阪杯
4日 15:40 芝2000 雨 重

馬番↑	性齢	推人	人ラ	単勝	印	父 小系統	国	母父 小系統	国
1 モズベッロ モズベ	牡5	7	D	68.8⑥		ディープブリランテ ディープ系	日	Harlan's ストームバード系	米
2 サリオス サリオ	牡4	3	C	5.8③		ハーツクライ Tサンデー系	日	Lomitas ニジンスキー系	欧
3 アーデントリー アーデ	牡5	11	D	202.0⑫		エイシンフラッシュ キングマンボ系	欧	リンカーン Lサンデー系	日
4 ブラヴァス ブラヴ	牡5	9	D	112.9⑩		キングカメハメハ キングマンボ系	欧	ディープインパクト ディープ系	日
5 ペルシアンナイト ペルシ	牡7	6	D	111.3⑨		ハービンジャー ダンチヒ系	欧	サンデーサイレンス サンデー系	日
6 ワグネリアン ワグネ	牡6	5	C	49.8⑤		ディープインパクト ディープ系	日	キングカメハメハ キングマンボ系	欧
7 コントレイル コント	牡4	1	A	1.8①		ディープインパクト ディープ系	日	Unbridled ミスプロ系	米
8 レイパパレ レイパ	牝4	4	C	12.2④		ディープインパクト ディープ系	日	クロフネ ヴァイスリージェント系	米
9 クレッシェンドラヴ クレ	牡7	10	D	95.1⑧		ステイゴールド Tサンデー系		Sadler's サドラーズウェルズ系	欧
10 カデナ カデナ	牡7	12	E	182.5⑪		ディープインパクト ディープ系		French De ヴァイスリージェント系	米
11 ハッピーグリン ハッピ	牡6	13	E	283.0⑬		ローエングリン サドラーズウェルズ系	欧	アグネスタキオン Pサンデー系	日
12 グランアレグリア グラン	牝5	2	B	2.8②		ディープインパクト ディープ系	日	Tapit エーピーインディ系	米
13 アドマイヤビルゴ アドマ	牡4	8	D	77.6⑦		ディープインパクト ディープ系	日	Elusive C ミスプロ系	欧

スマート出馬表では出走各馬の小系統、国別タイプが表示され、大系統は色分けされている。

表」では、サンデー系をPサンデー系、Tサンデー系、Lサンデー系、Dサンデー系、ディープ系という独自のタイプ分けで分類しています。ここも細かい分け方の揚げ足取りをしたらキリがないですし、そこを議論しすぎることは意味がないんですよね。「だいたい」で傾向が出ることと、期待値の方向性が出ることが大事だからです。

小系統の分類は国によって変わる

小系統は46通りあると先ほど述べましたが、これは日本の競馬

で亀谷が適当にやったら、たまたま46通りだっただけです。主流となる血統が日本と異なるアメリカやヨーロッパでは別の分類が必要になります。

たとえば、アメリカではミスプロ系の分類はスマートストライク系やアンブライドルド系などもっと細かくすべきですし、欧州の競馬ではダンチヒ系をグリーンデザート系とデインヒル系という具合にさらに細かく分類すべきです。

実際にボクは、海外競馬の予想は日本とは異なる分類で予想しています。

2019年のケンタッキーダービーは14番人気1着のカントリーハウスを本命にして当てたんですが、これはケンタッキーダービーに強い父スマートストライク系が少数派で、さらに母父まで見るとカントリーハウスが傾向にピッタリだったからでした。

国別タイプは日本型、米国型、欧州型の3つに分類

ここからは国別タイプについて解説していきます。

国別タイプは、同じ系統でもアメリカの競馬で繁栄してきた血統とヨーロッパの競馬で繁栄してきた血統で特徴に違いが出るんじゃないか？という、血統では明らかに特徴が異なる現象から考えてタイプ分けしたもの。国別による種牡馬の競走適性をベースにした分類になっているのが特徴です。

国別タイプは種牡馬自身の戦歴や産駒実績を参考にして、日本型、米国型、欧州型の3つに分類しています。

日本型は直線でのトップスピード。米国型は全体的なスピードとその持続力、ダッシュ力。欧州型はスタミナ、バテてから踏ん張る馬力。それぞれに優れる要素が違います。

国タイプはたった3つの分類ですが、1万件以上データをそろえても傾向がしっかりと出ます。もしこれがサイコロだった場合、1万回も転がしたらほぼ同じくらいの確率に収束すると思います。し

アイルハヴアナザーのデータ

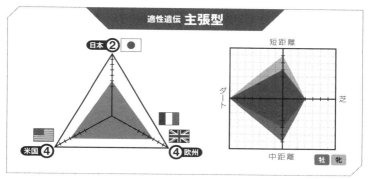

※本書では国別タイプ、芝ダート適性・距離適性をレーダーチャートで視覚化している
（グラフの数値は予測値を含む）。

かし、血統はサイコロではなくはっきりとした傾向が出るので確率
に偏りが出ます。

　たった3つに分類しているのに傾向が出る。これが重要なのです。

国別タイプの分類①

日 本 型

日本型の特徴	東京の芝2400mを頂点とした軽い芝で、直線のトップスピードに優れている

　日本型とはほぼサンデー系のことだと言えますが、トウショウ
ボーイ、サクラバクシンオーをはじめとするテスコボーイを経由し
たプリンスリーギフト系やノーザンテースト系など、サンデー系が
入ってくる前に日本で繁栄した血統も一応、日本型に分類していま
す。厳密にいえば、昭和日本型と令和日本型みたいに作るべきとも
思いましたが、あまり意味がないのでやっていません。

　ここでは平成日本型、つまりサンデー時代がやってきた日本型に

ついて説明しましょう。

　直線でのトップスピードにおいて日本は世界最強の国です。アメリカの競馬もヨーロッパの競馬も日本ほどラスト2〜3ハロンのスピードは求められません。

　わかりやすいのがジャパンC。海外の強い馬が参戦しても日本の馬に敵いませんよね。昔は日本競馬の馬場管理と血統淘汰が洗練されていなかったので、海外の馬でも勝てていたんですが、今では日本の血統と馬場レベルも進化したので、常に日本で育んでいる馬と血統がジャパンCで上位を占めるようになっています。

　当然ながら日本型の代表、サンデー系は日本のクラシックで圧倒的な強さを誇っています。

　ダービーは2011年以降の11年でサンデー系が9勝。残りの2勝はキングカメハメハ産駒。サンデー系の9勝中7勝はディープインパクト産駒で、2018年〜2021年まで4連覇中です。

　牝馬の最高峰、桜花賞も2011年以降の11年でサンデー系が7勝。そのうち5勝がディープインパクト産駒となっています。

　まずは日本型が走るのが日本の芝の標準であるということをしっかりと押さえておきましょう。逆に日本型が走らないときは、いつもと傾向が違う可能性が高いということです。

サンデー系の繁栄と今後の競馬

　サンデー系はサンデー直仔の時代からディープインパクトの時代へ移り変わり、現在はさらにその下の世代に移り変わろうとしています。こうして代を経ることによって、サンデー系の立ち位置も微妙に変わってくる可能性があります。

　サンデーサイレンスの直仔はビリーヴ、デュランダル、アドマイヤマックス、スズカフェニックス、オレハマッテルゼと、芝1200mでもGⅠ馬を多数輩出しました。ダートでもゴールドアリュールがGⅠを複数勝ち、トゥザヴィクトリーがドバイワールドカップで2着。

カテゴリを問わず活躍馬を出しました。

　しかし、その後継種牡馬となるディープインパクトの産駒は既にサンデーサイレンスよりも多くの産駒数がありながら、芝1200mのＧⅠを勝ったのはグランアレグリアのみ。ダートのＧⅠには出走すらほとんどありません。

　ダービーを筆頭に、ディープインパクトは日本の主流距離とコースに関してはサンデーサイレンス以上の適性と能力を示していますが、日本で主流の能力を伝えることに特化しすぎていて、苦手とするカテゴリがハッキリしています。

　今後はさらにディープインパクトの系統が繁栄していくわけですから、馬券的にはこれまで以上に日本型の取捨が大事になりますし、ディープの系統が苦手とする「芝短距離」や「ダート」のスペシャリストを狙って儲ける局面が多くなるのではないでしょうか。

　ちなみに、ディープインパクトは海外でダメなわけではなく、東京芝2400mに合うディープの繁殖が選別されすぎたのです。これはマニアックな話になるので、また別の機会にお話しします。

なぜサンデー系は日本で繁栄できたのか?

　サンデーサイレンス自身は元々はケンタッキーダービーやブリーダーズカップクラシックなどアメリカの主要レースを勝った名馬で、芝を走ったことはありませんでした。しかし、最高峰のダート競馬で示したスピード能力が日本の軽い芝に奇跡的にフィットしました。

　さらに、プリンスリーギフト、リファール、ディクタスなど、当時の日本の繁殖牝馬が持っていたフランスの血と抜群に相性が良かったというのも、もうひとつの奇跡です。

　フランスの競馬はスローペースから直線の伸びを競うレースパターンが多く、日本の競馬とも近い関係性にあります。ディープインパクト、ハーツクライ、ステイゴールドがそうであるように、サンデーサイレンス由来のスピードやキレ、素軽さにフランス寄りの

道中のタメと伸びを補完するのが今のJRAではベストと言って良いでしょう。

つまり、アメリカの血とフランスの血をうまくミックスさせ、「日本独特の路盤に合う」という他の国にはない個性を作り出した血統、それが日本型ということになります。

東京芝2400mというのは世界の中で最も直線スピードが出るコースで、日本はそこで種の選別を行っているわけです。当然、脚の遅い馬は淘汰されます。東京芝2400mでトップスピードを出すためにはアメリカとフランスどちらかに偏っていてもダメで、上手にミックスさせなければいけません。その目的においての最高の種牡馬がサンデーサイレンス。次がキングマンボ。その次がトニービン、ディクタス、リファールということです。

ただし、キングマンボ、トニービン、ディクタス、リファールは日本適性は高いのですが、日本型には分類できません。なぜかと言うと、これらの系統はサンデーの力がないと日本では発展し難いからです。実際にサンデーが入っていないキングマンボ系は、エイシンフラッシュなど成績が振るいません。

国別タイプの分類② 米国型

米国型の特徴	⇒ダッシュ力と持続力に優れている
	⇒体力の完成が早い

米国型にはその種牡馬自身や産駒がアメリカのダート競馬で実績を残した馬を分類しています。

アメリカ、主に北米で行われるダート競馬は前半から道中の流れが速く最後まで持続するレースが主流。全体的なスピードとその持続性、前半から一気に加速するためのダッシュ力に優れているのも特徴です。

馬券的な観点から見た場合の米国型は、ダート短距離の適性、早い時期からの体力の完成度、仕上がり面の早さで他と比べて優位になります。

若駒戦のダート短距離に強い

米国型というタイプ分けを知っておくだけで、どれだけ競馬予想において有利なのかを実践例を見ながら解説していきましょう。

まずシンプルに、体力の完成が早く、ダッシュ力と持続力に優れているということは、ダート短距離の若駒限定戦で有利になります。

ダート1400m以下、2、3歳限定の下級条件の成績を国タイプ別に出したのがこのデータです。好走数も好走率も米国型が圧倒的に優れています。

ダート1400m以下。2、3歳限定の下級条件(1勝クラスより下)

父国別タイプ	着別度数	勝率	連対率	複勝率
米国型	266- 253- 252-2532/3303	8.1%	15.7%	23.3%
欧州型	161- 175- 167-2252/2755	5.8%	12.2%	18.3%
日本型	174- 173- 179-2445/2971	5.9%	11.7%	17.7%

(集計期間:2020年1月5日〜2021年6月27日)

なお、ダッシュ力と持続力は違う方向性なんじゃないの?と思われる方もいるかもしれません。それはその通りで米国型もその基準で2種類に分けています。ただし、これは応用編なのでここでの説明は割愛します。逆にいえば、明らかに2タイプあるのに雑に1つに括ってしまっても大雑把な傾向が出るのが素晴らしいのです。

芝で米国型が走るシチュエーション

ダートのレースに限らず芝のレースでも、米国型の個性が有利になればまとめて好走することがあります。本書が出る直前で思いつ

く重賞に函館2歳Sが挙げられます。

　函館2歳SはJRAで行われる世代最初の重賞で、スピードと仕上がりの早さが問われるレース。Pサンデー系が強いレースで、特にPサンデー系と米国型の組み合わせが圧倒的に有利です。このレースには父と母父がPサンデー系と米国型で構成された馬は3頭しか出走しておらず、その3頭が2、3、4着でした。

　1着ナムラリコリスは母父がPサンデー系のマツリダゴッホ。マツリダゴッホは米国の影響を強く受けた種牡馬。

　2着カイカノキセキは父がPサンデー系のキンシャサノキセキ。母父が米国型のティンバーカントリー。

　10番人気で3着と穴をあけたグランデは父が米国型のディスクリートキャット。母父がPサンデー系のデュランダル。

　8番人気で4着だったイチローイチローは父がPサンデー系のカレンブラックヒル。母父が米国型のスウェプトオーヴァーボード。

　父か母父がPサンデー系の上位独占。このうち父か母父が米国型だったのは、2、3、4着馬しかいませんでした。

米国型が芝中距離で走るシチュエーション

　基本的には米国型はダート、短距離、早い時期に強いというのが持ち味ですが、コースや馬場状態によってはスピードの持続性が芝中距離で活きる場面もあります。

　たとえば、芝の重い馬場でも米国型が有利になることがあります。

　芝の重い馬場というと欧州血統が走りやすいことが多いのですが、小回りの淀みない流れへの対応力と最後までスピードを持続する能力が問われる競馬では米国型が有利になります。2021年の大阪杯や、2018年の七夕賞がまさにそんなレースでした。

　大阪杯は直線が短いコースに加え、雨が降る重い芝で行われたことで、直線の伸びやキレが削がれる馬場でした。このレースに父米国型の出走はありませんでしたが、母父米国型が5頭出走して、1

～4着を独占。11番人気の人気薄ながら6着だったカデナも母父米国型。欧州指向の血が濃い馬たちは軒並みパフォーマンスが低かったことからも分かる通り、重い芝により失速しないことよりも、小回りの淀みない流れへの対応と最後までスピードを持続することが問われた競馬でした。このレースパターンがアメリカのダート競馬に近かったと捉えることもできます。

1着レイパパレ、2着モズベッロはどちらも母父が米国型ノーザンダンサー系。レイパパレの母父であるクロフネはクロノジェネシスの母父でもあるように、小回り中長距離の重い芝に強い血です。

この大阪杯と似たようなレースパターンは福島芝2000mの重賞でもよく見られます。

2018年の七夕賞は3連単が256万馬券の大波乱で、単勝100倍超えの11番人気で1着だったメドウラークは母父が米国型のクロフネ。最低人気の12番人気で3着だったパワーポケットの父も米国型のエンパイアメーカーでした。

エンパイアメーカーは産駒全体の実績をみればダート寄りですが、日本に導入されて以降、JRAの重賞を勝ったのは芝2000mのみ。芝2000mの重賞ではパワーポケット以外にも函館記念のエテルナミノル、秋華賞のカイザーバルなどが人気薄で馬券になっています。

エンパイアメーカーはアメリカのクラシック血統。そのような血統馬が芝中距離の持続力が要求されるレースで激走する。つまり、日本の芝でも米国的要素に長けた血統のほうが有利になることがあるのです。

米国型にもクラシック型とダッシュ力型がある

米国型にも大きく分けてクラシック型(中距離持続型)とダッシュ力型があります。エンパイアメーカーは本格的な米国クラシック血統。日本で走っているその他の米国型に比べるとやや異質で、使い込まれて良化し、中距離や芝にも適性を示します。他にはマジェス

ティックウォリアー、カジノドライヴ、シニスターミニスターなども似たようなタイプ。

　ダッシュ力型はヘニーヒューズ、パイロ、クロフネなど。仕上がりの早さ、スピードを武器にするタイプです。

国別タイプの分類 ③　　　欧 州 型

欧州型の特徴	➡減速要素の多い路盤に強い ➡使い込まれて強くなる

　欧州型には主に種牡馬自身や産駒がヨーロッパ、オセアニア、香港などで実績を残した馬を分類しています。

　日本ではありえない起伏やデコボコの路盤で選別と淘汰をされ、タフな道中で消耗しないスタミナ、それでも直線で抜け出すガッツに優れています。

　また、使い込まれて良化して、古馬になってから素質を開花させる馬が多い傾向もあります。ガッツとパワー、スタミナは使って強化するものです。

　基本的にJRAの競馬自体がスピードや素軽さ、仕上がりの早さを持つ馬に有利な構造なので、それらに劣る欧州型は安定した勝ち上がり率を残す点に関しては不利です。しかし、勝ち上がって古馬になってからの成長力は、後々は長所にもなります。

　重賞での父の国別成績を見ても、2、3歳限定戦では父日本型の勝率が最も良いのですが、古馬混合戦になると父欧州型が上回ります。これは使い込まれて強くなる欧州型の特徴が顕著に表れている証拠です。

2、3歳限定の重賞（勝率順）

父国別タイプ	着別度数	勝率	連対率	複勝率
日本型	43- 36- 43-426/548	7.8%	14.4%	22.3%
米国型	7- 3- 5- 81/ 96	7.3%	10.4%	15.6%
欧州型	25- 34- 26-349/434	5.8%	13.6%	19.6%

古馬混合の重賞（勝率順）

父国別タイプ	着別度数	勝率	連対率	複勝率
欧州型	49- 45- 45- 533/ 672	7.3%	14.0%	20.7%
日本型	68- 66- 72-813/1019	6.7%	13.2%	20.2%
米国型	11- 17- 11- 220/ 259	4.2%	10.8%	15.1%

（集計期間：2020年1月5日～2021年7月18日）

長距離と重い芝

　馬券的な観点から見た場合、欧州型の長所を活かしやすいのは芝長距離や重い芝になります。これは道中の減速要素が多くなるからです。

　芝2200m以上の重賞で単純に馬場状態が稍重、重、不良だった場合の成績でも、父欧州型の成績は父日本型に比べて優秀です。

芝2200m以上の重賞。馬場状態が良以外

父国別タイプ	着別度数	勝率	連対率	複勝率
欧州型	13- 8- 7- 84/112	11.6%	18.8%	25.0%
日本型	10- 15- 15-160/200	5.0%	12.5%	20.0%
米国型	0- 0- 1- 12/ 13	0.0%	0.0%	7.7%

（集計期間：2016年1月5日～2021年7月18日）

　芝中長距離の小回り、2200mの非根幹距離でもある宝塚記念は欧州型が強いレースの代表です。2021年も父欧州型のクロノジェネシスが1着。7番人気2着だったユニコーンライオンは父欧州型で母父も欧州型でした。

2018年は7番人気1着のミッキーロケット。10番人気2着のワーザー。12番人気3着のノーブルマーズは全て父と母父がどちらも欧州型。1～3着を独占し、3連単は49万馬券の大波乱でした。

このように、頻度は多くありませんが、日本の競馬でも欧州型の馬が恵まれるシチュエーションがあります。というか頻度が多かったら欧州型が主流になりますからね。

普段来れないぶんそのときはまとめて穴になることが多いので、今の馬場が主流か反主流かの意識は常に持っておいたほうがいいでしょう。

欧州型にはイギリス寄りとフランス寄りの2種類ある

少し複雑にはなりますが、同じ欧州型でもイギリス寄りのタイプとフランス寄りのタイプの2通りがあることを分かっていると適性を理解するのにより効果的です。

イギリス寄りのタイプはサドラーズウェルズ系やロベルト系、ニジンスキー系などに多く、スタミナと馬力が特に優れています。

フランス寄りのタイプはグレイソヴリン系、キングマンボ系、リファール系、ディクタスなどに多く、スタミナ指向の末脚の伸びに優れています。

イギリスと日本は相反すると言っていいぐらい適性が違い、フランスはイギリスと日本の中間というイメージがわかりやすいと思います。

この考え方も欧州競馬を予想する上では重要です。

イギリス寄りの欧州型が得意とするレース

福島牝馬Sはイギリス寄りの代表と言えるサドラーズウェルズ系が強いレースで、2017年にフロンテアクイーンが4番人気2着、2018年にキンショーユキヒメが7番人気1着、2019年にデンコウアンジュが4番人気1着と、メイショウサムソン産駒が3年連続で連

対していました。

中山金杯でもサドラーズウェルズ系は、2018年にストレンジクォークが10番人気3着、2019年にタニノフランケルが9番人気3着、2020年にテリトーリアルが11番人気3着と、人気薄で3年連続馬券になりました。

2001年の中山金杯もノーザンダンサー系が1〜4着を独占。1、2着はサドラーズウェルズ系でした。これはレース前に公開し、大本線で的中しました。

福島牝馬Sや中山金杯の例からも、イギリス寄りのタイプは直線の短いコース、坂のあるコースで上がりがかかった場合にそのスタミナと馬力を発揮することが多くなります。

フランス寄りの欧州型が得意とするレース

フランス寄りのタイプはキングマンボ系、グレイソヴリン系、リファール系、ディクタス系などです。

キングマンボ系の代表馬は、ジャパンカップで東京芝2400mのレコードを出したアルカセット、アーモンドアイ、ダービーで当時のレースレコードを出したドゥラメンテ、ダービー史上最速のレース上がりだった2010年にワンツーしたエイシンフラッシュ、ローズキングダムなど。欧州型のなかでは直線が長いコース、広いコースが得意な馬も出やすいのが特徴です。

グレイソヴリン系の代表はトニービン。

ディクタス系の代表はサッカーボーイ。ステイゴールドの母父。

リファール系はディープインパクトの母父、ハーツクライの母母父。

いずれも日本に近い適性を持っています。

エピファネイアがフランス指向の欧州型になる遍歴

イギリス寄り・フランス寄りの考え方で面白いのがエピファネイアです。

エピファネイアはロベルト系で母系にサドラーズウェルズも入るのでイギリスの要素が強いのですが、ロベルト系の中では例外的なタイプです。父であるシンボリクリスエスがロベルト系の中ではイギリスの要素が薄いこと、母であるシーザリオの影響を強く受けていることで、日本適性とフランス適性が濃くなっているからです。

イギリスの要素を薄くして日本の要素に引っ張っていくとちょうど中間のフランスに近い感じになるので、エピファネイアはフランス寄りの欧州型、日本寄りのフランス型、と理解するといいかもしれません。

このあたりの適性のバランスは本編でも解説していますので参考にしてください。

本書に出てくる用語

テンパターン（テンP）／上がりパターン（上がりP）

「スマート出馬表」で公開している、近走のテン順位／上がり順位を距離ごとにパターン化した指標。数字の15・30・50は出現率の割合を示す。各パターンの出走頻度・好走頻度がクラスが異なっても統一できるため、より実戦的な傾向がつかめる。なお、テンパターンの数字が低い馬は先行力のあるタイプ、上がりパターンの数字が低い馬は直線スピード上位のタイプという判断が可能。

推定人気順位

「スマート出馬表」で公開している予想人気順位。専門紙の印、各ファクターのオッズ傾向を分析してコンピュータで自動出力され、当日の人気順位との差が±1の範囲に収まる確率が90％以上ある。

亀谷理論の実践には
スマート出馬表がオススメです

https://www.smartrc.jp/v3/

主 な 機 能	異種経験／異種実績	ダートシェア
	ローテーション	1400m以下シェア
推定人気	テン1ハロン	双馬メモ
人気ランク	テン評価（タイム＆パターン）	TB（トラックバイアス）
系統カラーリング	上がり評価（タイム＆パターン）	レース評価
国別カラーリング	コースランキング（CR）	合成オッズ

アイルハヴアナザー

I'll Have Another

大系統／ミスプロ系　小系統／フォーティナイナー系

フラワーアリー Flower Alley 栗　2002	ディストーテッドユーモア Distorted Humor	フォーティナイナー Forty Niner	
		Danzig's Beauty	
	*プリンセスオリビア Princess Olivia	Lycius	
		Dance Image	
アーチズギャルイーディス Arch's Gal Edith 黒鹿　2002	アーチ Arch	Kris S.	
		Aurora	
	フォースファイヴギャル Force Five Gal	Pleasant Tap	
		Last Cause	

父小系統（父国タイプ）
フォーティナイナー系（米）

父母父小系統
ミスプロ系（欧）

母父小系統
ロベルト系（欧）

母母父小系統
リボー系（欧）

Mr. Prospector 4・4(父方)、Danzig 4×4、Northern Dancer 5・5×5

DATA

適性遺伝 **主張型**

日本 ❷ 米国 ❹ ❹ 欧州

短距離　ダート　芝　中距離　牡　牝

POINT

馬力に優れた産駒が多い

芝の非根幹距離での持続力勝負に強い

スピードが問われる条件は苦手

プロフィール

　2012年のケンタッキーダービー、プリークネスSを制した米二冠馬。三冠目となるベルモントSは屈腱炎のために回避、そのまま引退。故・岡田繁幸氏の「サンデーサイレンスの再来！」との号令で翌2013年より日本で種牡馬入りとなったが、芝のクラシックでは目立った活躍馬を出すことができずに2018年の種付けを終えると故郷アメリカへ戻されている。

種牡馬としての特徴

サンデーではなくロージズインメイの再来！

　アイルハヴアナザーはサンデーサイレンスの再来を期待されて輸入された種牡馬。父はフォーティナイナー系のフラワーアリーながら、産駒は母父アーチのロベルト系が強調されたような特徴を示しており、さらに母母父もリボー系でバテてからも頑張る、馬力に優れた産駒が多く出ているのが特徴。これはサンデーサイレンスとは真逆とも言える適性だ。

　たしかにフォーティナイナー系はヘイローと同じで筋力がある。しかし、結果的にはサンデーの再来というよりも、同じく故・岡田氏にサンデーの再来と言わしめたロージズインメイの再来に近いのではないだろうか。

　ただし、これは決して否定的な見方をしているわけではない。能力の方向性は一定ではなく、アイルハヴアナザーもサンデーとは違う方向性の条件では非常に優秀な種牡馬である。

芝1800m、2200mでの近走先行経験馬は買い！

　アイルハヴアナザーはサンデー系の主流種牡馬がパフォーマンス

を落としやすい芝の非根幹距離が狙い目。

　さすがに1400mではスピード負けしてしまうが、1800m、2200mでは安定した強さを見せている。とはいえ、芝1800m、2200mで無条件にアイルハヴアナザー産駒を買っても儲かることはない。

　買うべきは近走で先行経験がある馬。スマート出馬表で言うならテンPの欄に先行経験を示す"15"か"30"と表示された馬が狙い目となる。

　アイルハヴアナザー産駒は芝ではキレ負けすることが多い。だが、主流の血統が力を出しづらい1800m、2200mで先行できる馬の場合は持続力勝負に持ち込むことで、主流血統の末脚を封じることができるのだ。直線が短かったり、馬場が重かったりと、主流の要素が削られれば削られるほど良い。これがアイルハヴアナザー産駒の典型的な個性だ。

　アイルハヴアナザーはサンデーの再来でこそなかったものの、主流のサンデー系に持続力とスタミナで勝る産駒も多い。ノーザンファームのサンデー系とは異なる個性を持つラフィアンの良さが出たタイプで、馬券的には重宝する種牡馬である。

参考データ①　　　　　　　　　　　　　*I'll Have Another*

芝1800m、2200m。テンパターン30以内

着別度数	勝率	連対率	複勝率	単回収	複回収
10- 21- 11- 93/135	7.4%	23.0%	31.1%	249	181

（集計期間：2016年6月1日～2021年5月30日）

芝1200m、ダート1400m以下の人気馬は注意！

　スピード不足の産駒が多いため、芝のなかでも前半が速い短距離は苦手。短距離に出走している馬のなかには、スピードはないものの、気性的な問題で出走している馬もいるので、人気になるようだ

と全く信頼できない。

参考データ②

I'll Have Another

芝1200m

着別度数	勝率	連対率	複勝率	単回収	複回収
2- 1- 4-14/21	9.5%	14.3%	33.3%	39	57

（集計対象:推定人気順位3位以内）　（集計期間:2016年6月1日〜2021年5月30日）

　また、ダート中距離向きの種牡馬を出すにも、スピードを母系から補う必要がある。

　代表産駒のアナザートゥルースの母父がスピード型のフジキセキだったように、ダートの活躍馬もほとんどが母父で素軽さを補っている。米国型をつけた場合でもまだ重苦しさが残るほどで、欧州型だと成績はかなり悪くなる。1400m以下で人気になるようなら軽視でいい。

参考データ③

I'll Have Another

ダート1400m以下。母父欧州型

着別度数	勝率	連対率	複勝率	単回収	複回収
2- 2- 2-11/17	11.8%	23.5%	35.3%	56	61

（集計対象:推定人気順位3位以内）　（集計期間:2016年6月1日〜2021年5月30日）

アジアエクスプレス

Asia Express

大系統／ノーザンダンサー系　小系統／ストームバード系

ヘニーヒューズ Henny Hughes 栗　2003	ヘネシー Hennessy	Storm Cat	父小系統（父国タイプ） ストームバード系（米）
		Island Kitty	
	メドウフライヤー Meadow Flyer	Meadowlake	父母父小系統 セントサイモン系（米）
		Shortley	
*ランニングボブキャッツ Running Bobcats 鹿　2002	ランニングスタッグ Running Stag	Cozzene	母父小系統 グレイソヴリン系（米）
		Fruhlingstag	
	バックアットエム Backatem	Notebook	母母小系統 ボールドルーラー系（米）
		Deputy's Mistress	

DATA

適性遺伝　主張型

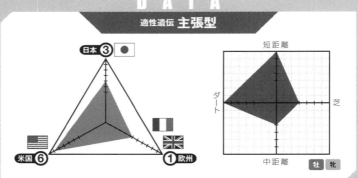

日本 ③
米国 ⑥
①欧州

短距離
ダート
芝
中距離
牡　牝

POINT

父ヘニーヒューズよりも持続力寄り

体力の完成は早く、キャリアの浅いうちが狙い

プロフィール

　2011年、米国生まれ。父ヘニーヒューズ、母父ランニングスタッグ。ノーザンファームがフロリダのセールで購入。日本で競走馬となった。現役時代は新馬戦からダートで2連勝し、初芝となる2013年朝日杯FS（当時は中山芝1600m）を勝利。一度はクラシック路線へ進み、2014年スプリングS2着、皐月賞6着。皐月賞後にダート路線に転向。

　仕切り直しのダート戦ユニコーンSは1番人気に支持されつつも12着に大敗するが、次走のレパードSを快勝。その後、骨折で4歳春まで休養すると、復帰戦の2015年名古屋大賞典を2着、続くアンタレスSも2着。以降の飛躍が期待されたが、快進撃はここまで。平安Sを5着に負けると、その後は脚部不安による長期休養を挟んだとはいえオープン特別でも連敗。5歳で引退することとなった。

　引退後、優駿スタリオンステーションでも人気の種牡馬となり、2017年の種付け開始から毎年150頭以上の繁殖牝馬を集めている。

種牡馬としての特徴

本質はダート短距離のスペシャリスト
狙いは体力の完成の早さが強みになる
2、3歳限定のダート下級条件

　アジアエクスプレスは朝日杯FSを勝っているが、産駒の芝成績は2021年5月末時点で1勝のみ。しかも、その1勝もダートの適性が要求される新潟芝1000m。さらにダートも含め1500m以下では16勝しているにもかかわらず、1600m以上ではたったの2勝。本質はダート短距離のスペシャリストだ。

　大型馬も多く、父のヘニーヒューズと比較すると、アジアエクスプレスはやや素軽さやキレに欠ける産駒も多い。

　その一方で、キレとは相反する面もある米国血統特有のハイペースの対応力には優れている産駒も多い。トップスピード勝負よりも、一定のスピードを長く持続し続ける能力が問われるレースに強い。

　ダート1200m以下は芝や中距離指向の血統がパフォーマンスを落としやすく、相対的に生粋のダート短距離血統は有利となる。したがって母父もサンデー系（大系統）ではなく、徹底的に持続力、持久力の個性を強化された血統のほうがスペシャリティを磨くことができる。

　父ヘニーヒューズの産駒もそうだったようにキャリアを重ねて古馬になってからや、上級条件での上昇を見せる産駒は少ないはず。狙いは2、3歳限定戦の下級条件のダートだ。

参考データ Asia Express

ダート1200m以下。2、3歳限定戦。母父がサンデー系以外

着別度数	勝率	連対率	複勝率	単回収	複回収
5- 3- 1-34/43	11.6%	18.6%	20.9%	286	120

（集計期間：2020年6月1日〜2021年5月30日）

朝日杯FSのイメージを引きずるな！

　アジアエクスプレスはダート短距離血統と説明したが、多くのファンや関係者は朝日杯FS勝ちのイメージも引きずっている。馬券的にはそのギャップを利用するのが有効だ。

　アジアエクスプレスが朝日杯FSを勝てたのは、まずは母父ランニングスタッグがカロ系だったことが大きい。ヘニーヒューズとカロを足したような感じなので、2歳戦の短距離なら芝でもダートでも走ることができたわけである。

　そして、アジアエクスプレスが勝ったときの朝日杯FSのレベルは決して高くない。

　このレースは2着がショウナンカンプ産駒のショウナンアチーヴ。1番人気だったディープインパクト産駒のアトムはのちに条件戦も勝てなかった馬。決してGIレベルの馬ではなかった。

　この世代の牡馬は皐月賞馬がイスラボニータ、ダービー馬がワンアンドオンリー、菊花賞がトーホウジャッカルと、クラシック三冠を含めて、ディープインパクト産駒が不振の年だった。世代レベルは高くない。

有効なのは"消し"

　まだサンプルが少ない現時点では、機械で評価する人は「ダート短距離だからアジアエクスプレスを狙おう」とはならないはず。関係者でも種牡馬の個性を見抜けていない人は多い。しばらくはベタ買いでも期待値は高い種牡馬だろう。

　ただ、サンプル数が増えてくればすぐに気付かれて期待値が下がる可能性はある。今後は"消し"で使うことが有効な局面も増えるだろう。

　なかでも"1600m以上で人気馬を消す"パターンは非常に役立つと思われ、サンプルが増える前に活用していただきたい。

アドマイヤムーン

Admire Moon

大系統／ミスプロ系　小系統／フォーティナイナー系

*エンドスウィープ End Sweep 鹿　1991	*フォーティナイナー Forty Niner	Mr. Prospector		父小系統（父国タイプ） フォーティナイナー系（米）
		File		
	ブルームダンス Broom Dance	Dance Spell		父母父小系統 ノーザンダンサー系（米）
		Witching Hour		
マイケイティーズ 黒鹿　1998	*サンデーサイレンス Sunday Silence	Halo		母父小系統 サンデー系（日）
		Wishing Well		
	*ケイティーズファースト Katies First	Kris		母父父小系統 ネイティヴダンサー系（欧）
		Katies		

Nearctic 5×5

DATA

適性遺伝 **主張型**

日本 ④

米国 ③　③ 欧州

短距離　ダート　芝　中距離　牡　牝

POINT

芝1200mでとにかく買い（だった）

2014年産の世代以降は成績が落ちている

芝指向が強く、母父米国型以外はダート適性が低い

プロフィール

　2003年に生まれ、現役時代は2007年宝塚記念、2007年ジャパンC、2007年ドバイデューティーフリーの3つのGIを含め、国内14戦9勝、海外3戦1勝という成績を残した。

　もともとは故・近藤利一氏がオーナーだったが、宝塚記念を勝ったあとにゴドルフィンへおよそ40億円でトレード。ジャパンCは青い勝負服での勝利となった。

　2008年からダーレー・ジャパンで種牡馬活動を開始。初年度産駒から世代最初の中央重賞・函館2歳S勝ちのファインチョイス、GI善戦のハクサンムーンら多くの活躍馬を輩出。現在までにセイウンコウセイ（2017年高松宮記念）、ファインニードル（2018年高松宮記念、スプリンターズS）と2頭のGI勝ち馬を送り出している。

種牡馬としての特徴

自身とは違い、産駒はスプリンターに出る！

　ハクサンムーン、セイウンコウセイ、ファインニードルと、アドマイヤムーン産駒のJRAでのGI連対はすべて芝1200m。

　また、すでに更新されているが、芝1400mでムーンクエイク、芝1600mでレオアクティブがレコードで勝利。2018年のシルクロードSではアドマイヤムーン産駒のワンツースリー（ファインニードル、セイウンコウセイ、フミノムーン）を決めるなど、スピードに秀でた種牡馬であるのは間違いないところ。

　アドマイヤムーン自身は宝塚記念やジャパンCを勝っているだけに、意外な印象を受けるかもしれないが、これは血統的にも説明可能なことである。

　まず、アドマイヤムーンの父はフォーティナイナー系のエンドス

ウィープ。エンドスウィープはスピードを伝えつつも、母系の長所を引き出す優秀な種牡馬で、アドマイヤムーン以外にもスイープトウショウ、ラインクラフトと芝中距離でGIを勝った大物を輩出。

ただしその一方で、父エンドスウィープのスウェプトオーヴァーボードからスプリンターズSを連覇したレッドファルクスや、2012年サマースプリントシリーズ・チャンピオンのパドトロワが出ているように、芝1200m重賞で強い系統でもある。

さらにアドマイヤムーン自身、ヒシアマゾンやスリープレスナイトが出ているケイティーズの牝系の出身。芝のスピード能力が高い血統構成。つまり本質的には高いスピードを活かすタイプだ。

現役時代にスピードを末脚に活かせたのは育成の力も大きい。

アドマイヤムーン

血を育むのは人

そのアドマイヤムーンが現役時に芝中距離で活躍できたのは、やはり松田博資厩舎の管理馬だったことにつきる。松田博資厩舎はスタミナ、末脚のタメを徹底的に強化する厩舎。

管理馬の適性距離は各血統の平均的な距離適性よりも延びる傾向にあった。中距離血統ながら安田隆行厩舎でスプリンターになったロードカナロアとは逆で、アドマイヤムーンは松田博資厩舎の育成力によって中距離で活躍できたのである。

近年は明らかに産駒成績が悪化

かつてはダーレーが力を入れていたアドマイヤムーンも、近年（2014年産の世代以降）は明らかに産駒の成績が悪化しており、古馬混合のオープンまで出世できた馬は1頭もいない。芝短距離向きの種牡馬ということが分かったことで、クラシックを狙う良血の繁殖が集まらなくなった影響は大きい。

　種付け料もこの世代の付近を境に下がっている。したがって、アドマイヤムーン産駒にかつてのような活躍は見込めない。

　データ分析に関して、よく「サンプルは多ければ多いほどいい」「統計学上の必要サンプルを満たしていない」と言う方がいるが、そこには落とし穴があることも忘れてはいけない。

　アドマイヤムーンのように、良かった頃のデータを重視し過ぎることになり、現状の本質を見失うことにつながるからだ。競馬に関しては「サンプルは多ければ多いほどいい」という考え方や統計学のセオリーが必ずしも通用はしないのだ。

母父が米国型ではない産駒のダートは危険！

　アドマイヤムーンはフォーティナイナー系ではあるものの、芝指向の強い馬が出やすい。

　特に母父が米国型ではない馬の場合はよりダート適性が低い。ダートで馬場・ペースを問わずに安定して走る産駒は少なく、上位人気では信用できない。その点には注意が必要だ。

　また世代を重ねるごとに成績が下降しており、今後はさらに危険な人気馬が増える可能性がある。

参考データ　　　　　　　　　　　　　　　　　　　　　　　　_Admire Moon_

ダート。母父米国型以外

着別度数	勝率	連対率	複勝率	単回収	複回収
6- 9- 9-31/55	10.9%	27.3%	43.6%	61	74

（集計対象:2013年産〜）　（集計対象:推定人気順位3位以内）
（集計期間:2015年6月1日〜2021年5月30日）

イスラボニータ
Isla Bonita

大系統／サンデー系　小系統／Pサンデー系

フジキセキ 青鹿　1992	*サンデーサイレンス Sunday Silence	Halo		**父小系統（父国タイプ）** Pサンデー系（日）
		Wishing Well		
	*ミルレーサー Millracer	Le Fabuleux		**父母父小系統** セントサイモン系（欧）
		Marston's Mill		
*イスラコジーン Isla Cozzene 鹿　2002	コジーン Cozzene	Caro		**母父小系統** グレイソヴリン系（欧）
		Ride the Trails		
	イスラムヘレス Isla Mujeres	Crafty Prospector		**母母父小系統** ミスプロ系（米）
		Lido Isle		

In Reality 4×5

DATA

適性遺伝 **主張型**

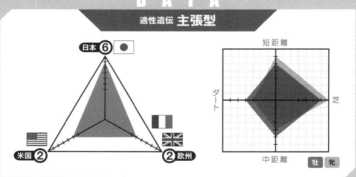

POINT

スピード、素軽さの面に関しては申し分ない血統構成

ベスト条件は芝マイル前後で差しが決まる軽い馬場

本質的には古馬になってから上昇

Isla Bonita

イ

2011年生まれ。父フジキセキ、母父コジーン。母イスラコジーンはアメリカで2勝。シーザリオが制した2005年アメリカンオークスに出走した経歴を持つ（9着）。

現役時代はフジキセキ産駒らしい仕上がりの早さを活かして、2013年の2歳世代新馬開幕週にデビュー、勝利を飾った。新潟2歳S2着を経て、いちょうSから東スポ杯2歳S、共同通信杯、皐月賞と4連勝し、ダービーは2着。秋はセントライト記念1着から天皇賞秋3着。古馬になってからは2015年天皇賞秋3着、マイルCS3着など一線級で活躍するもGIを勝つことはできず、2017年阪神C1着を最後に引退。

引退後は社台スタリオンステーションで種牡馬入り。初年度の2018年には170頭に種付けし、2021年にデビューを迎えた。

Isla Bonita

古馬になってもスピードが衰えなかった理由

現役時代のイスラボニータは2歳戦、クラシック路線で主役を張り、6歳暮れまで衰えることなくGI戦線で活躍。引退レースとなった阪神Cでは1分19秒5のコースレコードで勝利している。

しなやかさとキレがあったこと、古馬混合戦ほどスタミナを要求されないこともあってクラシックでは中距離でも結果を出せたが、本質的には短距離指向のスピード馬。また、古馬になっても衰えずに短距離戦でスピードを見せたこと、操縦性の高さも優れた才能と言えるだろう。

古馬になってもしなやかさとキレ、スピードを発揮できたのは、母父コジーンの影響が大きい。

コジーンでは日本でも産駒が活躍しており、代表産駒アドマイヤ

コジーンは2歳時に朝日杯3歳S（1998年。現・朝日杯FS）を制し、その後不振に陥りながらも6歳で復活。2002年の安田記念を勝利している。また同じくコジーン産駒ローブデコルテは3歳時にオークスを勝ち、古馬になってからは阪神芝1400mの重賞でも馬券になっている。どちらも早くから活躍し、キャリアの後半は芝短距離で好走したという点で、イスラボニータの戦歴に近い。

またイスラボニータの母母父は日本でも芝1600mのGIを2勝したアグネスデジタルを出しているクラフティプロスペクター。短距離指向のスピードを強化するインリアリティのクロスも持っており、繁殖馬として必要なスピードを伝える点で申し分のない血統構成となっている。

ジャスタウェイとの共通点と、決定的な違い

血統タイプはスピード寄りのPサンデーと想定。Pサンデー系の特徴は産駒全体の勝ち星はマイル以下に寄るものの、スプリンターに徹底したタイプばかりを出すわけではない。同じPサンデー系のなかでは、ジャスタウェイに近いタイプの種牡馬になりそうだ。

ジャスタウェイは、イスラボニータの母父コジーンと同じグレイソヴリン系の影響を強く受けた馬で、しなやかさとキレを武器に活躍した馬。イスラボニータ同様、サンデー系で母系が米国型のスピードにも優れたタイプ。古馬になっても硬くなりすぎず、高いスピード能力を示した馬だった。

ジャスタウェイ産駒は現時点（2021年5月）でGIを連対したのがヴェロックス、ダノンザキッド、アドマイヤジャスタの3頭。すべて牡馬で欧州型の母系。2～3歳前半に芝2000mのGIで好走している。イスラボニータ産駒も母系が欧州型の牡馬であれば、レベルの高い芝中距離で活躍する馬を出せるだろう。これはジャスタウェイやイスラボニータに限らずPサンデー系全般の傾向で、ダイワ

メジャーやダノンシャンティも同様の特徴を持っている。

　また、ジャスタウェイ産駒もそうだが、本質的には古馬になってからのほうが成績が上昇する馬が多くなりそうだ。

　2〜3歳前半から短距離で走らせるには、仕上がりの早さと持続力を補うために母方に米国指向の強い血統を入れる必要があり、早いうちから走る馬は母父米国型やダンチヒの影響を受けた馬が多いはず。ジャスタウェイの初年度産駒で、函館2歳S2着のラブミーファインも母父は米国型のアグネスデジタルだった。ダノンザキッドも母にダンチヒを持っている。

　このように似た部分の多いジャスタウェイとイスラボニータだが、決定的に異なるのは、イスラボニータのほうが小柄で素軽いこと。ジャスタウェイ産駒は特に牡馬の場合は馬体が大きく出やすく、芝寄りの血統のなかでは体力や持続力に優れているために比較的ダートもこなせるが、イスラボニータは小柄でスピードとキレを武器にするタイプ。牡馬の産駒はパワーや体力不足でダート、特に中距離ダートを苦手とする馬が出やすいと思われる。

　なかには母系もダート適性が高く、米国型やダート血統で父父フジキセキの影響を強く受けた馬であればダートも走る馬が出るだろうが、全体的には少数派になるだろう。

芝マイル前後で差しが決まる軽い馬場で狙え！

　イスラボニータはスピードとキレを武器にするタイプなので、ベストは芝マイル前後で直線スピードを発揮できる条件。軽い馬場の芝1400〜1600mの直線が長いコースをベスト条件とする馬が多くなるだろう。

　反対に芝短距離の場合でも、前半から速いペースで飛ばして粘り込むような競馬は苦手。先行して好走する馬は人気で信用できない可能性が高いので要注意だ。

エイシンフラッシュ
Eishin Flash

大系統／ミスプロ系　小系統／キングマンボ系

*キングズベスト King's Best 鹿　1997	キングマンボ Kingmambo	Mr. Prospector	父小系統（父国タイプ） **キングマンボ系（欧）**
		Miesque	
	アレグレッタ Allegretta	Lombard	父母父小系統 **マイナー系（米）**
		Anatevka	
*ムーンレディ Moonlady 黒鹿　1997	プラティニ Platini	Surumu	母父小系統 **ハンプトン系（欧）**
		Prairie Darling	
	ミッドナイトフィーヴァー Midnight Fever	Sure Blade	母母父小系統 **ネイティヴダンサー系（欧）**
		Majoritat	

Birkhahn 5×5

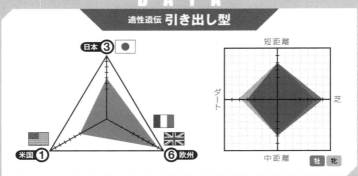

D A T A

適性遺伝 **引き出し型**

日本 ③

米国 ①　⑥ 欧州

短距離　芝　中距離　ダート

牡　牝

P O I N T

本質は気性が難しい欧州血統

藤原英昭厩舎あってのエイシンフラッシュ

プロフィール

　父キングズベスト、母ムーンレディを両親に持つ持ち込み馬。母ムーンレディはドイツセントレジャー（独GⅡ・芝2800m）などドイツの重賞を4勝。母父プラティニはミラノ大賞など、芝2400mのGⅠを勝ったドイツの一流馬で、1993年ジャパンC4着の実績も持つ。

　現役時代は2010年皐月賞11番人気3着、ダービー7番人気1着。どちらも人気薄での好走だったが、エイシンフラッシュのほかにヴィクトワールピサ、ルーラーシップ、ヒルノダムール、ローズキングダム、トゥザグローリー、ダノンシャンティ、ペルーサら、のちに種牡馬となる豪華メンバーが揃った年だった。

　4歳時は天皇賞春2着、宝塚記念3着とGⅠを勝ち切れなかったが、5歳で臨んだ天皇賞秋を優勝。6歳になると香港へ遠征し、クイーンエリザベス2世Cを3着。連覇を狙った天皇賞秋は3着。次走ジャパンCを最後にターフを去った。

　翌2014年から社台スタリオンステーションで種牡馬入りを果たすと、初年度204頭、2年目200頭、3年目196頭の繁殖牝馬を集める人気ぶり。しかし主だった活躍馬を出せずにおり、種付け頭数は年々減少。2018年にはレックススタッドに移動している。

種牡馬としての特徴

種牡馬エイシンフラッシュに
現役時代のイメージを重ねない

　エイシンフラッシュの父キングズベストは英2000ギニー勝ち馬。母ムーンレディはドイツ牝系で、牝馬ながらドイツのセントレジャー勝ち馬という重厚な血統だ。

　それにもかかわらず、エイシンフラッシュはダービーを勝ち、古

馬になってからは2012年天皇賞秋を勝利。しかもダービーの上がりは32秒7、天皇賞秋の上がりは33秒1というキレを発揮している。

　エイシンフラッシュ自身は、軽い芝の中距離で鋭い末脚を使うのが持ち味だったが、これは藤原英昭厩舎のスピードと前向きさを強化する育成が大きい。また、道中の追走スピードも今ほどは問われなかった。本質的には重厚な欧州型。当時よりも道中で要求されるスピードも高速化している今の馬場で、産駒がこの適性を再現することは容易ではない。

　また、エイシンフラッシュ産駒全体の傾向を見る場合、重厚な欧州血統でありながら、激しい気性も持ち合わせている点は考慮すべき。

　激しい気性によって短距離を使われがちだが、本質は芝中長距離向き。スピードやキレに欠ける馬が出やすく、芝1800m以上でも良馬場での成績は芳しくない。道悪のほうが好走率が上昇するのだ。

　基本的には母父サンデー系（大系統）でスピードとキレを補っている馬でないと厳しいこともあり、エイシンフラッシュ産駒だからという理由で馬券を買うには満たすべき条件が多すぎる種牡馬だ。

育成の難しさを踏まえた狙い方が必要

　気性面のコントロールが難しい産駒が多いため、育成も難しい。したがって適性のある芝中長距離を走らせるには、社台グループ関連（ノーザンファーム、白老ファーム、社台ファーム、追分ファーム、レイクヴィラファーム）の生産馬であることが望ましく、実際に成績も上昇している。

　当然、母父はサンデー系（大系統）で、さらに育成が難しい牝馬よりも牡馬のほうがベター。

　欧州血統の牡馬らしく成長力も見込めるので、古馬混合の芝1800m以上で社台グループ生産、母父がサンデー系（大系統）の牡

馬は狙い目となる。

参考データ①

Eishin Flash

古馬混合戦。芝1800m以上。社台グループ生産。母父サンデー系。牡馬

着別度数	勝率	連対率	複勝率	単回収	複回収
7- 4- 4-20/35	20.0%	31.4%	42.9%	161	132

（集計期間：2017年6月1日〜2021年5月30日）

芝1200m以下の2、3歳限定戦、特に人気の牝馬は危ない！

　エイシンフラッシュ産駒は激しい気性のために芝1200m以下を使われがちだが、芝1200m以下は本質的には向かない条件。さらに仕上がりも遅く、2、3歳戦の早い時期は完成度の面で不安を残す。

　特に牝馬の場合は小柄で体力不足の馬が出やすいこともあって、気性は短距離向きと判断されても、短距離のハイペースで要求される体力面が不足。信用できない条件となる。

　このように、芝中距離だと引っかかったり、速い上がりに対応できない。それで泣く泣く短距離に出てくるが向いていない。これは欧州型で気性が難しい血統によくある消しパターン。

　とはいえ、欧州型は芝短距離でハマるパターンもあるので人気薄であれば、買える状況もある。

　この構造を理解していれば、たとえサンプルゼロでも危険なパターンが発生する仕組みに気づくことができる。

　機械で調べる場合は、サンプルが多くないと気づけないものの、サンプルが揃ってからでは時すでに遅し。今後もエイシンフラッシュのような欧州血統の種牡馬は多数出てくるだろう。"だいたいこうなる"というイメージは頭に入れておきたいところだ。

芝1200m以下。2、3歳限定戦。牝馬

着別度数	勝率	連対率	複勝率	単回収	複回収
5- 2- 1-16/24	20.8%	29.2%	33.3%	94	64

（集計対象:推定人気順位3位以内）　（集計期間:2017年6月1日〜2021年5月30日）

ダート1200m以下の人気馬が危ない理由

　芝1200m以下もダート1200m以下も人気で危険というのがポイント。

　欧州血統の気性の激しい馬が仕方なしにダート短距離を使われるというのはしばしばあるケース。しかし、エイシンフラッシュは生粋の欧州血統で、それもドイツ血統。言うまでもなくダート短距離の適性は低い。

　タフな競馬になってハマるケースがあるとはいえ、そう何度もハマるほど競馬は甘くはない。人気だと信用できない条件だ。

　短距離戦の欧州血統は人気薄で穴を出すが、人気馬は信頼できないというのが基本。どこかで一度走って人気になっても、そう何度も続けて走れないというのがその理由。

　これが昔から"穴血統"と言われる種牡馬が発生するメカニズムだ。血統を馬券に利用したいのならば、なぜそうなるのか？を常に意識したい。

ダート1200m以下

着別度数	勝率	連対率	複勝率	単回収	複回収
4- 3- 1-15/23	17.4%	30.4%	34.8%	56	50

（集計対象:推定人気順位3位以内）　（集計期間:2017年6月1日〜2021年5月30日）

エイシンフラッシュ自身はダービーと天皇賞秋を制したが、本質的には重厚な欧州型だ。

エスケンデレヤ

Eskendereya

大系統／ノーザンダンサー系　小系統／ストームバード系

ジャイアンツコーズウェイ Giant's Causeway 栗 1997	ストームキャット Storm Cat	Storm Bird	父小系統（父国タイプ） ストームバード系（米）	
		Terlingua		
	マライアズストーム Mariah's Storm	Rahy	父母父小系統 レッドゴッド系（米）	
		*イメンス		
アルデバランライト Aldebaran Light 鹿 1996	シアトルスルー Seattle Slew	Bold Reasoning	母父小系統 ボールドルーラー系（米）	
		My Charmer		
	アルテア Altair	Alydar	母母小系統 レイズアネイティヴ系（米）	
		*ステラーオデッセイ		

Northern Dancer 4×4、Bold Ruler 5×5、Hail to Reason 5×5

DATA

適性遺伝 **主張型**

POINT

日本での産駒はスタミナ型に出る傾向

前向きさを引き出すレース経験が必要

ダート中距離向きで、使い込んで良さが出る

エスケンデレヤ

エ

　2007年生まれ。父は日本でもお馴染みの名種牡馬ジャイアンツ
コーズウェイ。母父シアトルスルー、母母父アリダーという生粋の
米国血統。

　現役時代はアメリカの名門トッド・プレッチャー厩舎所属で、ケ
ンタッキーダービーの前哨戦ウッドメモリアルＳ（米ＧⅠ・ダ9F）
を圧勝。本番でも有力候補だったが故障で回避。その後引退。

　2011年に米ケンタッキー州で種牡馬入りすると、ブリーダーズ
Ｃスプリント勝ち馬やダートマイルＧⅠの好時計勝ち馬などスピー
ドに優れた馬を輩出。2016年から日本で供用。日本での産駒は芝
ではまったく走らず、ダートも距離が延びるほど成績を伸ばしてい
る。米国の繁殖と育成ではスピードが引き出される傾向にあったが、
日本の産駒はスタミナ型の印象が強い。

近走、ダートで先行経験か
前走からの距離延長で臨む1700m以上

　米国産の産駒はスプリントＧⅠを勝つほどスピード豊かだったに
もかかわらず、日本産はどちらかと言うとスタミナ型。これは繁殖
のラインナップや育成や調教の違いによるもの。

　エスケンデレヤはダート向きのバテない持久力に特化した種牡馬
だが、その反面素軽さやスピード、ダッシュ力に欠ける面がある。
これを補うためにも、本来はテンから飛ばしてスピードを引き出す
調教やレース経験が必要なのだが、日本では、アメリカのような調
教を行うことはほぼない。だからこそ、調教の代わりに前向きさを
引き出す前走のレース経験が重要となってくる。

　素軽さやスピードを補完するために必要なのは、近走で最低限の

先行（テンパターン50以内）を経験している馬。あるいは前走で
今回よりも短い距離を使っている距離延長馬。このように近走で前
向きな経験をしていることが重要となる。

　エスケンデレヤの好走率が上昇するポイントは、ダート向きの持
久力を活かせる1700m以上、そしてダートで近走先行経験のある馬
だ。1400m以下でも穴を出すケースはあるものの、好走率としては
低い。本質的にはやはり中距離のほうが持ち味を活かせるだろう。
持久力型だけに、使い込んで良さが出るのも特徴だ。

参考データ  *Eskendereya*

ダート1700m以上。テンパターン50以内or距離延長

着別度数	勝率	連対率	複勝率	単回収	複回収
20- 16- 11- 83/130	15.4%	27.7%	36.2%	209	143

（集計期間:2019年6月1日〜2021年5月30日）

ジャイアンツコーズウェイ系には
米国型と欧州型がある

　ジャイアンツコーズウェイの直仔は日本でもエイシンアポロ
ンが2011年マイルCSを勝ったほか、エーシンジーラインやス
ズカコーズウェイなど芝重賞勝ち馬を複数輩出。

　ただし、シャマーダルに代表される欧州型と米国で繁栄した
馬とでは傾向が大きく異なるため、これら産駒を全部ひっくるめ
てジャイアンツコーズウェイの系統としてしまうのはいささか

危険だ。

　ジャイアンツコーズウェイ系には欧州型と米国型がある。これを知っておくことは産駒の特徴を掴む上で重要。

　ジャイアンツコーズウェイの血は世界中で繁栄しており、ジャイアンツコーズウェイ系とかストームバード系だけで適性のタイプ分けを行うのは難しいのだ。

　シャマーダルからライトオンキューが出たように、欧州型は鋭い伸びやスピードを発揮できるのに対し、米国型は芝の適性が低い馬ばかり。エスケンデレヤも米国型で、芝適性が低い。

　ちなみにジャイアンツコーズウェイ系の芝成績を、父の国別で示したのが下記の表。

ジャイアンツコーズウェイ系　芝の国別成績

父国	着別度数	勝率	連対率	複勝率	単回収	複回収
米国型	44- 43- 47-606/740	5.9%	11.8%	18.1%	40	57
欧州型	35- 32- 27-219/313	11.2%	21.4%	30.0%	91	79

（集計期間：2004年6月1日〜2021年5月30日）

　欧州型と米国型とではここまで成績が変わる。

　芝でエスケンデレヤを買っても儲かることはなく、その反対に欧州型のシャマーダルがいくらすごい種牡馬とはいえ、ダートでは走らない。芝なら欧州型、ダートなら米国型という具合に分けて認識することで、芝でもダートでも儲けることができるのだ。

　ちなみに2020年に社台スタリオンステーションが導入し、2023年の2歳馬が初年度産駒となるブリックスアンドモルタルも米国型のジャイアンツコーズウェイ。種付け料も高く、期待されている。産駒の特徴はどうなるだろうか？ 楽しみは尽きない。

エスポワールシチー

Espoir City

大系統／サンデー系　小系統／Dサンデー系

ゴールドアリュール 栗 1999	*サンデーサイレンス Sunday Silence	Halo ●	父小系統（父国タイプ） **Dサンデー系（日）**	
		Wishing Well		
	*ニキーヤ Nikiya	Nureyev ●	父母父小系統 **ヌレイエフ系（欧）**	
		Reluctant Guest		
エミネントシチー 鹿 1998	*ブライアンズタイム Brian's Time	Roberto ●	母父小系統 **ロベルト系（欧）**	
		Kelley's Day		
	ヘップバーンシチー	*ブレイヴェストローマン ●	母母父小系統 **ネヴァーベンド系（米）**	
		コンパルシチー		

Hail to Reason 4×4

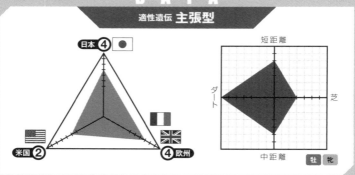

DATA

適性遺伝 **主張型**

日本 ④　●
米国 ②
④ 欧州

短距離
ダート　芝
中距離　牡　牝

POINT

砂中距離の名血ゴールドアリュールの後継種牡馬

母系もNARの名血が揃う叩き良化型!

　父ゴールドアリュール、母父ブライアンズタイム、母母父ブレイヴェストローマンと日本の砂中距離の名血が凝縮された血統構成。

　現役時代は国内で2009年ジャパンCダート、2010年フェブラリーSの勝利を含む、39戦17勝。海外1戦0勝。17勝のうち9勝がGIだった。

　2013年のジャパンCダートを最後に引退。2014年から優駿スタリオンステーションで種牡馬入り。2年目、3年目と種付け頭数は減少したが、産駒のデキの良さもあって2017年からは再び100頭超え。2018年には161頭に種付けを行うなど人気を博している。

日本ダートの超一流血統

　エスポワールシチーはJRAでもNARでも日本のダートでは超一流の血統の持ち主。

　産駒のJRAダート重賞の出走実績は6歳馬メモリーコウによる2回のみだが（2021年5月末時点）、2021年東海Sを12番人気3着、同年マーチSを3番人気3着といずれも好走。もともと上のクラスでも通用する馬を出せる種牡馬で、自身がそうだったようにキャリアを重ねてからの重賞好走も見込める血統を体現するような結果となっている。今後ますます産駒が増えることを考えると、さらなる活躍が期待できる。

ダート1600m以上の母父米国型をチェック！

　産駒の本質的な適性が最も高いのはダート中距離。母父も米国型だとさらにダート適性が強化されやすい。これはゴールドアリュー

ルの後継種牡馬としてはスマートファルコンと同じ傾向だ。

　エスポワールシチー自身は米国のダート短距離の速い血を持っておらず、母父が米国型になることで、砂適性を強化。さらに、アメリカのダート短距離的な速さを補う理想的な配合となるのだ。

参考データ①

Espoir City

ダート1600m以上。母父米国型

着別度数	勝率	連対率	複勝率	単回収	複回収
28- 26- 19-150/223	12.6%	24.2%	32.7%	132	94

（集計期間：2017年6月1日〜2021年5月30日）

ダート1400m以下で 母父米国型以外の牝馬は消し！

　ダート適性の高いサンデー系（Dサンデー系）のなかではダート1400m以下の成績も悪くない種牡馬ではあるのだが、走りづらい傾向のパターンもある。

　母父が米国型ではなく、さらに牝馬の場合は短距離のペースに対応するだけの体力とスピード面が不足する。信頼できない。

参考データ②

Espoir City

ダート1400m以下。母父米国型以外。牝馬

着別度数	勝率	連対率	複勝率	単回収	複回収
0- 0- 0- 6/ 6	0%	0%	0%	0	0

（集計対象：推定人気順位3位以内）　（集計期間：2017年6月1日〜2021年5月30日）

エスポワールシチー

NARの名血にもなれる可能性を秘める

　エスポワールシチーは現役時にJRAでGIを2勝、NARで交流GIを7勝しているが、実は未勝利を勝ち上がったのは芝だった。しかも、芝短距離のなかでも道中の流れが速い小倉芝1200mを先行しての勝利だっただけに価値が大きい。また、ダートでも時計が速いレースで実績を残しており、スピードを示したことは他のDサンデー系の種牡馬とは異なる特徴だ。

　もうひとつ注目すべきは、叩き良化型であるということ。

　本質的なスピードを持ちながら、使いつつ上昇できる点は、非常に優れた種牡馬だ。

　JRAでは母方に米国血統が必要だが、NARならアジュディケーティングやカコイーシーズなどNARの名血を入れても能力の高い馬が出やすい。そんな配合の馬を地方の名調教師が育てれば、地方交流重賞でJRA勢を負かす馬の誕生も期待できる。

エピファネイア

Epiphaneia

大系統／ターントゥ系　小系統／ロベルト系

			父小系統（父国タイプ）
	クリスエス	Roberto	ロベルト系（欧）
*シンボリクリスエス	Kris S.	Sharp Queen	父母父小系統
Symboli Kris S	ティーケイ	Gold Meridian	ボールドルーラー系（米）
黒鹿 1999	Tee Kay	Tri Argo	
			母父小系統
	スペシャルウィーク	*サンデーサイレンス	Tサンデー系（日）
シーザリオ		キャンペンガール	母母父小系統
青 2002	*キロフプリミエール	Sadler's Wells	サドラーズウェルズ系（欧）
	Kirov Premiere	Querida	

Hail to Reason 4×5

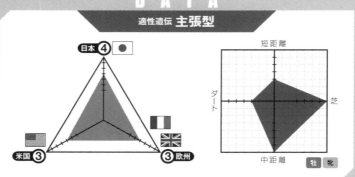

DATA

適性遺伝 **主張型**

日本 ④

米国 ③　　③ 欧州

短距離　ダート　芝　中距離

牡　牝

POINT

シーザリオの影響力が大きい

王道コースで速い上がりを出せる

距離延長が得意

Epiphaneia

エ

2010年、父シンボリクリスエス、母シーザリオの間に誕生。半弟にリオンディーズ、サートゥルナーリア。母シーザリオは2005年オークス、アメリカンオークス（米ＧＩ・芝10F）勝ちを含め6戦5勝2着1回。

現役時代は気性の荒さが影響して皐月賞2着、日本ダービー2着と惜敗続きだったが、不良馬場で行われた菊花賞ではしっかりと折り合ってＧＩ初制覇。4歳時のジャパンＣでは、ジャスタウェイやジェンティルドンナなど、出走馬18頭中12頭がＧＩ勝ち馬というハイレベルのメンバーを相手に勝利した。

翌年の2015年にはドバイワールドＣでダート戦に挑戦するも9着。宝塚記念に向けて調整される過程で繋靱帯炎を発症し、引退。

引退後は社台スタリオンステーションで種牡馬となり、2016年から2020年まで200頭以上の繁殖牝馬に種付けを行っている。初年度産駒から2020年牝馬三冠デアリングタクト、2年目の産駒から2021年皐月賞馬エフフォーリアを輩出し、人気ぶりに拍車がかかっている。

種牡馬としての特徴

Epiphaneia

シーザリオの軽さは直線の長いコースでこそ

2019年に産駒がデビューする際、あらゆるメディアでエピファネイアを注目の新種牡馬として紹介した。それぐらい期待値の高い種牡馬になるだろうということが簡単に予想できたのだ。

そう断言できたのは、種牡馬の成功パターンに該当する馬だったから。「血統は能力のデータベース」。種牡馬には能力遺伝のセオリーがある。それは血統から類推できる。

エピファネイアの母は女版ディープインパクトと言っていいほど

の名馬。母系がタフな血統ながら、あれほどのスピードを発揮していたのも凄い。名牝の仔は種牡馬としての成功確率が上がる。

また、シンボリクリスエスは直仔よりも孫で活躍する可能性が高い。これもセクレタリアト時代から続く血統の傾向。

適性面ではシーザリオの影響を強く受けた馬が出やすい。速い上がりの出る軽い芝に高い適性を示す産駒が多い。

これは産駒デビュー前の想像を超えるものだった。これを見て、シーザリオは適性主張が強いこと、シンボリクリスエスは孫になると適性の主張が薄くなることも理解できる。

芝1600m以上のレース上がりに注目すると、レース上がりが35.5秒以下の軽い馬場だったレースで好成績を上げており、逆にレース上がりが35.6秒以上かかっている場合は、好走率も回収率も下がっている。

また、直線の長いコースやマイル以上の根幹距離といった王道のコースで強いという特徴も母から受け継いでいる。王道コースで速い上がりを出せるというのがエピファネイアの最大の武器となる。

距離延長、前走よりも緩いペースは買い

競走馬は走る距離を知らない。よって前走の経験ペースによってパフォーマンスは大きく変わる。

同じ距離を走るにしても、前走より距離が長くなるときと前走より距離が短くなるときでは経験ペースも変わりやすいので発揮できるパフォーマンスも変わりやすい。

エピファネイアは現役時代も距離延長が得意だった。勝利したＧＩ、菊花賞とジャパンＣはともに距離延長。その個性は産駒にも強く引き継がれた。距離延長に対応できる血統は少ないため、この個性は非常に有利に働くケースがある。特に全馬が初距離というレースでは圧倒的な強さを見せている。

また、エピファネイア産駒は外枠が得意という特徴も持っている。

主流のスピード勝負に強いタイプは、内々を丁寧に回るよりも、外から惰性でスピードに乗せたほうが結果として速い走破タイムを記録しやすい。

安藤勝己騎手は現役時代、NAR所属騎手に「JRAの芝はコーナーを直線のつもりで乗るように」とアドバイスしていたらしい。距離ロスよりもスピードに乗せるほうが重要なJRAの性質を端的に示すアドバイスだった。

エピファネイアも現役時代は急加速、急減速を苦手としていた。ジャパンカップで圧勝した後、有馬記念で凡走したのも急加速、急減速が苦手だったためだ。

エピファネイアに限らず、直線でトップスピードを発揮するタイプはスムーズに走れる外枠のほうがいい。ディープインパクトの頃から続く原則である。

参考データ①
Epiphaneia

牡馬。直線の長い芝1600m以上。外枠(5〜8枠)or前走から距離延長

着別度数	勝率	連対率	複勝率	単回収	複回収
22- 15- 22-102/161	13.7%	23.0%	36.6%	208	132

（集計対象:新潟外回り、東京、中京、京都外回り、阪神外回り）　（集計期間:2019年6月1日〜2021年5月30日）

参考データ②
Epiphaneia

牡馬。芝1800m以上。外枠(5〜8枠)or前走から距離延長

着別度数	勝率	連対率	複勝率	単回収	複回収
25- 34- 23-154/236	10.6%	25.0%	34.7%	102	93

（集計期間:2019年6月1日〜2021年5月30日）

芝1600m以上の新馬戦に強い

エピファネイア産駒は芝1600m以上の新馬戦に強い。

　これには理由が2つある。ひとつは走ることに前向きな仔が出やすいということ。もうひとつはエピファネイア自身の血統的能力が高いということだ。回収率を見ると、明らかに過小評価されている……いや、「いた」と評するほうがいいかもしれない。

　今後はエピファネイアも評価が上がるからだ（産駒デビュー前に筆者の評価を信じていた皆様はおめでとうございます（笑））。

　このように、エピファネイアに限らず、走ることに前向きで能力が高い種牡馬だとわかっているなら、サンプルが揃う前から（新種牡馬の産駒を）新馬戦から積極的に買うべきなのだ。

参考データ③ *Epiphaneia*

芝1600m以上の新馬戦

着別度数	勝率	連対率	複勝率	単回収	複回収
19- 15- 19- 99/152	12.5%	22.4%	34.9%	153	130

（集計期間：2019年6月1日〜2021年5月30日）

短距離とダートは消し

　競走馬の能力の方向性は一定ではない。距離延長・根幹距離・マイル以上に強いということは、逆に言えばそことは反対方向のレースは極端に苦手としているということだ。

　短い距離は明らかに苦手で、特に芝もダートも1200m以下では人気に推されることも少なくないが、期待値は低い。

参考データ④ *Epiphaneia*

1200m以下

着別度数	勝率	連対率	複勝率	単回収	複回収
8- 7- 9-33/57	14.0%	26.3%	42.1%	50	65

（集計対象：推定人気順位3位以内）　（集計期間：2019年6月1日〜2021年5月30日）

　もうひとつ危険なのがダート戦。

　エピファネイアがデビューする前は父系のシンボリクリスエスの影響を強く受ければダートも走れる産駒が出ると予想していた。

　しかし、シーザリオの影響が強く出るとわかった以上、ダートでは狙えない。

　特に牝馬で母父米国型以外の産駒は特に危ない。牝馬の産駒のほうがシーザリオの影響を受けやすく、キレ味のある馬や根幹距離に強い馬が多いため、ダート適性は極端に低い。

　ただし、これらの消し要素は逆手に取ることができる。ダートや短距離を使われて凡走した馬を、芝替わりや距離延長で狙えばいい。このパターンは既に何度も大穴を出しており、今後も注目すべきだ。

参考データ⑤　　　　　　　　　　　　　　　　　　　*Epiphaneia*

ダート。母父米国型以外の牝馬

着別度数	勝率	連対率	複勝率	単回収	複回収
1- 0- 1-14/16	6.3%	6.3%	12.5%	42	20

（集計対象:推定人気順位3位以内）　（集計期間:2019年6月1日〜2021年5月30日）

サンデーの孫牝馬との配合で成功馬が続出

　エピファネイアからシーザリオの影響を受けた産駒が出やすいのは、サンデーサイレンスの血を持つ繁殖とも配合されやすいから。

　サンデーの孫にあたる繁殖牝馬と配合されればサンデーの個性もさらに強化されやすい。

　また、ハーツクライやディープインパクト産駒など優秀なサンデーの孫と配合されることも成功を後押しする。

エンパイアメーカー

Empire Maker

大系統／ミスプロ系　小系統／ミスプロ系

アンブライドルド Unbridled 鹿　1987	ファビアノ Fappiano	Mr. Prospector	父小系統（父国タイプ） **ミスプロ系（米）**
		Killaloe	
	ガナファシル Gana Facil	Le Fabuleux	父母父小系統 **セントサイモン系（欧）**
		Charedi	
トゥサード Toussaud 黒鹿　1989	エルグランセニョール El Gran Senor	Northern Dancer	母父小系統 **ノーザンダンサー系（欧）**
		Sex Appeal	
	イメージオブリアリティ Image of Reality	In Reality	母母小系統 **マッチェム系（米）**
		Edee's Image	

In Reality 4×3、Buckpasser 5×4、Native Dancer 5×5、
Rough'n Tumble 5×5、Aspidistra 5·5(父方)

DATA

適性遺伝 **中間型**

POINT

米国で最も需要の高い主流系統

母父米国型になるとダートでは強力

気分屋で気性の激しい馬も多く、外枠が理想

プロフィール

Empire Maker

　2000年、アメリカ生まれ。ベルモントS（米GI・ダ12F）、フロリダダービー（米GI・ダ9F）、ウッドメモリアルS（米GI・ダ9F）をはじめ、北米で通算8戦4勝。

　2003年、3歳時にフロリダダービー、ウッドメモリアルSを連勝。大目標のケンタッキーダービーは中間に一頓挫あって1番人気2着に敗れたものの、三冠目のベルモントSを勝利。秋の飛躍が期待されたが、8月の始動戦を2着したあと、脚部の負傷により引退を余儀なくされた。

　2004年に米ケンタッキー州で種牡馬入り。バトルプラン、パイオニアオブザナイルなど日本でもお馴染みの種牡馬を輩出したほか、日本では母ダンスパートナーの持込馬フェデラリスト（2007年産）が活躍を見せた。ちなみにパイオニアオブザナイルは日本にも多数産駒が輸入されているアメリカンファラオの父でもある。

　2011年から2015年までは日本で供用され、輸入当初は200頭以上の繁殖牝馬を集めたが、目立った活躍馬を出せずに2016年にアメリカに帰国。2020年死亡。

種牡馬としての特徴

Empire Maker

日本では不発も
アメリカの大種牡馬として活躍馬続々！

　エンパイアメーカーはアメリカの大種牡馬で、自身の戦歴、直仔の成績が優秀なのはもちろん、父の父としても歴史的名馬アメリカンファラオなど数々の活躍馬を輩出。同馬の父アンブライドルドの系統からアメリカンファラオ同様ダートで近年最高のレーティングがついたアロゲートも出ているように、現在のアメリカで最も需要の高い主流系統と言えるだろう。

　これだけの血統背景を持ちながら、JRAのダート重賞勝ちはマル外のイジゲンによる2012年武蔵野Sのみで、あとは日本産のヒストリーメイカーが馬券絡みを果たすのみ。一方、芝の重賞では母ダンスパートナーの持込馬フェデラリスト（2012年中山金杯、2012年中山記念）、日本産のエテルナミノル（2018年愛知杯）ら5頭が馬券圏内に好走している。

　エンパイアメーカーの種牡馬としての実績を考えると、特にダートで一流馬を出せなかったのは残念の一言に尽きる。

ダートで母父も米国型、さらに外枠で買い！

　エンパイアメーカー自身がアメリカの名血だけに、これが母父も米国型になるとダートでは強力な血統構成となる。

　ただし、高い能力を秘める一方で、気分屋で気性の激しい馬も多く、乗り方や展開によってはあっさり惨敗するのも特徴。特に内枠だと被される、揉まれる、砂を被るなど、走る気を損なう材料が多いので要注意。理想は外枠だ。

　実際、エンパイアメーカーの系統にあたるアメリカンファラオ産駒のカフェファラオも、外枠からのスタートで2020年ユニコーンSを楽勝。反対に次走ジャパンダートダービーでは内枠からのスタートとなり、単勝1.1倍のダントツ人気を裏切って7着に惨敗している。

　また、そのジャパンダートダービーを勝ったダノンファラオは外枠からのスタート。内枠スタートだった前走の鳳雛S惨敗からの巻き返しを見せた。

　これぞ“エンパイアメーカーのお家芸”なのである。

参考データ

Empire Maker

ダートで母父が米国型。外枠（6〜8枠）

着別度数	勝率	連対率	複勝率	単回収	複回収
59- 46- 34-412/551	10.7%	19.1%	25.2%	202	117

（集計期間：2014年6月1日〜2021年5月30日）

ダートの速い馬場（良馬場以外）は大歓迎！

　エンパイアメーカーの祖父ファピアノはJRAダートにおける速さの源と言っていい馬で、雨が降って湿っているなど、馬場が軽い状態で時計が速いのは大得意。"良馬場以外のダートの速い馬場"はファピアノのスピード持続力がより活きてくる格好の条件だ。

　エンパイアメーカーもこの血を受け継いでダートの速い馬場には滅法強く、大歓迎のクチ。

　また、ダート向きの種牡馬のなかでは、芝中距離指向の要素を備えており、その点も軽いダートで武器となる。

オルフェーヴル
Orfevre

大系統／サンデー系　小系統／Tサンデー系

			父小系統（父国タイプ）
ステイゴールド 黒鹿　1994	*サンデーサイレンス Sunday Silence	Halo	**Tサンデー系（日）**
		Wishing Well	父母父小系統
	ゴールデンサッシュ	ディクタス	**ファイントップ系（欧）**
		ダイナサッシュ	母父小系統
オリエンタルアート 栗　1997	メジロマックイーン	メジロティターン	**マイバブー系（欧）**
		メジロオーロラ	母母父小系統
	エレクトロアート	*ノーザンテースト	**ノーザンテースト系（日）**
		*グランマスティーヴンス	

ノーザンテースト 4×3

D A T A

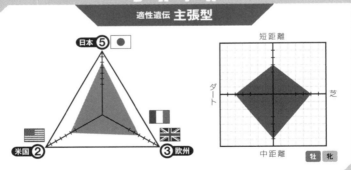

適性遺伝 **主張型**

日本 ⑤
米国 ②
③ 欧州

短距離
ダート　芝
中距離
牡　牝

P O I N T

多彩な晩成種牡馬

ステイゴールド系の中では王道条件に強い

プロフィール

Orfevre

　父ステイゴールド、母オリエンタルアート。母父はメジロマックイーン。ステイゴールド×メジロマックイーンの組み合わせはゴールドシップと同じ。全兄にドリームジャーニー（2006年朝日杯FS、2009年宝塚記念、有馬記念）、全弟リヤンドファミュ（2013年若駒S）。

　現役時代は2011年に皐月賞、ダービー、菊花賞を制してクラシック三冠達成。有馬記念も制す。4歳になると阪神大賞典で逸走し2着、続く天皇賞春は11着に大敗するも、宝塚記念を勝利。2012、2013年には凱旋門賞に挑戦し2年連続2着。引退レースは2013年有馬記念で、2着のウインバリアシオンに8馬身差をつける圧勝で競走生活を締めくくった。

　2014年に社台スタリオンステーションで種牡馬デビュー。初年度産駒からラッキーライラック（2017年阪神JF、2019、2020年エリザベス女王杯、2020年大阪杯）、エポカドーロ（2018年皐月賞）ら活躍馬を輩出し、馬産地で人気を博している。

種牡馬としての特徴

Orfevre

直線が長い芝1800m以上がベスト！

　オルフェーヴルはクラシック三冠を含め、国内GⅠを6勝。さらに海外でも凱旋門賞で2年連続2着に好走するなど、その能力の高さは世界からも注目されていた馬だ。

　血統的にもステイゴールド×メジロマックイーンという配合は、全兄ドリームジャーニー、そしてゴールドシップなど活躍馬を出しており、非常に重要な存在となっている。

　またオルフェーヴルはクラシック三冠を達成しただけではなく、古馬になってもGⅠを勝利。引退レースの有馬記念を圧勝するな

ど、高い成長力も示した。実際に皐月賞時は440キロだった馬体重
も、引退レースのときには466キロと20キロ以上馬体を増やし、そ
れに伴ってレース内容も良くなっている。

　この成長力は産駒にも受け継がれており、2歳、3歳前半よりも
古馬混合戦を走る3歳秋以降のほうが成績も上昇する。

　現役時代に有馬記念や宝塚記念を勝ったという印象や、ステイ
ゴールドの後継種牡馬ということもあって中山など小回り向きと思
われることもあるようだが、産駒の成績からは東京など直線が長い
芝1800m以上の条件がベスト。

　この条件では、2020年秋以降の重賞だけでもオーソリティがア
ルゼンチン共和国杯（東京芝2500m）を、ショウリュウイクゾが日
経新春杯（中京芝2200m）を、そしてラーゴムがきさらぎ賞（中京
芝2000m）を勝っている。

　難しいのは皐月賞を勝ったエポカドーロをイメージしてはいけな
いということ。代表産駒が産駒全体の個性を表していないのは多様
性の証で、そこがディープインパクトと違うところだ。

参考データ①　　　　　　　　　　　　　　　　　*Orfevre*

古馬混合戦。直線が長い芝1800m以上

着別度数	勝率	連対率	複勝率	単回収	複回収
34- 18- 22-112/186	18.3%	28.0%	39.8%	133	92

（集計対象:新潟外回り、東京、中京、京都外回り、阪神外回り）
（集計期間:2017年6月1日〜2021年5月30日）

2、3歳限定戦のダート1800m以上で、母父米国型の牡馬を狙う!

　そしてもうひとつ、サンデー系のなかではダートをこなせるタイ
プの種牡馬だというのも意識しておきたいポイントだ。

　ダートをこなせる理由は気性の強さと馬力。砂を被ったり、馬群で包まれたりしても怯まない産駒が多いことや、芝の道悪でも最後までバテないスタミナと馬力は、ダート1800m以上では他の種牡馬に比べて長所となる。

　オルフェーヴル自身もガッツがあったが、そのメンタルの強さは父ステイゴールド、母母父ノーザンテーストから受け継がれたものだ。

　特に狙い目は2、3歳限定戦。道中のスピードが上がりやすく本格的なダート適性が要求される古馬混合戦よりも、2、3歳限定戦は"本質的な適性は芝中距離だけれどダートもこなす"という程度で勝負になるからだ。

　ただし、やはり本質は芝の広いコース向き。馬体の大きさとパワーを補うという意味で、母父米国型、そして牡馬に絞るのがベターだろう。

　ダートでの出世頭はジャスティンだが、ダート短距離に強いジャスティンをイメージするとちょっと違うという点は覚えておきたい。

参考データ②　　　　　　　　　　　　　　　　　　*Orfevre*

2〜3歳限定戦。ダート1800m以上。母父米国型。牡馬

着別度数	勝率	連対率	複勝率	単回収	複回収
13- 21- 18- 78/130	10.0%	26.2%	40.0%	37	119

（集計期間:2017年6月1日〜2021年5月30日）

2、3歳限定芝1400m以下の牡馬は消し！

　買いのポイントで挙げた"直線が長い芝1800m以上の古馬混合戦"とは真逆の適性が要求される条件。それが"早い時期の芝短距離"。仕上がりの早さが求められること、そして道中のスピードが速いこともオルフェーヴル産駒にとっては向く条件ではない。この

条件は消し。

　牝馬の場合は仕上がり面を多少カバーできる側面もあるが、牡馬で人気になるようだと信用できない条件だ。

参考データ③　　　　　　　　　　　　　　　　　　　　　　　　　Orfevre

2〜3歳限定戦。芝1400m以下の牡馬

着別度数	勝率	連対率	複勝率	単回収	複回収
2- 2- 3- 8/15	13.3%	26.7%	46.7%	75	66

（集計対象:推定人気順位3位以内）　（集計期間:2017年6月1日〜2021年5月30日）

ノーザンテーストの個性を引き継いだ 王道種牡馬

　ステイゴールド系の個性はタフな馬場や持久力勝負に対する強さだが、オルフェーヴルの場合は、他のステイゴールド系に比べて王道条件に強い産駒を出すのが特徴。

　これには繁殖と育成がノーザンファームという点が大きく関係している。

　芝1800m以上の重賞における直線の長さ別成績を見ると、ステイゴールドの直仔やドリームジャーニー産駒、ナカヤマフェスタ産駒は直線の短いコースのほうが好成績となっているが、オルフェーヴル産駒はそうではないのがわかるだろう。

古馬混合戦、芝1800m以上重賞のステイゴールド系直線の長さ別成績

父名	直線 短			直線 長		
	総数	勝率	複勝率	総数	勝率	複勝率
ステイゴールド	293	9.9%	22.5%	192	6.3%	20.3%
オルフェーヴル	41	12.2%	26.8%	19	15.8%	31.6%
ゴールドシップ	3	0%	0%	2	50.0%	50.0%
ドリームジャーニー	7	0%	57.1%	5	20.0%	20.0%
ナカヤマフェスタ	9	11.1%	11.1%	10	0%	10.0%

（集計期間：2011年1月1日〜2021年5月30日）　（直線長い：東京、中京、阪神外、京都外、新潟外）

　オルフェーヴルは現役時にもステイゴールド系としては唯一、東京芝2000m以上のGⅠを勝つなど、主流のコースにも高い適性を示したように、他のステイゴールド系と同列に考えないほうが良いと言える。そして、ステイゴールド系にもかかわらず王道系に振れたことで、結果的に個性がなくなってしまっているとも考えられる。産駒に多様性がありすぎて、コレという特徴も見つけづらい。それこそがオルフェーヴルの特徴なのだ。

　これは母母父のノーザンテーストの影響が色濃く出ているのが主な理由と見る。ノーザンテーストも多様性があり、ダートでも芝でも良い馬を出してきた。また、「ノーザンテーストは二度成長する」と言われていたように、古馬になって使いながら上昇する点も共通している。

　オルフェーヴルは、サンデー系の後継種牡馬の中では、ノーザンテーストの個性を強く引き継いでいる。

　サンデーサイレンスは母系にノーザンテーストを持つ種牡馬が少ないので、オルフェーヴル産駒はノーザンテーストの個性が発揮できる状況、馬場でも強みを見せる。

カジノドライヴ

Casino Drive

大系統／ナスルーラ系　小系統／エーピーインディ系

マインシャフト Mineshaft 黒鹿 1999	エーピーインディ A.P. Indy	Seattle Slew	父小系統（父国タイプ） エーピーインディ系（米）
		Weekend Surprise	
	プロスペクターズディライト Prospectors Delite	Mr. Prospector	父母父小系統 ミスプロ系（米）
		Up the Flagpole	
ベターザンオナー Better Than Honour 鹿 1996	デピュティミニスター Deputy Minister	Vice Regent	母父小系統 ヴァイスリージェント系（米）
		Mint Copy	
	ブラッシュウィズプライド Blush With Pride	Blushing Groom	母母父小系統 レッドゴッド系（欧）
		Best in Show	

DATA

適性遺伝 **主張型**

日本 ②

米国 ⑦　　①欧州

短距離

ダート　　芝

中距離　　牡　牝

POINT

ダート種牡馬としてのポテンシャルは最上級

高齢になっても走れる叩き良化型

スピードの持続力はあるが、スプリント色が薄い

カジノドライヴ

プロフィール

Casino Drive

　2005年アメリカ生まれ。2008年2月、新馬戦で2着馬に2.3秒もの大差をつける圧勝。半兄ジャジル、半姉ラグズトゥリッチズがどちらも米ベルモントS勝ち馬という超良血ぶりを証明する衝撃のデビュー戦となった。新馬戦の圧勝を受けて、ベルモントSに挑戦すべく渡米。アメリカでのデビュー戦となった重賞ピーターパンSでは2着馬に6馬身近い差をつける楽勝。コンディション作りが難しい海外遠征で力を発揮したという事実からもGI級の能力だったことは間違いなく、実際日本でも少ないキャリアながらレコード決着のフェブラリーSをクビ差2着に好走。屈腱炎になっていなければかなりの成績を残していただろう。

　また種牡馬としてもカジノフォンテンら活躍馬を輩出していたが、2017年の種付けを最後に休養。2019年に14歳で死亡。早世が惜しまれる一頭だ。

種牡馬としての特徴

Casino Drive

超良血!　ハイポテンシャル!

　父がダートの名系統エーピーインディ系、母父は日本のダートのスピード競馬への適性が高いデピュティミニスター。

　母系が優秀な馬は種牡馬としても成功を収めやすいのが血統のセオリー。カジノドライヴは母系がまさに名血。半兄、半姉がベルモントS勝ち馬。牝系も超良血だ。

　ちなみにベルモントSは約2400mだが、スタミナよりもスピードの持続力性能の高さが問われる。同レース勝ち馬は日本のダートでも成功を収めやすく、エーピーインディ、エンパイアメーカー、クリエイターのように、スピードがあるうえに持続力にも優れているタイプは日本のダートでもスピード負けせずに成功している。

　カジノドライヴ自身はベルモントS回避、日本でもGIを勝っておらず地味な印象だが、血統背景や随所で見せたパフォーマンスからもダート種牡馬としてのポテンシャルは最上級。特に母父米国型の産駒はダート全般で好成績を残している。

　一方、芝で人気になると信用できない。

参考データ①　　　　　　　　　　　　　*Casino Drive*

ダート。母父米国型

着別度数	勝率	連対率	複勝率	単回収	複回収
49- 33- 41-315/438	11.2%	18.7%	28.1%	80	114

（集計期間:2015年6月1日〜2021年5月30日）

参考データ②　　　　　　　　　　　　　*Casino Drive*

芝

着別度数	勝率	連対率	複勝率	単回収	複回収
2- 1- 0- 9/12	16.7%	25.0%	25.0%	44	41

（集計対象:推定人気順位3位以内）　（集計期間:2015年6月1日〜2021年5月30日）

米国型には珍しい、叩き良化型

　米国型にはヘニーヒューズのようにキャリア15戦くらいでパフォーマンスの上積みを見せない産駒が出やすい種馬も多いが、カジノドライヴは叩いて上昇するタイプ。

　代表産駒カジノフォンテンが5歳にして川崎記念、かしわ記念を勝利。中央でもヴェンジェンスが6歳にして本格化、重賞初勝利を挙げ、プレスティージオも6歳になってからオープンで大穴を複数回出しているように、デビュー戦からどんどんパフォーマンスを上げていき、高齢になっても走る産駒が多いのが特徴だ。

　「米国型なのに叩き上昇型」のような「なのに〜」がつく珍しい個性がある種馬はクセが出やすい。覚えておくと馬券的にも有利だ。

広いコースの中距離がベスト。1200mは苦戦

　同産駒が特に得意としているのが広いコースの持続力勝負。JRAの中距離コース、広いコースへの適性が高い。

　アメリカ血統は短距離ダートに強く、早いうちから走るという印象が強いが、カジノドライヴはむしろ小回りの1200mは苦手。特に母父が米国型ではない産駒は苦戦傾向にある。

参考データ ③　　　　　　　　　　　　　　　　　　　Casino Drive

ダート1200m以下。母父米国型以外

着別度数	勝率	連対率	複勝率	単回収	複回収
8- 3- 5-25/41	19.5%	26.8%	39.0%	60	61

（集計対象：推定人気順位3位以内）　（集計期間：2015年6月1日〜2021年5月30日）

狙いは1400mの近走先行経験馬か距離延長馬

　ダートのなかでは1400mが最適。1400mは広いコースが多く、中距離的な要素も要求されるためにスプリント能力だけで押し切れる距離でもない。これがカジノドライヴの「スピードの持続力はあるが、スプリント色が薄い」という特徴と合っているのだ。

　ただし1200mを苦手としているように、同じく短距離の部類に入る1400mでは、近走で先行している（テンパターン50以内）か、前走で1300m以下を使っている馬が狙い目となる。

参考データ ④　　　　　　　　　　　　　　　　　　　Casino Drive

ダート1400m。
近走先行経験馬（テンパターン50以内）or前走から距離延長

着別度数	勝率	連対率	複勝率	単回収	複回収
33- 10- 20-126/189	17.5%	22.8%	33.3%	92	165

（集計期間：2015年6月1日〜2021年5月30日）

新馬は苦手で、
キャリア2～5戦目の未勝利戦は買い

　カジノドライヴ産駒は叩き良化型だけに、キャリア2～5戦目の未勝利戦は格好の狙い目。人気馬の信頼度も高く、人気ランクA・B・Cどれを買ってもプラス収支となる。使われるごとにどんどん上昇するため、買い続けるだけでプラスにもっていくことができるありがたい存在だ。

ダート クラス別成績

クラス	着別度数	勝率	連対率	複勝率	単回収	複回収
新馬	5-9-13-125/152	3.3%	9.2%	17.8%	14	69
未勝利	60-37-37-448/582	10.3%	16.7%	23.0%	100	95
1勝クラス	36-33-40-274/383	9.4%	18.0%	28.5%	75	92
2勝クラス	22-12-13-115/162	13.6%	21.0%	29.0%	116	90
3勝クラス	13-8-5-71/97	13.4%	21.6%	26.8%	73	71

ダートの未勝利戦（前走が新馬戦だった馬）

着別度数	勝率	連対率	複勝率	単回収	複回収
19-8-7-112/146	13.0%	18.5%	23.3%	118	121

（集計期間：2015年6月1日～2021年5月30日）

カジノドライヴ

カジノドライヴ産駒は叩き良化型が多く、カジノフォンテンも3歳秋から連勝し、5歳で川崎記念、かしわ記念を勝利した。

カレンブラックヒル
Curren Black Hill

大系統／サンデー系　小系統／Pサンデー系

ダイワメジャー 栗 2001	*サンデーサイレンス Sunday Silence	Halo	父小系統（父国タイプ） Pサンデー系（日）
		Wishing Well	
	スカーレットブーケ	*ノーザンテースト	父母父小系統 ノーザンテースト系（日）
		*スカーレットインク	
*チャールストンハーバー Charleston Harbor 鹿 1998	グラインドストーン Grindstone	Unbridled	母父小系統 ミスプロ系（米）
		Buzz My Bell	
	ペニーズバレンタイン Penny's Valentine	Storm Cat	母母小系統 ストームバード系（米）
		Mrs. Penny	

Northern Dancer 4×5、Le Fabuleux 5·5（母方）

DATA

適性遺伝 主張型

日本 ⑤ ●
米国 ④
① 欧州

短距離
ダート　芝
中距離　　牡　牝

POINT

グラインドストーンの影響が強い

芝ダートともに末脚のスピードが削がれる馬場が得意

プロフィール

Curren Black Hill

2009年生まれ。父ダイワメジャー、母父グラインドストーン。

2012年にデビューを果たすと、新馬、こぶし賞、ニュージーランドT、NHKマイルC、毎日王冠を5連勝。古馬になってからは苦戦を強いられるも、2014年ダービー卿CT、2015年小倉大賞典を勝利。2015年マイルCSを最後に引退。

翌2016年に種牡馬入りし、毎年安定して100頭前後に種付けをこなしているが、今のところ産駒の重賞勝ちはなし。

種牡馬としての特徴

Curren Black Hill

買いの基本はダート1300m以下の母父欧州型以外

カレンブラックヒルの現役時代のGⅠ勝ちは2012年NHKマイルCのみ。勝ち時計はNHKマイルC史上最も遅い1分34秒5。時計がかかる馬場だったことに加え、強風が吹いていたこともあって力を出せない馬が続出するタフなレースだった。

古馬になって勝った2014年ダービー卿CTは稍重でレース上がりが36秒7のハイペース。2015年小倉大賞典は重でレース上がりが36秒9。直線スピードが要求されないレースで結果を残しており、産駒にもこの特徴が引き継がれている。

父ダイワメジャーは、どちらかといえば広いコースの芝1600〜1800mあたりに本質的な適性がある馬を出しやすい。一方で、短距離のハイペースを苦手とする馬も多い。

しかし、カレンブラックヒル自身はダイワメジャー産駒の中では独特の個性を持っていた。時計がかかって他馬の末脚が削がれる馬場だったNHKマイルCの逃げ切り圧勝、ダービー卿CTや小倉大賞典でのハイペースを押し切る競馬など、ダイワメジャー産駒の本質的な特徴とは異なる適性を要求されるレースで結果を出した。

力

　この適性は芝よりもダートや短距離に近い。産駒には母父グラインドストーンの特徴も強く伝わりやすいと考えて良いだろう。ちなみにJRAのレースに出走したグラインドストーン産駒は5頭。勝ったのはすべて1400m以下で計10勝のうち8勝がダートとなっている。

　カレンブラックヒル自身が一度だけダートに挑戦したフェブラリーSで1番人気15着に惨敗していることもあって、産駒がダートで人気になることはないが、産駒には母父グラインドストーンの特徴を伝えているのがミソ。

　狙い目はダート1300m以下だ。ただし、いくらダート短距離適性を伝えるとはいえ、母父が欧州系の場合はさすがにダート適性が低過ぎる。母父欧州型以外の産駒ならグラインドストーンの適性がかなり出るので、積極的に狙っていきたい。

参考データ ①　　　　　　　　　　　　　　　*Curren Black Hill*

ダート1300m以下。母父欧州型以外

着別度数	勝率	連対率	複勝率	単回収	複回収
11- 7-10-47/75	14.7%	24.0%	37.3%	265	148

（集計期間：2019年6月1日〜2021年5月30日）

芝1400m以下の母父欧州型は買い!

　ただ、母父欧州型でも狙いどころはある。母父米国型、日本型はダート短距離向きに出るが、母父欧州型だと芝短距離に出るのだ。グラインドストーンに欧州型を掛け合わせたようなイメージと考えれば良い。特に牝馬はその傾向が顕著だ。

　グラインドストーンはファピアノ系で、ファピアノは欧州血統と配合すると芝をこなす馬を出す。なおかつカレンブラックヒルにはダイワメジャーが入っており、より芝向きの馬を出しやすくなるということ。そしてその場合もほかの主流血統が末脚を発揮できない

馬場になればなるほど有利になるのがポイントだ。

　イメージ的にはオーストラリアや香港の短距離血統のような適性で、主流のサンデー系やキングマンボ系がハイペースに苦しむなか先行して粘り込む、あるいは最後までバテずに脚を使い続けるようなしぶといレースぶりで穴を出すパターンには今後も注意が必要だ。

参考データ②　　　　　　　　　　　　　*Curren Black Hill*

芝1400m以下。母父欧州型の牝馬

着別度数	勝率	連対率	複勝率	単回収	複回収
3- 5- 4-27/39	7.7%	20.5%	30.8%	76	195

（集計期間:2019年6月1日〜2021年5月30日）

芝1600m以上凡走からの
ダート1300m以下替わりを狙う!

　母父も米国型との配合馬は、米国型であるグラインドストーンの特徴が強化されやすいため、スピード寄りの持続力タイプが出やすい。したがって、芝1600m以上の主流条件では、芝の主流血統に直線スピード負けしやすい。そこで好走する際はほとんど先行しているが、それに関しても馬場や展開などに恵まれた場合が多い。

　母方も米国指向が強い(特に母父米国型の)カレンブラックヒル産駒は、芝1600m以上で走れなかった馬をダート1300m以下で狙うパターンがオススメだ。

参考データ③　　　　　　　　　　　　　*Curren Black Hill*

芝1600m以上。母父米国型

着別度数	勝率	連対率	複勝率	単回収	複回収
0- 1- 0- 3/ 4	0%	25.0%	25.0%	0	37

（集計対象:推定人気順位3位以内）　（集計期間:2019年6月1日〜2021年5月30日）

キズナ

Kizuna

大系統／サンデー系　小系統／ディープ系

ディープインパクト 鹿　2002	* サンデーサイレンス Sunday Silence	Halo	**父小系統（父国タイプ）** ディープ系（日）
		Wishing Well	
	* ウインドインハーヘア Wind in Her Hair	Alzao	**父母父小系統** リファール系（欧）
		Burghclere	
* キャットクイル Catequil 鹿　1990	ストームキャット Storm Cat	Storm Bird	**母父小系統** ストームバード系（米）
		Terlingua	
	パシフィックプリンセス Pacific Princess	Damascus	**母母父小系統** ダマスカス系（米）
		Fiji	

Northern Dancer 5×4

DATA

適性遺伝 **主張型**

日本 ④ ●

米国 ③　　③ 欧州

短距離

ダート　芝

中距離　牡　牝

POINT

父ディープとは特徴が異なる

上がりがかかるレースに強い

牡馬と牝馬の違いに注意

プロフィール

Kizuna

　2010年生まれ。父ディープインパクト、母キャットクイル。母父ストームキャット。半姉にファレノプシス（1998年桜花賞、秋華賞、2000年エリザベス女王杯）。半兄にサンデーブレイク（2002年ピーターパンS・米GⅡ・ダ9F。米仏で種牡馬として供用）。祖母パシフィックプリンセスの一族からはビワハヤヒデ（1993年菊花賞、1994年天皇賞春、宝塚記念）、ナリタブライアン（1993年朝日杯3歳S、1994年三冠、有馬記念）など活躍馬多数。

　現役時代はデビュー2連勝後、ラジオNIKKEI賞3着、弥生賞5着と収得賞金を加算できず。5戦目となる毎日杯で重賞初制覇を遂げると皐月賞を回避し、京都新聞杯、日本ダービーを連勝。その後渡仏しニエル賞（仏GⅡ・芝2400m）を勝って凱旋門賞へ臨むもトレヴの4着。ちなみに2着はオルフェーヴル。帰国後は骨折などもあり、重賞勝ちは2014年大阪杯のみ。日本ダービー以降はGⅠを勝ち切れないまま5歳秋に屈腱炎を発症し、引退が決まる。

　2016年から社台スタリオンステーションで種牡馬入り。初年度から269頭の繁殖牝馬を集める人気ぶりで、そのなかからディープボンド（2021年天皇賞春2着）、マルターズディオサ（2019年阪神JF2着）、ビアンフェ（2019年函館2歳S、2021年函館スプリントS）、シャムロックヒル（2021年マーメイドS）ら様々なカテゴリで活躍馬を輩出。2年目産駒からもソングライン（2021年NHKマイルC2着）、ファインルージュ（2021年桜花賞3着）、バスラットレオン（2021年ニュージーランドT）らが出ている。

種牡馬としての特徴

Kizuna

上がりがかかる競馬が得意

　キズナはダービーを勝ったディープインパクト産駒。ただし、デ

ィープインパクトとは異なる適性の個性を持った産駒が多い。

　競走馬の能力は一定ではない。

　キズナの場合、母父ストームキャット、母母父ダマスカス。祖母のパシフィックプリンセスはビワハヤヒデ、ナリタブライアンを出した牝系。馬格も大きい。ディープインパクトと比べると馬力とスタミナが強調された血統構成になっている。

　ディープインパクトの母系はフランスの芝マイルの個性が強化されているのに対して、キズナの母系はダート中距離的な要素が強化されている。

　サンデーサイレンスの血を継ぐ馬だらけの日本のリーディング上位の種牡馬の中では、持久力が高い方向性の種牡馬だ。

　これは、キズナをデビュー時代から育んでいた佐藤哲三元騎手も「亀谷競馬サロン」にて発言されている。「キズナは凱旋門賞を先行して押し切るような馬に仕上げたかった」と。

　産駒の重賞実績を見ても、特に牡馬は上がりがかかるレースでの活躍が目立つ。

　2021年5月末時点で重賞での3着内好走は24例あるが、33秒台の上がりを使ったのは、マルターズディオサのチューリップ賞（33秒9）、レジェーロの葵S（33秒9）、ファインルージュの桜花賞（33秒7）の3例。いずれも牝馬だ。

ダート適性も高い

　キズナの母方の血統は本質的にはダート中距離向き。走る意欲も旺盛で砂を嫌がらない馬も出やすいため、ダート1800m以上の期待値が非常に高い。

　母系から砂適性の裏付けを得ればさらに好走率は上がる。大型馬や母父米国型、母や祖母がダート上級条件で実績を残していた馬に

絞ればさらに成績は上がる。

参考データ①　　　　　　　　　　　　　　　　　　　　　　　*Kizuna*

ダート1800m以上。大型馬(前走馬体重460キロ以上)or母父が米国型

着別度数	勝率	連対率	複勝率	単回収	複回収
40- 52- 38-229/359	11.1%	25.6%	36.2%	145	110

(集計期間:2019年6月1日～2021年5月30日)

特に牡馬は、直線の長い芝の良馬場で 先行できない馬は消し

　物理的な構造上も、上がりのかかる馬場での持久力勝負が得意であれば、軽い馬場でのキレ味勝負で分が悪くなる馬が出やすい(能力の方向性は一定ではない)。特にパワー型になる。

　日本にはキズナよりも直線でのスピード勝負を得意とする種牡馬がたくさんいるからだ。

　ディープ産駒のように、直線で瞬発力を発揮するような競馬を期待してはいけない。したがって、キズナ産駒の場合、先行できない馬は軽い馬場での好走は厳しくなる。

　この話をYouTubeで公開したのが2020年4月。キズナ産駒は高い勝ち上がり率を記録しており、当時はそれを裏付けるようなデータはなかった。しかし、それでも「3歳の春以降の軽い芝になれば、この傾向が顕著になる」と指摘した。

　その後、キズナのこの特徴はデータでも証明され、いまだにクラシックを勝てずにいる。それどころかGIを勝てていない。これだけ勝ち上がり率の高い優秀な種牡馬が、まだGIを勝てていないのである。やはり、主流のキレ味勝負では他のサンデー系よりも分が悪い面は否めない。

　なお、この傾向は特に牡馬で顕著だ。牝馬の場合、マルターズデ

ィオサやファインルージュのようにキレ味勝負に対応できる軽い馬が出る。

　筆者も東京芝のNHKマイルCでは「牝馬のキズナ」ということでソングラインを推奨。大本線で的中できた。

参考データ②　　　　　　　　　　　　　　　　　*Kizuna*

牡馬。芝の直線が長いコース。
近走先行経験（テンパターン50以内）のない馬

着別度数	勝率	連対率	複勝率	単回収	複回収
1- 5- 3-13/22	4.5%	27.3%	40.9%	25	76

（集計対象:推定人気順位3位以内）　（集計期間:2019年6月1日〜2021年5月30日）

牡馬と牝馬で傾向が異なる

　先に書いたように、キズナ産駒は牡馬と牝馬の適性の違いを意識したい。

　牡馬になるとダートの長距離の成績が上がり、牝馬になると芝のマイル以下の成績が上がる。要するに、牡馬はパワーとスタミナという特徴が強化され、牝馬は気持ちの前向きさと柔らかさが強化される（これは長年続く適性遺伝の原則）。

　さらに母方の血統も参考にすれば個性を見抜きやすい。

　たとえば、牡馬で母がヨーロッパのスタミナ型であれば上がりのかかる長距離戦の適性が強化され、ディープボンドのような馬が出やすい。牝馬で母がスピード血統だったらソングラインのように芝のマイル以下向きだと推測できる。繰り返しになるが、この傾向は昔から続く血統の原則であり、今後もずっと続いていくだろう。

　なお、牝馬は牡馬よりもキレ味勝負に対応できる一方、パワー不足になるため、ダートの短距離では人気でも信用できない。これもキズナに限らず、牝馬がキレ味型が出やすい種牡馬全般にいえる傾向だ。

キズナ

参考データ③

Kizuna

牝馬。ダート1400m以下。母父米国型以外

着別度数	勝率	連対率	複勝率	単回収	複回収
4- 0- 2-14/20	20.0%	20.0%	30.0%	96	55

（集計対象:推定人気順位3位以内）　（集計期間:2019年6月1日～2021年5月30日）

キ

キタサンブラック
Kitasan Black

大系統／サンデー系　小系統／Tサンデー系

ブラックタイド 黒鹿　2001	*サンデーサイレンス Sunday Silence	Halo	父小系統（父国タイプ） **Lサンデー系（日）**
		Wishing Well	
	*ウインドインハーヘア Wind in Her Hair	Alzao	父母父小系統 **リファール系（欧）**
		Burghclere	
シュガーハート 鹿　2005	サクラバクシンオー	サクラユタカオー	母父小系統 **プリンスリーギフト系（日）**
		サクラハゴロモ	
	オトメゴコロ	*ジャッジアンジェルーチ	母母父小系統 **ボールドルーラー系（米）**
		*ティズリー	

Lyphard 4×4, Northern Dancer 5×5·5

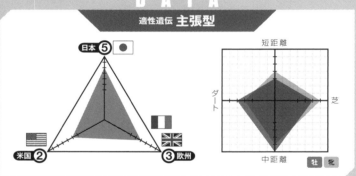

D A T A

適性遺伝　**主張型**

日本 ⑤ ●
米国 ②
③ 欧州

短距離　芝　中距離　ダート

牡　牝

P O I N T

スピードやキレをどのように引き出すか？

種牡馬としてはシンボリクリスエスに近いイメージ

牡馬ならダートで走る馬も出しそう

プロフィール

Kitasan Black

2012年、父ブラックタイド、母シュガーハートの間に生まれる。

現役時代は3歳1月にデビューすると3連勝でスプリングSを制覇。続く皐月賞は3着に好走。ダービーは14着に大敗するも、秋になるとセントライト記念1着、菊花賞1着、有馬記念3着の良績を残す。

古馬になってからも快進撃は続き天皇賞春1着、宝塚記念3着、ジャパンC1着、有馬記念2着。

さらに翌2017年にはこの年からGⅠとなった大阪杯1着、天皇賞春連覇、天皇賞秋1着、ジャパンC3着。ラストランの有馬記念も逃げ切り、有終の美を飾った。

2018年から社台スタリオンステーションで種牡馬入りし、初年度は130頭に種付け。2021年の2歳世代が初年度産駒となる。

種牡馬としての特徴

Kitasan Black

種牡馬として成功しやすい3大法則とは?

現役時代は血統の常識を次々と打ち破り、大柄なのに柔らかな馬体、驚異の内枠獲得率など、数々の奇跡をファンに見せたキタサンブラック。この奇跡の能力は産駒にも受け継がれるか?

結論から言うと、血統のセオリーでは非常に評価しづらい種牡馬である。

種牡馬には成功しやすい3大法則があり、それが下記の3点。

・母系が優秀　　・スピードの裏付け　　・小柄な馬

キタサンブラックにはこの3点がひとつも当てはまらないことになる。ひとつずつ検証してみよう。

母系の繁殖成績は？

　父ブラックタイドはディープインパクトの全兄だが、弟とは対照的に産駒で芝のGIを制したのはキタサンブラックただ1頭。また近親の重賞勝ち馬もキタサンブラックのみ。これは奇跡としか言いようがない血統背景。種牡馬というのは基本的に父も母系も繁殖成績に優れていたほうが成功確率が高く、キタサンブラックはまったくこれに当てはまらないのだ。

スピードの裏付けは？

　キタサンブラックは持続力の高さを武器に活躍した馬で、GIレース7勝中3勝が逃げ切り勝ち。2勝が3番手以内の先行策だった。
　グレード制導入以降、JRAの芝2000m以上のGIを逃げて勝ったことのある種牡馬はメジロマックイーン、ミホノブルボン、マヤノトップガン、サニーブライアン、セイウンスカイ、タップダンスシチーらがいるが、これらの種牡馬の産駒がJRAのGIを連対したことは一度もない。このように"日本の芝で有利なスピード"と相反する"中距離で持続するスタミナ能力"は、種牡馬としては安定感に欠ける材料となるため、キタサンブラックも勝ち上がり率が低くなる可能性があるのだ。
　また、父ブラックタイドもスピードに秀でた種牡馬ではないというのがポイント。産駒成績を芝短距離・芝中距離・ダート短距離・ダート中距離の4つのカテゴリに分けて集計すると、ブラックタイド産駒が最も成績が良いのはダート中距離で、最も成績が悪いのが芝中距離となっている（ブラックタイドの頁を参照）。
　このようにブラックタイドは芝ではスピードやキレが足りず、かといって本質的にダート向きというわけでもなく、突き抜けた買いポイントが出づらい種牡馬だったのだ。

大型の馬体はどう影響する?

　種牡馬にはコンパクトな馬体をしているほうが成功しやすいという法則がある。事実、大型すぎる種牡馬はキレやスピードに欠けるタイプを出しやすく、種牡馬としては成功しづらくなっている。

　近年の社台スタリオンステーションの繁養馬で大型なのはシンボリクリスエスだが、キタサンブラックもこのパターンに近い印象を受ける。母系にボールドルーラーを持つという共通点もある。

　シンボリクリスエスは社台スタリオンステーションで非サンデー系の筆頭格として厚待遇を受けながら、芝GIの勝ち馬はエピファネイア、ストロングリターン、アルフレードの3頭のみ。エピファネイアに関しては母シーザリオの貢献度が大きく、アルフレードは中山の朝日杯FS勝ち馬で、3歳以降は重賞未勝利。実質的な芝の大物と言えるのはストロングリターンのみ。むしろサクセスブロッケンやルヴァンスレーヴなどのように、体力があって東京など軽いダートの中距離がベストの馬を出しやすい種牡馬だったと言える。

　また、牝馬の芝重賞勝ち馬がいなかったのも、素軽いスピードを引き出せなかったというのが理由だろう。

　血統のセオリーではこのように評価せざるを得ないのだが、キタサンブラックが現役時代に様々なセオリーを覆したのと同様に、種牡馬としてもセオリーを覆す大活躍に期待したいという思いはある。

　シンボリクリスエスもエピファネイアという素晴らしい馬を出した。キタサンブラックもセオリー通りアベレージは低かったとしても大物は出すかもしれない。また、キタサンブラックは母父に回れば、血統のセオリーからも成功する可能性は十分に秘める。そのためにも、素晴らしい繁殖牝馬と数多く配合されることに期待しよう。

　競馬はセオリー通りだけではつまらないもの。奇跡の馬が種牡馬になってどのような衝撃を与えてくれるのか? 楽しみに待ちたい。

キングカメハメハ

King Kamehameha

キングマンボ Kingmambo 鹿 1990	ミスタープロスペクター Mr. Prospector	Raise a Native	父小系統（父国タイプ） キングマンボ系（欧）
		Gold Digger	
	ミエスク Miesque	Nureyev	父母父小系統 ヌレイエフ系（欧）
		Pasadoble	
*マンファス Manfath 黒鹿 1991	*ラストタイクーン Last Tycoon	*トライマイベスト	母父小系統 ノーザンダンサー系（欧）
		Mill Princess	
	パイロットバード Pilot Bird	Blakeney	母母父小系統 ヘロド系（欧）
		The Dancer	

Northern Dancer 4×4

D A T A

適性遺伝 引き出し型

P O I N T

引き出し型の種牡馬

母の血統、育成でタイプが変わる

キングカメハメハ

キ

　2001年生まれ。父にキングマンボ、母にマンファスを持つ持ち込み馬。母父は日本でも供用された仏調教馬ラストタイクーン。半兄にサンタアニタダービー（米ＧＩ・ダ9F）を勝ったザデピュティ。

　父キングマンボは母が名牝ミエスク。仏2000ギニー、セントジェームスパレスＳ、ムーランドロンシャン賞とマイルＧＩを3勝。日本と親和性の高いフランスマイルＧＩでも実績を残した。種牡馬としてもエルコンドルパサー、レモンドロップキッド、キングズベスト、アルカセットら名馬を多数輩出している。

　現役時代はデビュー5戦目の毎日杯で重賞初制覇。続くNHKマイルＣをレースレコードで圧勝。次いで臨んだ日本ダービーでも、それまでのレースレコードを2秒も更新する2分23秒3でＧＩ連勝を決めた。秋は神戸新聞杯を勝ち切るも、天皇賞秋に向けた調整中に屈腱炎を発症。引退を余儀なくされた。

　現役引退後は社台スタリオンステーションにて種牡馬入り。初年度から244頭に種付けし、2010年には当時の年間種付け頭数266頭の日本記録を達成するなど、2年遅れで種牡馬入りしたディープインパクトと双璧をなす大種牡馬となったが、2018年の種付けを最後に種牡馬を引退。2019年死亡。

母の影響を強く出すため、母の血統をチェック

　キングカメハメハは父がキングマンボ。同系統の種牡馬は"引き出し型"が多い。母馬から適性の影響を受けやすい（引き出しやすい）のだ。

　種牡馬には"引き出し型"と"主張型"が存在する。調味料や絵の具でも個性を主張しやすいものと引き出しやすいものがあるのと

同義と考えても良い。

　引き出し型の種牡馬は母の影響を強く出し、主張型の種牡馬はどんな母に付けても自身の特徴を強く出す。基本的に適性の個性は父系から受けることが多いので、母馬の個性を引き出しやすい種牡馬は意識したい。

　たとえばサンデーサイレンスはキングマンボに比べると自身の適性を"主張"しやすい。よって、主張の強いサンデー系の牝馬に引き出し型のキングカメハメハを付けると、キングカメハメハはサンデーの個性を強く引き出す。これを示す以下のデータを見てほしい。

参考データ①   *King Kamehameha*

芝1800m以上。直線が長く坂のあるコース。母父サンデー系（大系統）の牡馬

着別度数	勝率	連対率	複勝率	単回収	複回収
35- 29- 25-147/236	14.8%	27.1%	37.7%	69	98

（集計対象:2013年産〜）　（集計対象:東京、阪神外回り、中京）　（集計期間:2015年6月1日〜2021年5月30日）

　東京芝、阪神芝外回り、中京芝の1800m以上で複勝率37.7％、複勝回収率98％を記録している。まるで往年のサンデー産駒のような成績だ。つまり、キングカメハメハはサンデーサイレンスのキレ味を引き出すことによって、日本の王道血統になっているのだ。

　繋養されていたのが、社台スタリオンステーションだったことも大きい。たとえば、2015年のダービーを勝ったドゥラメンテは父キングカメハメハ、母父サンデーサイレンスという配合で、ノーザンファームで生産・育成された馬。このように主流の繁殖（日本で実績を収めていた牝馬）の仔で、主流レースの育成方法を施された馬が大量に生産されたわけだ。王道の馬になるべくしてなった。

　もし繋養されていたのが社台スタリオンステーションではなく、ダート血統の繁殖牝馬が多い牧場であれば、キングカメハメハ産駒

はホッコータルマエのような馬が続出していたはずだ。実際に、母父欧州型以外の牡馬・セン馬に絞るとダート1600m以上の成績が優秀。それだけ繁殖牝馬の良さを引き出しているということだ。

参考データ②　　　　　　　　　　　　　　　King Kamehameha

ダート1600m以上。牡馬・セン馬。母父欧州型以外

着別度数	勝率	連対率	複勝率	単回収	複回収
129- 118- 91- 628/ 966	13.4%	25.6%	35.0%	113	104

（集計対象:2013年産～）（集計期間:2015年6月1日～2021年5月30日）

ダート1200m以下で母父米国型以外は消し!

社台グループ、特にノーザンファームで育成されたキングカメハメハ産駒は、日本の主流コースに強くなる。これは日本の競馬において最大の長所になる。

しかし、能力の方向性は一定ではない。ある能力を伸ばすと、その逆の条件では力を発揮できなくなる。その条件がダート1200m。

芝1800m以上でノーザンファーム生産馬が走るような条件とダート1200mとでは要求される能力が真逆と言っていいくらい違う。つまり、芝1800m以上に強い馬が多いということは、ダート1200m以下に弱い馬が多いということにもなる。特に母父に米国型を入れてダートの要素を補っている馬以外だと人気で飛びやすい。

この傾向は同じキングマンボ系の後継種牡馬にも継がれるだろう。

参考データ③　　　　　　　　　　　　　　　King Kamehameha

ダート1200m以下。母父米国型以外

着別度数	勝率	連対率	複勝率	単回収	複回収
4- 1- 0-21/26	15.4%	19.2%	19.2%	81	35

（集計対象:2013年産～）（集計対象:推定人気順位3位以内）（集計期間:2015年6月1日～2021年5月30日）

キングズベスト

King's Best

大系統／ミスプロ系　小系統／キングマンボ系

キングマンボ Kingmambo 鹿　1990	ミスタープロスペクター Mr. Prospector	Raise a Native	父小系統（父国タイプ） **キングマンボ系（欧）**
		Gold Digger	
	ミエスク Miesque	Nureyev	父母父小系統 **ヌレイエフ系（欧）**
		Pasadoble	
アレグレッタ Allegretta 栗　1978	ロムバルド Lombard	Agio	母父小系統 **マイナー系（米）**
		Promised Lady	
	アナテフカ Anatevka	Espresso	母母小系統 **スターリング系（欧）**
		Almyra	

Alchimist 5·5(母方)

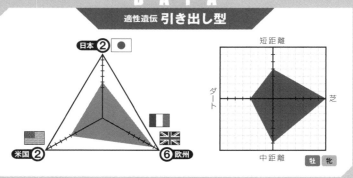

DATA

適性遺伝 **引き出し型**

日本② 米国② ⑥欧州

短距離　中距離　ダート　芝

牡　牝

POINT

欧州の良血！

芝の反主流のバテるレースで注目

体力が完成する古馬を狙う

プロフィール

King's Best

　父キングマンボ、母アレグレッタの間に1997年に誕生。半姉アーバンシーは凱旋門賞勝ち馬で、ガリレオやシーザスターズの母でもある歴史的名牝。

　現役時代は2000年英2000ギニー（GI・芝8F）勝ち。英ダービーを筋肉痛で回避し、愛ダービーに向かうもレース中に骨折。そのまま引退となった。

　2001年からアイルランドで供用され、初年度産駒からGI馬を輩出。2010年にはエイシンフラッシュが日本ダービーを、ワークフォースが英ダービーを勝って日英ダービー制覇という快挙を成し遂げた。2013年からは日本のダーレー・ジャパンで繋養され、2019年に死亡。

種牡馬としての特徴

King's Best

コテコテの欧州血統！
本質は古馬になってからの非根幹距離

　キングズベストはダーレーが導入した欧州の超良血種牡馬。非常に重厚な血統構成。本格的な欧州型らしく使い込んで良くなる馬が多い。晩成傾向といえる。

　下記のデータでは4歳以上としたが、10戦以上のキャリアを積んだ馬に置き換えても似たような傾向を示している。

　これが表すのは、キングズベストはイギリスの馬だけに、日本の鍛え方ではキャリア数戦程度では仕上がらないということ。キングズベストに限らず、日本の鍛え方と馬場では才能を発揮できない馬がイギリス血統には多い。

　鍛え込んで強い芝中距離馬を作れる腕のある調教師に預けられれば2、3歳戦で活躍する馬が出る可能性はあるのだが、才能開花に

長けた調教師がキングズベスト産駒を預かることはごくまれなこと。
結果、どうしても4歳以降に仕上がる馬が多くなるのだ。2、3歳戦
はレースを通じた育成期間だと割り切って、狙い始めるのは4歳か
らに徹するのが得策。

　距離に関しては、日本の主流血統ではないことからもわかるよう
に根幹距離は合わず、芝1800m、2200mといった非根幹距離が狙
い目だ。記憶に新しいところでは不良馬場となった2020年エプソ
ムCでトーラスジェミニが18番人気3着と大穴を出している。ちな
みにこの馬は母父も非根幹距離が得意なマンハッタンカフェの4歳
馬だった。

　なお、2010年のダービー馬エイシンフラッシュは藤原英昭厩舎
の育成によって、スピードとキレ味が引き出された例外的な存在と
考えておくべき。それだけ藤原英厩舎の乗り込みは素晴らしい。

　キングズベストの本質は古馬になってからの非根幹距離だと覚え
ておきたい。

参考データ①　　　　　　　　　　　　　　　　*King's Best*

4歳以上。芝1800m、2200m

	着別度数	勝率	連対率	複勝率	単回収	複回収
	3- 2- 2-11/18	16.7%	27.8%	38.9%	98	256

（集計期間:2016年6月1日〜2021年5月30日）

極端に上がりがかかるレースで浮上
芝1400m以下で穴をあけるパターンにも注意!

　また、欧州血統が1400m以下で穴をあけるというのは30年以上
続く血統の特徴で、キングズベスト産駒で母父にもサンデー系を入
れない徹底した反主流の配合は、馬力が要求されやすく主流の血統
が走りづらい1400m以下が買いポイントとなる。

本格的な欧州血統というのは日本ではスピードが足りず、上がりのかかる馬場で台頭するしかない。つまり母父がサンデー以外のキングズベスト産駒は、能力を発揮できる極端に上がりがかかるレースを待つしかないのだ。

参考データ②　　　　　　　　　　　　　　　　　　　　*King's Best*

4歳以上。芝1400m以下。母父がサンデー系以外

着別度数	勝率	連対率	複勝率	単回収	複回収
8- 4- 5-44/61	13.1%	19.7%	27.9%	124	88

（集計期間：2016年6月1日〜2021年5月30日）

2、3歳の芝1600m以上では信用できない

当然これらの条件と真逆になる条件では消し。具体的には2、3歳で芝1600m以上。母父サンデー系以外の人気馬はまず危険だと思っておいた方が良い。

若い時期、デビュー当初はまだ成長途上であることも多く、母父サンデー系以外では芝中長距離の適性も劣る。信用はできない。

参考データ③　　　　　　　　　　　　　　　　　　　　*King's Best*

2、3歳。芝1600m以上で母父サンデー系以外

着別度数	勝率	連対率	複勝率	単回収	複回収
0- 2- 2-11/15	0%	13.3%	26.7%	0	51

（集計対象：推定人気順位3位以内）　（集計期間：2016年6月1日〜2021年5月30日）

間違えてダートを使われがちだが
ダート1600m以下の適性は低い

産駒はスピードに欠けていて比較的大型ということもあって、間

違えてダートを使われることが多い（これもキングズベストに限らず、欧州血統の大型馬にはありがち）。

　ただ、本質的なダート適性、特にダート短距離の適性は低い。加えて、ダート短距離はキングズベスト産駒が苦手としている"ハイペースでラストが失速する流れ"になりやすいのもダートで好走できない理由のひとつ。

　キングズベスト産駒はゆったりと道中で追走して直線の根性、気力比べに長けている馬が多い。自分のペースで走れば最後までバテずに走り抜けることができる。ただし、前半で道中のスピードに合わせようと無理に追走させてしまうと一気に失速するのも特徴。ダートは道中の追走ペースも速いので合わない。特にダートで人気になるようだと信用はしないほうがいい。これもキングズベストに限らず、欧州血統全般の特徴だ。

参考データ④ King's Best

ダート1600m以下

着別度数	勝率	連対率	複勝率	単回収	複回収
5-11- 6-39/61	8.2%	26.2%	36.1%	45	61

（集計対象:推定人気順位3位以内）　（集計期間:2016年6月1日～2021年5月30日）

マニアプラス

キ

キングマンボ系のなかでも
異質の存在・キングズベスト

　キングズベストは半姉に凱旋門賞馬でガリレオやシーザスターズも産み出した歴史的な名牝アーバンシーを持ち、自身も英2000ギニーで2着ジャイアンツコーズウェイに3馬身半差をつける圧勝劇を演じている。

　父系は日本でもお馴染みのキングマンボ系だが、このように超がつくほどの欧州の主流血脈。さらにThe欧州のアーバンシーを生んだ牝系が適性も主張しているので、キングマンボ系のなかでも特別に米国指向が薄い異質な種牡馬と認識しておくべきだろう。

　たとえば、ダート1400mやダート1600mでは、芝とダートの中間的な適性が問われてキングマンボ系が穴を出しまくる馬場があるが、そういったバイアスでもキングズベスト産駒はほぼ走らない。もしキングズベストも走れる馬場だとしたら、よほどキングマンボ系に有利な馬場だと考えるべきだろう。

キンシャサノキセキ

Kinshasa no Kiseki

大系統／サンデー系　小系統／Pサンデー系

フジキセキ 青鹿　1992	* サンデーサイレンス Sunday Silence	Halo	**父小系統（父国タイプ）** Pサンデー系（日）
		Wishing Well	
	* ミルレーサー Millracer	Le Fabuleux	**父母父小系統** セントサイモン系（欧）
		Marston's Mill	
* ケルトシャーン Keltshaan 鹿　1994	プレザントコロニー Pleasant Colony	His Majesty	**母父小系統** リボー系（欧）
		Sun Colony	
	フェザーヒル Featherhill	Lyphard	**母母父小系統** リファール系（欧）
		Lady Berry	

DATA

適性遺伝 **主張型**

POINT

イメージとのギャップがおいしい種牡馬

実は、タメて直線でスピードを発揮するタイプ

芝中長距離やダート中距離に妙味あり

プロフィール
Kinshasa no Kiseki

オーストラリア産のフジキセキ産駒。オーストラリア産ということとは、つまり遅生まれということ。

堀厩舎に入厩後も無理をさせずに休み休み使われて、7歳で迎えた2010年高松宮記念でGⅠ初制覇、2011年高松宮記念を連覇。

デビューから30キロほど馬体重を増やして成績が安定したこともあって晩成タイプに思われがちだが、スピードと前向きさに優れていた。半年近く遅く生まれたハンデがありながら、NHKマイルCでも好走したことを考えれば、本質的には早熟性も高かったと考えるのが妥当。古馬になっても走ったのは堀厩舎の育成も大きい。

種牡馬としての特徴
Kinshasa no Kiseki

キンシャサ＝スプリンターという思い込みは危険

キンシャサノキセキというと現役時代の成績からスプリンターの印象が強いかもしれないが、短距離馬と決めつけるのはいささか早計。血統構成を紐解くと、母父がプレザントコロニーで、これはリボー系でスタミナ型。母方にもトゥールビヨン、モスボローとイギリスのスタミナ血統に加え、ディープインパクトやハーツクライと同じようにリファールの血が入っている。母方は明らかにスタミナ型で、タメて伸びる血統だ。

この血統背景で高松宮記念を連覇できたのは、やはり堀厩舎でスピードを強化されたということが大きい。血を育むのはやはり人なのである。堀厩舎のすごさはモーリスやドゥラメンテを見てもわかるように、気持ちが強い馬のスピードを強化して、さらにタメてキレる差し馬に変えられること。キンシャサノキセキも同じだ。

つまりキンシャサノキセキはアメリカ型が得意とする先行して持続するスプリンターではなく、タメて直線でスピードを発揮するこ

とで本領を発揮する馬が多い。この認識を持つだけでキンシャサノキセキ産駒の馬券の取捨は間違えにくくなる。

牡馬、特に母父欧州型は芝1600m以上で良績

　2020年にはスプリングSを勝ったガロアクリーク、ニュージーランドTを勝ったルフトシュトロームと2頭の重賞勝ち馬を出したように、2016年以降の牡馬は芝1600m以上の成績が上昇。

　この2頭の血統を見ても、ガロアクリークは母父キングマンボ、母母父ナシュワン。ルフトシュトロームは母父キングカメハメハでウインドインハーヘアの牝系。このように欧州指向で末脚のタメも利くような母系につければ、短距離的要素は薄れ、マイル以上で差す競馬が得意な産駒が出てくるのだ。

　キンシャサノキセキ産駒の適性についてはファンのみならず関係者も勘違いしているケースは多い。

　その証拠に現状のキンシャサノキセキ産駒はマイル以上への出走は少ない。ただ、馬券的にはこの勘違いと本来の適性のギャップを活かすのは非常に大切で、牡馬、特に母父欧州型の産駒は1600m以上の芝中長距離、なかでも軽い芝や上がりの速い芝中長距離でこそ狙いたい血統となる。

　逆に速いペースで短距離戦を追走させすぎると脆く、人気を裏切る。距離短縮の人気馬の期待値が低いのもそのためだ。

参考データ ①　　　　　　　　　　　　　　　　　*Kinshasa no Kiseki*

芝1600m以上。母父欧州型。牡馬

着別度数	勝率	連対率	複勝率	単回収	複回収
8- 4- 11- 51/ 74	10.8%	16.2%	31.1%	116	120

（集計対象:2016年産〜）　（集計期間:2018年6月1日〜2021年5月30日）

母父が米国型かミスプロ系の
ダート1900m以上は買い！

そしてもうひとつギャップが効く馬券がダート1900m以上。

キンシャサノキセキにダート中長距離のイメージはまったくない方がほとんどだろうが、フジキセキ系は母系がダートであればダート馬も出やすい。

また、ダート中長距離はヨーロッパ寄りの馬力型血統で、特にマクっていけるタイプには非常に走りやすい舞台となっている。ダート1900m以上ともなるとダートが得意な米国型血統も磐石ではなくなる距離で、馬場によっては芝中距離血統のほうが走りやすい場合もある。そこに妙味が生まれるのだ。

もちろん、ダートに出走するなら、母馬もダートの要素が薄い馬では適性が厳しい。母父に米国型かミスプロ系を配してダート適性を補っている馬が狙い目。

ちなみに、キンシャサノキセキの父フジキセキもダートGI馬カネヒキリを出している。カネヒキリも母父は米国型のデピュティミニスター。母からダートの要素が補われていた。

母父が米国型かミスプロ系でダート1900m以上という特殊な条件をわざわざ使ってくるようなキンシャサノキセキ産駒は、母方からダート適性を継いだタイプと見ていいだろう。キンシャサノキセキ産駒に長距離ダートは合わないという先入観を逆手に取ってアタックするだけの妙味はある。

参考データ② *Kinshasa no Kiseki*

ダート1900m以上。母父が米国型かミスプロ系（大系統）

着別度数	勝率	連対率	複勝率	単回収	複回収
10-14-10-51/85	11.8%	28.2%	40.0%	78	119

（集計期間：2014年6月1日〜2021年5月30日）

近走芝1200m以下で先行している人気馬は危険！

　自身の現役時代のイメージや気性が激しい産駒が多いこともあって、キンシャサノキセキ産駒は芝1200m以下への出走が非常に多いが、危ないパターンも多い。逆張りに妙味がある。

　"アメリカ型が得意とする先行して持続するスプリンターではなく、タメて直線でスピードを発揮するタイプ"というのが血統の本質。スピードと気性に任せて気分良く先行させてしまうと、ラストで失速するケースが多いのだ。

　サンデー系で同じくPサンデーに分類しているダイワメジャーも同様だが、サンデー系の短距離型は、短距離自体はこなせても前半が激しい流れやハイペースは苦手な馬が多い。

　キンシャサノキセキ自身も1分7秒を切るようなタイムで先行して押し切ったことはなく、スプリント戦を持続して押し切ることができるような血統的裏付けもない。

　再三書いているが「タメをきかせて伸びる」、これが本質だけに芝1200m以下で近走先行している（テンパターン50以内の）人気馬は信用できない。

　同様のパターンで、前走よりも道中の流れが一気に速くなる芝1200m以下への距離短縮で出走する場合も要注意。前走までのパフォーマンスほど走れない可能性は高い。

参考データ③　　　　　　　　　　　*Kinshasa no Kiseki*

芝1200m以下。テンパターン50以内

着別度数	勝率	連対率	複勝率	単回収	複回収
34- 33- 13-101/181	18.8%	37.0%	44.2%	62	64

（集計対象：推定人気順位3位以内）　（集計期間：2014年6月1日〜2021年5月30日）

キンシャサノキセキ

2020年のスプリングSを勝ったガロアクリークのように、母方の血統が欧州指向であれば、マイル以上で差す競馬が得意な産駒が出てくる。

グランプリボス

Grand Prix Boss

大系統／ナスルーラ系　小系統／プリンスリーギフト系

サクラバクシンオー 鹿　1989	サクラユタカオー	*テスコボーイ	→	**父小系統（父国タイプ）** プリンスリーギフト系（日）
		アンジェリカ		
	サクラハゴロモ	*ノーザンテースト	→	**父母父小系統** ノーザンテースト系（日）
		*クリアアンバー		
ロージーミスト 黒鹿　1997	*サンデーサイレンス Sunday Silence	Halo	→	**母父小系統** サンデー系（日）
		Wishing Well		
	*ビューティフルベーシック Beautiful Basic	Secretariat	→	**母母父小系統** ボールドルーラー系（米）
		Nervous Pillow		

Nasrullah 5×5

D A T A

適性遺伝 **主張型**

P O I N T

サクラバクシンオーのイメージは危険

母方の影響が強く、ダートでこその種牡馬

プロフィール

ク

　2008年生まれ。父は名スプリンターのサクラバクシンオー。

　現役時代は2010年朝日杯FS、2011年NHKマイルCを制覇。世代のトップマイラーとなる。古馬になってからは2012年安田記念を13番人気2着、2012年マイルCSを1番人気2着、2014年安田記念を16番人気2着に好走。引退レースは2014年香港マイルで3着。

　2015年から種牡馬入りしたものの初年度産駒が大不振。1年目123頭、2年目108頭の繁殖牝馬を集めたが年々種付け頭数は減り続け、2020年は12頭に留まった。JRAではモズナガレボシが2021年小倉記念を優勝。地方でも数頭の重賞勝ち馬を出している。

種牡馬としての特徴

"主張型"サンデーサイレンスの影響が濃い

　父サクラバクシンオーはグランプリボスのほかに2頭のGI勝ち馬を出したが、ショウナンカンプ、ビッグアーサーともに芝1200mの高松宮記念を勝利。いずれもサンデーサイレンスの血を持たない馬だった。

　一方、母父にサンデーサイレンスを持つグランプリボスは芝1200mに2回出走して7着と4着。芝1600mではGIを2勝、2着3回と好走しており、父よりも母の適性が前面に出た戦歴だった。

　グランプリボスを理解する上では、種牡馬には適性を主張する「主張型」と、配合相手の影響を受けやすい「引き出し型」があることを知っておく必要がある。

　サンデーとサクラバクシンオーの配合は、サンデーが適性を主張して、バクシンオーがサンデーの適性を引き出すことが多い。

　ほかにはサンデー系ブラックタイド×サクラバクシンオーのキタサンブラックも同様。キタサンブラックはバクシンオーの距離適性

はほとんど引き継がれていない。

　グランプリボスはサンデーとボールドルーラーの影響を強く受けた馬だ。これは、グランプリボスが現役時代の頃から書いていたことで、スプリンターズＳ前の予想でも自信を持って消しにした。

芝からダート替わりの牡馬

　産駒は父よりも、米国型のボールドルーラーの持続力を引き継ぐ馬が多く、スピードやキレに欠くタイプも目立つ。

　グランプリボスはボールドルーラーの影響を受けたマイル〜中距離型とイメージしたい。

　自身の戦歴や、父、母父の血統構成から、芝短距離に使われることが多いものの、スピードに欠けており、適性としてはむしろダート。血統のイメージから人気になりにくく、かつ血統的にも適性を見誤られている馬が多いので、馬券的にも妙味のある種牡馬だ。

　芝からのダート替わり、特に牝馬よりもパワーのある牡馬はチャンス。

参考データ ①　　　　　　　　　　　　　　　　*Grand Prix Boss*

前走芝→今回ダート。牡馬

着別度数	勝率	連対率	複勝率	単回収	複回収
2- 1- 3-20/26	7.7%	11.5%	23.1%	38	125

（集計期間:2018年6月1日〜2021年5月30日）

ダート1400m以上、母父米国型、近走先行経験馬を狙い撃ち!

　グランプリボス産駒のダート色が強くなっているのは母系の影響。サクラバクシンオーの影響がほとんどなく、母方のセクレタリ

アトとサンデーサイレンスの要素が強い。こうなると適性はダート1400m以上。特に母父米国型なら、ダート1400m以上が得意になるのが確定的。近走で先行しているようなら成績もさらに上昇するだろう。

参考データ②

Grand Prix Boss

ダート1400m以上。母父米国型。テンパターン50以内

着別度数	勝率	連対率	複勝率	単回収	複回収
6- 8- 1-33/48	12.5%	29.2%	31.3%	166	123

（集計期間:2018年6月1日〜2021年5月30日）

芝1200m以下の人気馬はまるで信用できず

サクラバクシンオーのイメージで芝短距離を使われることも多いが、冒頭から書いているように、グランプリボス産駒は芝短距離はまったく走れないと考えておくべき。人気になるようならさらに危険。サクラバクシンオーの適性はほとんど引き継がれていない産駒が多いのだ。

「ボールドルーラーの影響を受けたマイル〜中距離型」ととらえるのが基本。わざわざ芝の短距離で買うことはない。ダートでこその種牡馬だと覚えておきたい。

参考データ③

Grand Prix Boss

芝1200m以下

着別度数	勝率	連対率	複勝率	単回収	複回収
0- 0- 1- 6/ 7	0%	0%	14.3%	0	37

（集計対象:推定人気順位3位以内）　（集計期間:2018年6月1日〜2021年5月30日）

クロフネ
Kurofune

大系統／ノーザンダンサー系　小系統／ヴァイスリージェント系

	デビュティミニスター Deputy Minister	Vice Regent	父小系統（父国タイプ） **ヴァイスリージェント系（米）**
*フレンチデピュティ French Deputy 栗　1992		Mint Copy	
	ミッテラン Mitterand	Hold Your Peace	父母父小系統 **セントサイモン系（米）**
		Laredo Lass	
	クラシックゴーゴー Classic Go Go	Pago Pago	母父小系統 **フェアウェイ系（米）**
*ブルーアヴェニュー Blue Avenue 芦　1990		Classic Perfection	
	イライザブルー Eliza Blue	Icecapade	母母父小系統 **ニアークティック系（米）**
		*コレラ	

Nearctic 5×4、Nasrullah 5×5

DATA

適性遺伝 **主張型**

日本 ③ ●

米国 ⑤　　②欧州

短距離

ダート　　芝

中距離　　牡　牝

POINT

芝寄りのフィリーサイアー

サンデー系以外との配合馬は短距離向きになる

兼用馬にマッチする東京ダ1400mに強い

クロフネ

　1998年、アメリカ生まれ。2000年10月に京都芝1600mでデビューすると、6戦目にNHKマイルCを勝ってGI初制覇。その次走、2001年からマル外に開放された日本ダービーに出走して5着の成績を収める。

　秋になると天皇賞秋への出走を表明するが、優先出走権を取れずにダート路線に変更。向かった武蔵野Sで2着馬イーグルカフェに1.4秒差をつけて圧勝。さらに次走のジャパンCダート（当時。東京ダ2100m）でも2着馬ウイングアローに1.1秒差をつけるという次元の違う走りを見せた。

　その後に発症した屈腱炎によって引退を余儀なくされたが、芝とダートの両方でGIを勝つという快挙は、産駒は芝馬なのか？ダート馬なのか？論争にも影響。クロフネの血を語るうえで最大のテーマとなっている。

クロフネは、芝か、それともダートか

　クロフネは芝向きか、ダート向きかという問いに答えるならば、「条件級ならダート寄り。GI級の馬を出すなら、牝馬で芝」と答えたい。

　勝ち星自体はダートのほうが多く、世間的にはダートのイメージが強いのだろうが、上級条件では芝で活躍する産駒のほうが圧倒的に多いのが現実。特に牝馬は芝の勝ち星がダートを上回っている。

　JRAでの重賞勝ち馬の数を比較しても芝の18頭（のべ37勝、うち牝馬27勝）に対し、ダートはわずか2頭（のべ3勝、すべて牡馬）と芝がダートを圧倒している（2021年5月末時点）。

牝馬から一流のスプリンター、マイラーが出る

　また芝のGI勝ちの内訳をみていくと、牝馬はスリープレスナイ
ト（スプリンターズS）、カレンチャン（スプリンターズS、高松宮記
念）、ホエールキャプチャ（ヴィクトリアマイル）、アエロリット（NHK
マイルC）、ソダシ（阪神JF、桜花賞）。牡馬はフサイチリシャール（朝
日杯FS）、クラリティスカイ（NHKマイルC）。

　牝馬からはスピードのある一流のスプリンター、マイラーが出て
いる一方、牡馬はいずれも早熟のマイラー。

　重賞勝ち、GI勝ちの数からもわかるようにクロフネは牝馬に活
躍馬が出るフィリーサイアー。牝馬の柔らかさと気持ちの強さ、そ
してスピード強化がうまい具合にマッチしているのがわかる。一方、
牡馬の場合は硬さと仕上がりの早さで、芝では3歳前半のマイルで
なんとかするしかないというタイプが多くなる。

　牝馬は芝の短距離向きに出やすいため、真逆のダート中長距離は
向かない。人気になっている場合は危険だ。

参考データ①　　　　　　　　　　　　　　　　*Kurofune*

ダート1900m以上。牝馬

着別度数	勝率	連対率	複勝率	単回収	複回収
0- 0- 1- 7/ 8	0%	0%	12.5%	0	17

（集計対象:2013年産〜）　（集計対象:推定人気順位3位以内）　（集計期間:2015年6月1日〜2021年5月30日）

今後は母父クロフネに大注目！

　クロフネがフィリーサイアー。上質な牝馬を多く出すということ
は、言い換えれば良い繁殖牝馬をたくさん出すことでもある。だか
らこそ母系にクロフネが入った活躍馬は増えるだろう。母父クロフ
ネは、今後さらに注目すべき存在だ。

　直近3年だけでもクロノジェネシス、レイパパレ、ノームコアと3頭のGI馬を出し、またこの3頭がすべて牝馬。母父クロフネも芝では牝馬のほうが活躍馬を出しやすいのだ。フィリーサイアーが母父として活躍するのは、考えてみれば当たり前の話で、この点を意識してみると面白いだろう。

　なお、母父クロフネも芝1200m、芝1400mの成績が良く、特に父が「サンデー系以外」であれば積極的に狙える。

参考データ②　　　　　　　　　　　　　　　　　Kurofune

母父クロフネ。父がサンデー系以外の芝1200m、1400m

着別度数	勝率	連対率	複勝率	単回収	複回収
36- 29- 26-294/385	9.4%	16.9%	23.6%	135	103

（集計対象:2013年産〜）　（集計期間:2015年6月1日〜2021年5月30日）

クロフネにサプライズなし！

　もうひとつのクロフネ産駒の特徴は、人気なりに走る堅実さがあり、その代わりにサプライズ、つまり大駆けもないということ。平場で弱い相手に堅実に勝っていくタイプが多い。2012年の阪神JFで穴をあけたクロフネサプライズは例外である（それでも「牝馬のクロフネは芝GIで買い」のセオリー通りではあるが）。

　また繁殖の質もそのまま素直に伝え、繁殖の質が落ちれば、産駒の質も落ちていく。種牡馬引退間際、クロフネ後期の産駒の成績が落ちていたのも、ロードカナロアやヘニーヒューズらに繁殖牝馬を取られて、繁殖の質が落ちているのが大きな要因となっていた。

　クロフネ自身が芝とダートのGIを勝った兼用馬で、むしろ突き抜けるものがないからこそ兼用が可能になったタイプ。中間的で個性がないために個性のある種牡馬たちに繁殖牝馬を取られていたのだ。

東京ダート1400mは買い
ダート1200m以下は条件付きで狙える

　ただし、個性が突き抜けていないことも競馬では長所になる局面がある。これが競馬の面白いところだ。

　兼用馬にも走りやすい条件、それが東京ダ1400m。

　クロフネは、たしかにヘニーヒューズやサウスヴィグラスと比べるとスペシャルなダート血統ではない。だからこそ1200mではパワーの個性で負けてしまい、1800mになるとタフさで負けてしまう。ただ、1400mは持続型の芝馬にも走りやすい距離。クロフネの中間的な要素がマッチするのだ。

　なかでも合うのが前出の東京ダ1400m。このコースはクロフネに限らず兼用馬にマッチする。これは有効な馬券格言で何年でも使えるセオリーだ。今後もクロフネのような適性を持つ種牡馬をサンプルが揃わない（機械がわからない）うちに東京ダ1400mで積極的に狙っておいしい馬券を取りたい。

　また、ダート1200mは2、3歳戦で母父サンデー系以外の産駒であれば狙える。

参考データ③　　　　　　　　　　　　　　　　*Kurofune*

東京ダート1400m

着別度数	勝率	連対率	複勝率	単回収	複回収
19- 17- 20-130/186	10.2%	19.4%	30.1%	141	125

（集計対象:2013年産～）　（集計期間:2015年6月1日～2021年5月30日）

参考データ④　　　　　　　　　　　　　　　　*Kurofune*

2、3歳限定戦。ダート1200m以下。母父がサンデー系（大系統）以外

着別度数	勝率	連対率	複勝率	単回収	複回収
11- 7- 19- 83/120	9.2%	15.0%	30.8%	73	124

（集計対象:2013年産～）　（集計期間:2015年6月1日～2021年5月30日）

ク

マニアプラス

クロフネ牡馬の好走から、万馬券馬場を見極めよ

　先に書いたように中間的で個性がないということは、長所と短所の振り幅が小さいともいえる。消し材料もあまりないが、それでも強いて挙げるならば"芝1800m以上で母父サンデー系以外、特に牡馬"ということになる。

芝1800m以上。母父がサンデー系（大系統）以外

着別度数	勝率	連対率	複勝率	単回収	複回収
3- 0- 0-10/13	23.1%	23.1%	23.1%	123	47

（集計対象:2013年産～）　（集計対象:推定人気順位3位以内）　（集計期間:2015年6月1日～2021年5月30日）

　そもそも芝の中長距離が合わず、母父サンデー系以外では芝の要素が補われない。さらに牡馬はダートのほうがいいので、芝のキレ味がなくなる。さすがにこの3つが揃うと走れないのだが、ただ、言い換えればクロフネの牡馬が中長距離で走ったら、それは特殊馬場。万馬券が出る馬場だと考えることもできる。
　たとえば七夕賞はクロフネの血を継ぐ牡馬が複数回大万馬券を演出した（日本では中間適性のダート馬エンパイアメーカーの産駒も大穴を出している）。クロフネの牡馬が芝で穴を連発するのは、主流の能力が要求されていないという証だ。特殊馬場を想定したうえで、予想に役立てることができる。
　もちろん、ここでもクロフネに限らず、クロフネのように中間適性の馬が穴を連発する馬場は特殊馬場といえる。これも何十年と使い続けられる穴馬券の考え方だ。

ゴールドアリュール

Gold Allure

大系統／サンデー系　小系統／Dサンデー系

* サンデーサイレンス Sunday Silence 青鹿　1986	ヘイロー Halo	Hail to Reason	父小系統（父国タイプ） **サンデー系（日）**
		Cosmah	
	ウィッシングウェル Wishing Well	Understanding	父母父小系統 **マイナー系（米）**
		Mountain Flower	
* ニキーヤ Nikiya 鹿　1993	ヌレイエフ Nureyev	Northern Dancer	母父小系統 **ヌレイエフ系（欧）**
		Special	
	リラクタントゲスト Reluctant Guest	Hostage	母母小系統 **ニジンスキー系（欧）**
		Vaguely Royal	

Northern Dancer 3・5(母方)、Almahmoud 4×5

D A T A

適性遺伝 **主張型**

P O I N T

JRAの"砂"中距離のチャンピオン種牡馬

母父と性別によって傾向が変わる

プロフィール

Gold Allure

1999年生まれ。大種牡馬サンデーサイレンスの8年目の産駒にして初のダートGI勝ち馬。母父ヌレイエフは仏のリーディングサイアーで、母ニキーヤは仏3勝。

現役時代は芝で初勝利を挙げるも、その後は芝では勝ち切れずに500万下、端午Sとダート1800mで連勝。ダービーでは13番人気と低評価だったが、勝ち馬タニノギムレットから0.3秒差の5着に健闘。以降は本格的にダート路線へ転向し、ジャパンダートダービー、ダービーグランプリ、東京大賞典、フェブラリーSを制し、ダートのトップホースの座を盤石なものにした。しかし好事魔多し。ドバイ遠征をイラク戦争の影響で断念して臨んだアンタレスSを59キロの斤量で難なく制するも、帝王賞は11着に大敗。喘鳴症を発症していることが判明し、引退が決まった。

翌年の2004年から社台スタリオンステーションで種牡馬入りし、初年度産駒からエスポワールシチー、スマートファルコンを輩出。その後もコパノリッキー、クリソライト、ゴールドドリーム、サンライズノヴァ、クリソベリルなど多くのダート一流馬を世に送り出した。2017年に心臓疾患のために急死。

種牡馬としての特徴

Gold Allure

ダート1600m以上の王道コースで強い

ゴールドアリュールは世界的に見ても「独特な方向性での名種牡馬」になる。なぜなら、独特な能力の方向性が問われるJRAの"砂"中距離のチャンピオン種牡馬だからだ。

ダートとは土を意味する。しかし日本のダートはどちらかといえば"砂=サンド"で行われる。ましてや芝からのスタートも独特過ぎる。真の"土=ダート"で作られた本場の北米ダートは、路盤も整備の仕方も違う。

　JRAのダート中距離は完全な米国指向ではない。もちろん、欧州型と米国型を比べた場合は、米国型のほうが成績が良い。だが、完全に米国的な適性が問われるわけではない。能力の方向性は一定ではないという原則を知っていれば結論はいたって簡潔。最も向くのはJRAダートを勝つために作られた"砂"中距離だ。

　特に、JRAダートの王道である東京ダ1600m、中京ダ1800mを含む、直線が長いか坂のあるダート1600m以上では有利になる。

　また、"砂"中距離のチャンピオン種牡馬だけに、血統が活きやすい新馬戦の期待値も非常に高い。

参考データ① *Gold Allure*

牡馬。ダート1600m以上の上級条件（2勝クラスより上）。直線が長いor坂のあるコース

着別度数	勝率	連対率	複勝率	単回収	複回収
30- 23- 27-163/243	12.3%	21.8%	32.9%	66	93

（集計対象:2013年産〜）（集計期間:2015年6月1日〜2021年5月30日）

参考データ② *Gold Allure*

ダート。新馬戦

着別度数	勝率	連対率	複勝率	単回収	複回収
42- 38- 33-202/ 315	13.3%	25.4%	35.9%	131	116

（集計対象:2013年産〜）（集計期間:2015年6月1日〜2021年5月30日）

ダート短距離は母父と性別に注目

　ゴールドアリュールは北米のダート短距離の主流血統ではない。僥倖にもJRAの"砂"中距離適性が抜群に高かった馬だ。そのため、JRAダート短距離でも走る場合は米国血統の助けが必要になる。JRAダート短距離は北米の要素が強くなりやすいからだ。

　母父米国型だとパワーが足されダート短距離の成績は上がり、母

父米国型以外だと成績が下がる。このイメージでいい。

　また、性別によっても傾向は変わる。牝馬は柔らかさやスピードが強化され、牡馬はパワーが強化されやすいというのは多くの種牡馬に当てはまる話だが、ゴールドアリュールはその傾向が特に顕著。実際に、JRAダート重賞を勝ったのはすべて牡馬だ。

　ただし、ダート成績が下がりやすい牝馬であっても、母父が米国型になれば、以下のような成績を挙げることができる。

参考データ③　　　　　　　　　　　　　　　　*Gold Allure*

牝馬。母父米国型。ダート1200m以下

着別度数	勝率	連対率	複勝率	単回収	複回収
36- 33- 24-242/335	10.7%	20.6%	27.8%	107	94

（集計対象:2013年産～）　（集計期間:2015年6月1日～2021年5月30日）

　一方、牡馬はダート短距離は中距離ほど得意ではない。特に、5歳以上の底を見せた馬はさすがに人気でも走らない。

参考データ④　　　　　　　　　　　　　　　　*Gold Allure*

ダート1300m以下。5歳以上の牡馬

着別度数	勝率	連対率	複勝率	単回収	複回収
0- 3- 3-16/22	0%	13.6%	27.3%	0	51

（集計対象:2013年産～）　（集計対象:推定人気順位3位以内）　（集計期間:2015年6月1日～2021年5月30日）

　ゴールドアリュールは芝中距離を目指しながら、たまたま砂中距離適性が高かった馬。イメージほど個性が強烈ではないため、性別や母系で個性がブレる。母父と性別を複合的に考えながら攻略すべき種牡馬だ。

　この考え方は後継種牡馬のコパノリッキー、エスポワールシチー、スマートファルコン、ゴールドドリーム産駒の個性を類推する上でも礎になる。

ゴールドシップ

Gold Ship

大系統／サンデー系　小系統／Tサンデー系

ステイゴールド 黒鹿 1994	*サンデーサイレンス Sunday Silence	Halo	父小系統（父国タイプ） Tサンデー系（日）
		Wishing Well	
	ゴールデンサッシュ	*ディクタス	父母父小系統 ファイントップ系（欧）
		ダイナサッシュ	
ポイントフラッグ 芦 1998	メジロマックイーン	メジロティターン	母父小系統 マイバブー系（欧）
		メジロオーロラ	
	パストラリズム	*ブルラリズム	母母父小系統 ノーザンダンサー系（欧）
		トクノエイティー	

Northern Dancer 5×5、Princely Gift 5×5

DATA

適性遺伝 **主張型**

日本 ④ ●
米国 ②
④ 欧州

短距離
ダート　芝
中距離
牡　牝

POINT

スタミナと馬力が活きるタフな馬場でこそ

根幹距離よりも非根幹距離

距離延長が得意で、距離短縮が苦手

プロフィール

Gold Ship

　2009年に生まれ、現役時代は2012年皇月賞、2012年菊花賞、2012年有馬記念、2013、2014年宝塚記念、2015年天皇賞春を含む、国内27戦13勝。海外1戦0勝。

　父ステイゴールド、母父メジロマックイーンという組み合わせはオルフェーヴル、ドリームジャーニーと同じだが、ゴールドシップの母母父はプルラリズムで在来牝系。母母父がノーザンテーストで牝系は米国血統のオルフェーヴルと比較すると、スタミナや馬力に偏った配合となっている。

　2016年にビッグレッドファームで種牡馬入り。初年度産駒から札幌2歳Sの1着馬ブラックホール、2着馬サトノゴールドを出し、2年目の産駒からオークス馬ユーバーレーベンを出すなど、種牡馬として順調な滑り出しを見せ、以降毎年コンスタントに100頭前後の繁殖牝馬を集めている。

種牡馬としての特徴

Gold Ship

上がり36秒以上のレースに強い!

　現役時はGⅠを6勝したが、6勝すべてがレース上がり35.3秒以上。38秒以上かかった皇月賞、2013年宝塚記念はどちらも勝利。一方、レース上がりが35.0秒以下だったGⅠには5回出走し、いずれも2番人気以内に推されながらも連対はゼロ。人気を裏切った。

　自ら加速してトップスピードに乗せる現代主流の流れでは弱さを露呈している。

　産駒による重賞成績は1着3回、2着2回、3着6回。5回の連対のうち3回は札幌2歳S。2歳戦に加えて洋芝の淀みのない流れに強い。

　札幌2歳Sでは、2019年1着ブラックホール、2着サトノゴールド。2020年2着ユーバーレーベン。アオイゴールドも12番人気ながら4

着に好走している。産駒デビューから2年連続で馬券圏内に好走馬を送り出しており、2021年以降もゴールドシップ産駒に注目。また、ゴールドシップのように反主流条件に強いスタミナ血統馬も同様に注目だ。

このように適性に偏りがあるが、個性は強い。だからこそ馬券的に狙いやすい。

実際、馬場状態別のデータをご覧いただければわかるように、ゴールドシップ産駒は良馬場以外で成績が上昇している。

芝の馬場状態別成績

馬場	着別度数	勝率	連対率	複勝率	単回収	複回収
良馬場	35-37-52-378/502	7.0%	14.3%	24.7%	85	86
良以外	20-25-28-153/226	8.8%	19.9%	32.3%	84	94

（集計期間:2019年6月1日～2021年5月30日）

ただし、馬場状態はJRAの気分次第で決まる面も大きいので、良馬場以外＝タフとは言い切れないのも事実。そこでゴールドシップの特徴をより明確にするためにチェックしたいのがレース上がりだ。

このデータを見ると、レース上がりが36秒以上かかると成績が良化することがわかる。上がり35秒9以下と比較すると、明らかに上がりがかかるレースに強い。

芝のレース上がり別成績

上がり	着別度数	勝率	連対率	複勝率	単回収	複回収
～35.9秒	26-30-41-321/418	6.2%	13.4%	23.2%	45	69
36.0秒～	29-32-39-210/310	9.4%	19.7%	32.3%	138	114

（集計期間:2019年6月1日～2021年5月30日）

下級条件（未勝利、1勝クラス）の芝2200m以上、同距離か距離延長！

　ゴールドシップ産駒は上がりがかかる中長距離レースが得意。特に下級条件の長距離戦は上がりがかかりやすくなるので、ゴールドシップ産駒の豊富なスタミナ、体力を活かせる格好の条件だ。

　同じ距離を走るにも弱い馬のほうがバテやすいので上がりはかかる。上級条件の馬にとっては楽な馬場でも、下級条件の馬にはタフな馬場といったことも多い。したがって、下級条件の長距離戦のほうが上がりがかかるスタミナ勝負を得意とする種牡馬の産駒は走りやすい。

　また、追走するペースが前走よりも緩んで自ら動いていける流れか、自動的に前が止まるような馬場や展開がベスト。前走と同距離か、距離延長で臨むレースの成績が良くなっている。

参考データ①　　　　　　　　　　　　　　　　　　　　*Gold Ship*

芝2200m以上の下級条件（1勝クラスより下）。同距離or距離延長

着別度数	勝率	連対率	複勝率	単回収	複回収
11- 9- 13- 71/104	10.6%	19.2%	31.7%	218	117

（集計期間：2019年6月1日〜2021年5月30日）

同距離ローテか延長ローテの直線が短い芝1800m！

　ゴールドシップ産駒の芝の距離別成績を見ると、1600mや2000mに比べて、1800mや2200mのほうが成績が良い。明らかに根幹距離よりも非根幹距離のほうが強いことを示している。

芝の距離別成績

距離	着別度数	勝率	連対率	複勝率	単回収	複回収
1600m	4-3-11-58/76	5.3%	9.2%	23.7%	12	84
1800m	15-12-26-135/188	8.0%	14.4%	28.2%	104	83
2000m	17-20-18-194/249	6.8%	14.9%	22.1%	56	75
2200m	5-4-6-42/57	8.8%	15.8%	26.3%	169	87

（集計期間：2019年6月1日〜2021年5月30日）

　ゴールドシップも現役時代は主流条件よりも非主流条件のほうが強かった。その個性も産駒に継がれている。

　なかでも芝1800mは非主流距離。直線が短いコースも多い。中山、札幌、函館、福島、小倉の芝1800mは、ディープインパクトやロードカナロア産駒など主流の種牡馬の産駒がパフォーマンスを落としやすい。

　直線の短い1800mは日本ではGⅠが行われないコースで、主流ではない能力を要求される条件。主流血統が力を発揮できず、スタミナと馬力が活きる流れになりやすい。だからこそゴールドシップ産駒が良績を挙げられるのだ。

　ただし、この条件も距離短縮になると成績が悪い。同距離か距離延長で臨む馬を狙いたい。競走馬は走る距離を知らない。レース条件だけではなく、ローテーションも大事である。

参考データ②　　　　　　　　　　　　　　　　　　　　　*Gold Ship*

直線短い芝1800m。同距離か距離延長

着別度数	勝率	連対率	複勝率	単回収	複回収
7- 5- 8-34/54	13.0%	22.2%	37.0%	193	96

（集計対象：中山、札幌、函館、福島、小倉）　（集計期間：2019年6月1日〜2021年5月30日）

ダートは合わず、特に牝馬は危ない!

軽い馬場よりタフな馬場、上がりが速いレースより上がりがかかるレースのほうが得意とはいえ、まずダートは合わない。

父、母父からみてもダート適性は低く、ダートの人気馬は危険。特に牝馬になるとまったく向かず、今後も人気ではまったく信用できない。

重い芝が得意なスタミナ型はスピードがないためにダートに使われることも多いが、この手のタイプは往々にしてダートは走らない。米国的パワーと欧州的パワーは別物。特に1600m以下は米国的パワーとスピードが大事な条件。向かない。

ゴールドシップはタフな芝に個性が特化している。そう考えたい。

参考データ③   *Gold Ship*

ダート。牝馬

着別度数	勝率	連対率	複勝率	単回収	複回収
0- 0- 2- 5/ 7	0%	0%	28.6%	0	41

(集計対象:推定人気順位3位以内) (集計期間:2019年6月1日~2021年5月30日)

モダンなステゴと昔ながらのステゴ

　ゴールドシップとオルフェーヴルは父と母父は同じだが、タイプは違う。オルフェーヴルは母母父がノーザンテーストで米国の牝系、主流のスピード型なのに対し、ゴールドシップは母母父がプルラリズムで牝系も昔から日本にいる在来牝系。スタミナや馬力に偏っている。さしずめ、モダンなステイゴールドがオルフェーヴルなら、昔ながらのタフなステイゴールドがゴールドシップといったところ。

　昔ながらのステイゴールドはトップスピードを出せないので、休み明けは良くなく、使ってから上昇する馬が多い。タフで間隔を詰めたレースにも強いのが特徴。

　主流血統はレース間隔を空けて直線スピード勝負を得意とする。だがゴールドシップは、まったく異なる個性が問われるレースで狙いたい。特に間隔を詰めてスタミナや持久力を強化した馬が有利なレースで注目。

ゴールドシップ

2021年のオークスを制したユーバーレーベン。この時期の牝馬限定の芝2400mは、間隔を詰めてスタミナを強化した馬に有利な条件。岡田繁幸氏の配合、育成が見事に結実した。

サウスヴィグラス
South Vigorous

大系統／ミスプロ系　小系統／フォーティナイナー系

*エンドスウィープ End Sweep 鹿 1991	*フォーティナイナー Forty Niner	Mr. Prospector
		File
	ブルームダンス Broom Dance	Dance Spell
		Witching Hour
*ダーケストスター Darkest Star 黒鹿 1989	スタードナスクラ Star de Naskra	Naskra
		Candle Star
	ミニーリパートン Minnie Riperton	Cornish Prince
		English Harbor

父小系統（父国タイプ）
フォーティナイナー系（米）

父母父小系統
ノーザンダンサー系（米）

母父小系統
ナスルーラ系（米）

母母小系統
ボールドルーラー系（米）

Double Jay 5×5、Nasrullah 5·5（母方）

サウスヴィグラス ―

DATA

適性遺伝 主張型

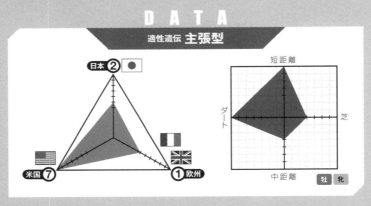

POINT

日本の "砂" 短距離の名血

気分屋の馬が多く、好走凡走の差が激しい

叩けば叩くほど上昇する馬が多い

プロフィール
South Vigorous

　1996年に米国でのエンドスウィープ初年度産駒として生まれる。母父はスタードナスクラ、母ダーケストスターは米4勝。母の近親にマキバスナイパー（2001年帝王賞）。

　現役時代は通算33戦16勝。1998年に2歳（当時3歳）でデビューするとダート短距離を中心に使われ、5歳で2001年ガーネットS（GⅢ・中山ダ1200m）3着。その次走橿原Sでオープン入りを決める。6歳になると2002年ガーネットS2着から臨んだ根岸Sで重賞初制覇。フェブラリーS6着を挟んで、黒船賞（GⅢ・高知1400m）から翌年の北海スプリントC（札幌〈地〉ダ1000m）まで負けなしの重賞6連勝。ラストランとなった同年JBCスプリントでついにGⅠ制覇を成し遂げた。6歳で重賞路線に乗り、7歳にしてGⅠ初勝利という遅咲きのダートスプリンターだった。

　翌2004年から静内スタリオンステーションで種牡馬入り（2005年にアロースタッドに移動）。初年度から150頭の繁殖牝馬を集め、NARファーストシーズン・リーディングサイアーを獲得。産駒の初GⅠ勝利は2009年のラブミーチャンによる全日本2歳優駿。その後もコーリンベリー（2015年JBCスプリントほか）、ヒガシウィルウィン（2017年ジャパンダートダービーほか）など多くの重賞勝ち馬を輩出。2012年、2015〜2020年には地方競馬のリーディングサイアーに輝いた。2018年に死亡。2021年の3歳世代がラストクロップとなる。

種牡馬としての特徴
South Vigorous

サウスヴィグラスがおいしい理由

　サウスヴィグラスは朝の1レースや、NARも買う熱心な馬券ファンにとってはディープインパクト以上の良血だ。

　熱心な競馬ファンなら誰もが知っている良血なのに、なぜ回収率が高いのか？　まずは、血統を重視する競馬ファンが少数派なこと（血統予想の原則を知らないファンが多いこと）。加えて、サウスヴィグラスが持つクセに原因がある。

- 日本の“砂”短距離において高い能力を持った産駒を
  コンスタントに出す
- 気分屋の馬が多く、好走凡走の差が激しい
- 叩けば叩くほど上昇する馬が多い

　このクセを馬券に利用することによって、サウスヴィグラスの馬券を極めることができる。

前走、内枠で惨敗した馬が外枠で巻き返す！

　馬券的に最も重要なクセは「惨敗からの巻き返し率が非常に高い」ということだ。

　サウスヴィグラス産駒はアメリカヤンキー血統の原則通り、嫌なことがあるとすぐに競馬をやめる。内枠で揉まれて競馬をやめたかと思うと、外枠で気が向けば激走する。好走凡走が激しい馬は、当然オッズが甘くなる。

　この外枠替わりのパターンはデータにもはっきりと現れている。

　ダート1300m以下のレースで、前走1〜4枠を引いた馬か今回7〜8枠を引いた馬は以下のような成績になる。これはサウスヴィグラスに限らず、アメリカヤンキー血統の古くから続く傾向でもある。

South Vigorous

ダート1300m以下。母父欧州型以外。
前走内枠（1～4枠）or今回外枠（5～8枠）

着別度数	勝率	連対率	複勝率	単回収	複回収
121-107-95-745/1068	11.3%	21.3%	30.2%	116	91

（集計対象:2013年産～）　（集計期間:2015年6月1日～2021年5月30日）

サ

ダートスタートで直線に坂があるコースがベスト

サウスヴィグラスはダートスタートで直線に坂があるコースで強い。

ダートスタートのほうが良いのはダート種牡馬だから当然だが、直線の坂があるコースがいいのはなぜか？

サウスヴィグラスはゴール前で全馬が大失速している競馬で強さを発揮する。言うなればNARの競馬に近い。

JRAのダートはNARよりも直線で減速しにくい馬場だ。NARよりは直線でスピードを発揮しやすい。よって、全馬が脚が上がる競馬になるには外的要因が必要になる。それが直線の坂だ。

つまり、砂でダッシュしてゴール前の坂で全馬が脚が上がる競馬で粘るというのがサウスヴィグラスの得意パターンになる。

それを表すのがダート1200mの4番人気以下の競馬場別成績。複勝回収率が最も優秀なのが阪神ダ1200mと中京ダ1200mだ。両方ともダートスタートで直線に坂がある。

逆に、最も成績が悪いのが新潟ダ1200m。新潟は芝スタートで直線が平坦だ。減速要素に強い長所と短所を綺麗に示しているデータとなっている。

ダート1200m。4番人気以下の競馬場別成績

競馬場	総数	勝率	複勝率	単回収	複回収
阪神（ダートスタート・直線坂）	384	6.5%	19.0%	207	116
中京（ダートスタート・直線坂）	173	4.6%	16.8%	70	96
京都（ダートスタート・直線平坦）	509	4.9%	18.7%	124	88
中山（芝スタート・直線坂）	806	3.6%	15.9%	84	83
新潟（芝スタート・直線平坦）	362	3.6%	13.5%	56	58

（集計期間：2007年6月1日〜2021年5月30日）

母父米国型との配合は長所をさらに伸ばす

　サウスヴィグラスはダートの良血だが、母父も米国型になるとダートの超良血になる。この時点でダート短距離の才能としては超一流だ。

　血統とは「米国と欧州の綱引き」。このふたつは両立しない。これも血統の原則。母父が欧州型であれば、サウスヴィグラスにはない要素を足すことになり、母父が米国型であれば、長所をさらに伸ばすことになる。

　ダートの要素を強化した産駒は、個性が強化されやすいためダートの未勝利戦の勝ち上がり率が上がる。しかも、回収率も非常に高い。

参考データ②

South Vigorous

母父米国型。ダートの未勝利戦

着別度数	勝率	連対率	複勝率	単回収	複回収
39- 18- 25-184/266	14.7%	21.4%	30.8%	176	120

（集計対象：2013年産〜）（集計期間：2015年6月1日〜2021年5月30日）

　未勝利戦でこれだけ回収率が高い理由は2つある。

　実は、サウスヴィグラスは新馬戦はあまり得意じゃない。使いつ

つ良くなってくるため、人気を落としていることが多い。これがひ
とつめの理由。

　もうひとつの理由は、休ませて一変しやすい種牡馬であること。
新馬戦や未勝利戦で負けて休ませた後に突然走るということがある
のだ。

　能力は一流だが気分屋で、突然巻き返すクセのある種牡馬、サウ
スヴィグラスを極めるだけで馬券は勝てると言っていい。

　今後は母父としても影響力を及ぼすだろうが、サウスヴィグラス
のような戦績に個性が出る種牡馬は今後も誕生するので、意識した
い（父系がサウスヴィグラス系に限らず）。

サ

ジャスタウェイ

Just a Way

大系統／サンデー系　小系統／Pサンデー系

			父小系統（父国タイプ）
ハーツクライ 鹿 2001	*サンデーサイレンス Sunday Silence	Halo	Tサンデー系（日）
		Wishing Well	
	アイリッシュダンス	*トニービン	父母父小系統 グレイソヴリン系（欧）
		*ビューパーダンス	
シビル 鹿 1999	ワイルドアゲイン Wild Again	Icecapade	母父小系統 ニアークティック系（米）
		Bushel-n-Peck	
	*シャロン Charon	Mo Exception	母母父小系統 ハイペリオン系（欧）
		Double Wiggle	

DATA

適性遺伝 **主張型**

日本 ⑤

米国 ③　　②欧州

短距離

ダート　　芝

中距離　　牡 牝

POINT

古馬になって強さを発揮する

マイル以下の適性が高い

プロフィール

Just a Way

　2009年生まれ。父ハーツクライ、母シビル。半姉に2010年北九州記念2着のスカイノダン。

　2、3歳時は重賞レースの常連だったものの、一線級とは言えない戦績だったジャスタウェイの能力が開花したのは古馬になってから。4歳の天皇賞秋ではジェンティルドンナに4馬身差をつける圧勝でGI初勝利を飾ると、翌春のドバイデューティフリー（UAE GI・芝1800m）でも2着馬に6馬身差をつける圧勝。帰国後も不良馬場の安田記念を勝利し、GIレース3連勝をマークした。

　2015年から社台スタリオンステーションで種牡馬入りすると、いきなり220頭もの繁殖牝馬を集める盛況ぶりで、以降も100頭以上に種付け。2019年にはふたたび200頭の大台に乗せた。2021年からブリーダーズ・スタリオン・ステーションにて繋養されている。

種牡馬としての特徴

Just a Way

産駒は自身と同様に古馬になって能力発揮

　ジャスタウェイは父のハーツクライ同様、古馬になってから本格化したが、ジャスタウェイ産駒もキャリアを重ねてから上昇する馬が目立つ。

　特に母父が欧州型の場合、欧州型の晩成要素がより強化される。母父が欧州型のジャングルポケットだったロードマイウェイは3歳夏、6戦目でようやく1勝クラスを勝ち上がると、そこから5連勝を決め、暮れには重賞チャレンジCを制覇。勢いに乗ると一気にパフォーマンスを上げるのは、ハーツクライ産駒にも見られる傾向だ。

　現時点での代表産駒はヴェロックスやダノンザキッド。ハーツクライよりもスピード適性が高く、2、3歳から走れるのが特徴。ただ、本質的には晩成型だろう。3歳前半で完成されるようにできた種牡

馬ばかりの日本では、晩成血統は古馬戦で有利になる。今後産駒が増えることを考えれば、晩成タイプの大物が出てくる可能性は十分にある。

参考データ①　　　　　　　　　*Just a Way*

芝。古馬混合戦。母父欧州型。牡馬

着別度数	勝率	連対率	複勝率	単回収	複回収
16- 10- 11-101/138	11.6%	18.8%	26.8%	244	101

（集計期間：2018年6月1日〜2021年5月30日）

晩成、ハイペース耐性が活きる
芝1400m以下の古馬混合戦は狙い目

　ジャスタウェイは母父ワイルドアゲインの影響もあって、道中のペースが速く激しい流れは得意。キャリアを重ねることでハイペース耐性も高くなり、短距離向きの体力が強化される。これはハーツクライ産駒とは異なる傾向だ。

　ジャスタウェイの現役時代もキャリアを重ねてハイペース耐性を高めてきた。日本で勝ったGIを振り返っても、天皇賞秋は前日の土曜日が不良馬場。馬場があまり良くないなかでのハイペース。安田記念も不良馬場のハイペースだった。

　距離適性は短距離がベストではないが、芝中距離の要素が強いサンデー系のなかでは短距離やハイペースに対する対応力が高いのが長所。芝短距離になっても、芝中距離で発揮するパフォーマンスの下げ幅が小さい。よって、短距離ハイペース耐性の高い馬が少ない日本では相対的に有利になる。

　日本にはキャリアを重ねてハイペース耐性を強化できるタイプの種牡馬が少ない。このハイペース耐性が高まる個性は大きなアドバンテージだ。

　2020年スプリンターズSで10番人気3着に好走したアウィルア
ウェイがまさにそれ。このスプリンターズSを含め、モズスーパー
フレアが作り出す速いラップの重賞で3回も好走しているのは、ジ
ャスタウェイのハイペース耐性。加えてスプリンター適性を主張す
るトキオリアリティー牝系との掛け合わせによるものだ（アイルラ
ヴァゲインやインディチャンプもトキオリアリティー牝系）。

参考データ②

Just a Way

芝1400m以下。古馬混合戦

着別度数	勝率	連対率	複勝率	単回収	複回収
9- 9- 7- 80/105	8.6%	17.1%	23.8%	167	102

（集計期間:2018年6月1日〜2021年5月30日）

ダート1400m以下の人気馬は危険

　日本で生産されてアメリカに渡ったヨシダがアメリカのダートG
Ⅰを勝ったように、ハーツクライはダート適性の高い馬も出す。

　ジャスタウェイも母父ワイルドアゲインだけにダート適性がない
わけではない。実際にマスターフェンサーのようなダートで強い馬
も出している。

　ただし、それは1800m以上の話だ。1400m以下になるとダッシュ
力勝負に長けた米国血統など、スペシャリストがいる。ダート短距
離の人気馬は信頼できない。

参考データ③

Just a Way

ダート1400m以下

着別度数	勝率	連対率	複勝率	単回収	複回収
4- 1- 0-20/25	16.0%	20.0%	20.0%	59	33

（集計対象:推定人気順位3位以内）　（集計期間:2018年6月1日〜2021年5月30日）

ジャングルポケット

Jungle Pocket

大系統／ナスルーラ系　小系統／グレイソヴリン系

	*カンパラ Kampala	Kalamoun	
*トニービン Tony Bin 鹿 1983		State Pension	
	セヴァーンブリッジ Severn Bridge	Hornbeam	
		Priddy Fair	
*ダンスチャーマー Dance Charmer 黒鹿 1990	ヌレイエフ Nureyev	Northern Dancer	
		Special	
	スキルフルジョイ Skillful Joy	Nodouble	
		Skillful Miss	

父小系統（父国タイプ）
グレイソヴリン系（欧）

父母父小系統
ハンプトン系（欧）

母父小系統
ヌレイエフ系（欧）

母母父小系統
ハンプトン系（欧）

DATA

適性遺伝 **中間型**

日本 ④ ●
米国 ②
④ 欧州

短距離
ダート　芝
中距離

牡　牝

POINT

直線でスピードを持続する能力が高く、底力勝負に強い

得意パターンと苦手パターンの振り幅が大きい

プロフィール

　父にトニービンを持ち、1998年に誕生。2000年に札幌芝1800m
で新馬、札幌3歳S（当時）をいずれも5番人気で連勝。3歳時は共
同通信杯1着から皐月賞3着を経てダービー1着。菊花賞は4着。同
年挑戦した古馬相手のジャパンCで1着。GI勝ちの2勝はトニー
ビン産駒らしく東京でのものだった。

　2003年からは社台スタリオンステーションで種牡馬入り。初年
度の種付け頭数111頭から徐々に数字を増やし、2007年には231頭
にまで増加。代表産駒にはジャガーメイル（2010年天皇賞春）、オ
ウケンブルースリ（2008年菊花賞）、トーセンジョーダン（2011年
天皇賞秋）、トールポピー（2008年オークス）など。

　シャトル種牡馬としてニュージーランドでも繋養され、2009年に
は現地の産駒ジャングルロケットがニュージーランドオークスを勝
ち、海外GI勝利を遂げた。

　2013年からはブリーダーズ・スタリオン・ステーションで繋養さ
れ、2020年シーズンで種牡馬を引退。2021年に死亡。

種牡馬としての特徴

直線が長いか平坦の芝2200m以上で、
母父日本型か米国型の産駒が巻き返す！

　ジャングルポケットは欧州指向の血統のなかでもフランス寄りの
スタミナを活かした末脚の伸びに優れた血統。本質的にはスタミナ
を活かせる2200m以上を得意とする。

　ただ、母父も欧州型になると日本ではあまりに重厚すぎてスピー
ドが足りない馬も多い。日本型か米国型と配合されているほうが良
い。

　この血統傾向からジャングルポケットの攻略ポイントは2つ。ひ

とつは"得意パターンと苦手パターンの振り幅が大きい"こと。そしてもうひとつは"直線でスピードを持続する能力が高く、底力勝負に強い"ということ。

"得意、苦手の振り幅が大きい"観点からは、前走6着以下に負けた馬の期待値が高くなり、好走馬は信頼できないのがポイント。スタミナタイプなので、安定して力を出し切れないのだ。これは、ジャングルポケットに限らず、欧州スタミナ型血統全般に言える傾向。古くから続く種牡馬のタイプ判定の基本だ。

ジャングルポケット産駒が力を発揮するのに理想的な条件は、直線が長いか直線が平坦なコース。直線での減速要素が少なく末脚の持続力が問われるレースに強い。自身の戦歴を振り返っても、勝ったのは直線が平坦でコーナーが緩い札幌と、直線が長い東京のみ。GⅠの連対実績も、1着のダービーとジャパンCは直線が長い2400mで、2着の天皇賞春は直線が平坦の3200mだ。

産駒も同様で、同じ長距離を走るにしても、直線に急な坂のある中山や阪神、直線が短くバテてから踏ん張るような馬力を問われるコースにはあまり向いていない。国内でGⅠを勝ったトーセンジョーダン、トールポピー、オウケンブルースリ、アヴェンチュラ、ジャガーメイル、クイーンスプマンテの6頭が、いずれも東京か京都のGⅠしか勝っていないことからもよくわかるだろう。

まとめると、直線が長いか、あるいは平坦な芝2200m以上で、母父日本型か米国型。そして前走6着以下からの巻き返しを狙う。これがジャングルポケットの買い条件となる。

参考データ①

芝2200m以上、母父が米国型か日本型で前走6着以下

着別度数	勝率	連対率	複勝率	単回収	複回収
29- 25- 31-328/413	7.0%	13.1%	20.6%	134	106

（集計期間:2006年6月1日〜2021年5月30日）

なお種牡馬になった当初は社台スタリオンステーションの非サンデー系ダービー馬として需要が高かったが、種牡馬生活半ば以降はキングマンボ系やハービンジャーなどほかの非サンデー系種牡馬の勢いに押され、2011年産以降の芝重賞勝ち鞍はサンレイポケット（2015年産）による2021年新潟大賞典のみ。2013年から社台スタリオンステーションからブリーダーズ・スタリオン・ステーションに移動している。

種牡馬生活半ば以降の産駒はデビュー当初とは傾向も異なってきており、今後は母父としての扱いのほうが重要となる。

母父ジャングルポケットは芝1400m以下で買い

母父としては自身の現役時代や、父として産駒に伝えた特徴とは異なる傾向を示しており、芝の長距離や直線が長いコースの成績が芳しくないのがポイント。

反対に、真逆の適性とも言える芝1200～1400mの短距離の成績が良く、すでに重賞でもソルヴェイグが2016年フィリーズレビューで8番人気1着、函館スプリントSで12番人気1着、スプリンターズSで9番人気3着。ライラックカラーもOP特別を制している。

なお、ソルヴェイグは父がダイワメジャー、ライラックカラーは父がルーラーシップ。短距離適性がそれほど高くない父からも上のクラスで走れる馬を出しているのは注目すべき点だ。

参考データ ②

Jungle Pocket

母父ジャングルポケット。芝1400m以下

着別度数	勝率	連対率	複勝率	単回収	複回収
30- 36- 43-368/477	6.3%	13.8%	22.9%	111	109

（集計期間:2011年6月1日～2021年5月30日）

なぜ母父ジャングルポケットは短距離で穴をあけるのか

母父ジャングルポケットが短距離で穴をあける理由はふたつ。

ひとつ目は"スプリントの世界的主流血脈が入っている"ことだ。

ジャングルポケットの2代母の父ノーダブルは主にオーストラリアで繁栄しているスターキングダムの系統。さらに母父はヌレイエフ。ジャングルポケットがシャトル種牡馬としてニュージーランドやオーストラリアに行ったのは、ノーザンファーム総帥のオセアニア愛に加え、オセアニアの名血を持っていることも大きい。

母父としてのジャングルポケットはノーダブルを通じたスターキングダムと、母父ヌレイエフの短距離適性を伝えている。

そしてふたつ目の理由は"日本の競馬では、1400m以下のほうが直線での減速率が高い"ということ。減速率が高い、つまり上がりがかかれば、ジャングルポケットのバテてから頑張る能力が発揮しやすくなり、そういうレースでは穴をあけやすい。

ジャングルポケットに限らず、母父というのは穴のスパイスになるので要注意。スパイスとしての母父にも目を配っていきたい。

わかりやすく言えば、芝短距離での底力勝負を強化する母父である。

母父ジャングルポケットは意外にも短距離の成績が良く、ソルヴェイグがスプリンターズSで9番人気3着に好走している。

シルバーステート

Silver State

大系統／サンデー系　小系統／ディープ系

ディープインパクト 鹿 2002	* サンデーサイレンス Sunday Silence	Halo	父小系統（父国タイプ） ディープ系（日）
		Wishing Well	
	* ウインドインハーヘア Wind in Her Hair	Alzao	父母父小系統 リファール系（欧）
		Burghclere	
* シルヴァースカヤ Silverskaya 黒鹿毛 2001	シルヴァーホーク Silver Hawk	Roberto	母父小系統 ロベルト系（欧）
		Gris Vitesse	
	ブブスカイア Boubskaia	Niniski	母母父小系統 ニジンスキー系（欧）
		Frenetique	

Hail to Reason 4×4、Northern Dancer 5×5

シルバーステート

DATA

適性遺伝 主張型

日本 ⑤

米国 ②　　　③欧州

短距離

ダート　　　芝

中距離　　牡　牝

POINT

ディープブリランテに似た種牡馬タイプ

タフな芝中長距離向き

本質的にはダート適性は低い

　2013年、父ディープインパクト、母シルヴァースカヤの間に生まれる。母父はシルヴァーホーク。母シルヴァースカヤはフランスの重賞を2勝。半兄にザメトロポリタン（豪GⅠ）勝ち馬セヴィル。

　現役時代は屈腱炎との戦いで、新馬ではのちのヴィクトリアマイル勝ち馬アドマイヤリードの2着、続く未勝利を持ったままで楽勝。3戦目の紫菊賞で単勝1.1倍に応えるとクラシックの有力候補として名を挙げるも、年明けに屈腱炎を発症。1年半以上の休養を余儀なくされる。

　4歳春にオーストラリアTで復帰すると、逃げて持ったまま3馬身差をつける楽勝。さらに次の垂水Sも危なげなく勝ち切るも、秋に向けて調整中にまたしても屈腱炎を発症。引退が決まった。

　引退後の2018年から優駿スタリオンステーションで種牡馬入り。初年度から191頭の繁殖牝馬を集める人気種牡馬となっており、翌2019年も157頭、2020年も165頭に種付けを行っている。2021年の2歳世代が初年度産駒。

スピードは産駒に受け継がれるのか？

　シルバーステートはGⅠどころか重賞に出走したことすらなかったが、デビューからコンビを組み続けた福永祐一騎手が「今まで乗ったなかで一番」と語るなど、"未完の大器"としても知られている。

　福永騎手が感じたという潜在能力が産駒にどの程度伝わるのか、産駒はどのような適性を受け継ぐのかを考えていこう。

　まず考えるべきは"スピードは産駒に受け継がれるのか"ということ。鍵になるのは"血を育むのは人"。

　シルバーステートは藤原英昭厩舎の管理馬。調教によってスピー

ドと前向きさをかなり強化されていた可能性は高い。

　幾度となく指摘してきたが、藤原英昭厩舎や堀宣行厩舎、そして2021年に勇退された角居勝彦厩舎は、欧州血脈からスピードを引き出す技術に長けている厩舎。

　たとえばシルバーステートと同じ藤原英厩舎だったエイシンフラッシュ、堀厩舎のモーリス、角居厩舎のウオッカももし厩舎が違えば、あれほどのスピードが引き出されることはなかっただろう。

　また、シルバーステートの全弟ヘンリーバローズは角居厩舎の管理馬だったが、新馬戦でのちのダービー馬ワグネリアンを相手にハナ差の2着。2戦目の未勝利戦では単勝1.1倍に応え、逃げて馬なりで圧勝と、スピードと前向きさが引き出されていた。

　問題は、この厩舎の育成によって引き出されたスピードと前向きさが産駒に安定して受け継がれるのかどうか？だ。

　シルバーステートはディープインパクト産駒にしては馬体が大きく、モーリスやウオッカと同じようにロベルト系の血を持つ馬。生粋のスピードタイプではないため、厩舎によってはシルバーステートの持つスピードを引き出せない可能性は考慮しなければならないだろう。

シルバーステートの全成績

日付	レース名	コース	位置取り	人気	着順	着差
2017/6/24	垂水S(1600)	阪神芝1800良	1-1	1	1	-0.2
2017/5/20	オーストラリアT(1000)	京都芝1800良	1-1	1	1	-0.5
2015/10/17	紫菊賞(500)	京都芝2000良	3-3-3-3	1	1	-0.2
2015/7/25	2歳未勝利	中京芝1600稍	6-6-6	1	1	-0.8
2015/7/11	2歳新馬	中京芝1600稍	2-2-2	1	2	0.0

母父シルヴァーホークの影響が強い

　血統構成を見ると、シルバーステートの母父はロベルト系のシルヴァーホーク。ロベルト系は血統の国別分類でもノーザンダンサー系やナスルーラ系、ミスタープロスペクター系とは異なり、どんな戦歴や血統構成であっても欧州型に分類している。それほど主張が強い系統なのだ。

　シルヴァーホーク産駒は日本ではグラスワンダーのイメージが強いが、同馬はシルヴァーホーク産駒のなかでも特別なスピード型。母父に快速スプリンターも出すダンチヒが入っているのが大きく影響しているのだろう。

　本来シルヴァーホークの血を持つ馬の多くはスタミナとパワーが強化され、たとえば直仔のベニーザディップはイギリスダービーを勝ち、同じく直仔のムタファーウエクは自身もイギリスの菊花賞に相当する長距離GIセントレジャーの勝ち馬で、産駒からもセントレジャー勝ち馬や、イギリスダービーと同じ舞台で行われるGIコロネーションCの勝ち馬が出ている。これがシルヴァーホークの代表的な産駒で、どちらも今の日本の高速馬場ではスピード不足。仮にベニーザディップやムタファーウエクが今のJRAにタイムスリップしてきたら芝の未勝利戦で負ける可能性すらある。

シックスセンスの牝系

　シルバーステートの同牝系（近親）にはシックスセンスがいる。同馬はディープインパクトと同世代で高い能力を持ったサンデーサイレンス産駒だったが、種牡馬としては活躍馬を出すことはできなかった。その一因には母系の重さからスピードを伝えられなかったことが挙げられ、これもシルバーステートに当てはまる可能性がある。

　つまり、大きな馬体、ロベルト系の血、シックスセンスの牝系から、

シルバーステートはスタミナ、馬力寄りの馬を出すタイプの可能性が高い。

ディープブリランテに似た種牡馬タイプ

　シルバーステートに似たタイプを探すと、ディープインパクト系のなかではディープブリランテに近いのではないだろうか。ディープブリランテは欧州指向が強いディープインパクト産駒。大型で先行して結果を残していた点も共通している。

　代表産駒のモズベッロが時計のかかる馬場で主流血統が力を出せなかった2020年宝塚記念、2021年大阪杯で穴をあけたように、ディープブリランテ産駒が人気薄で走るツボは欧州型に近い（ディープブリランテの頁を参照）。

　シルバーステートはディープブリランテ同様に、素軽いスピードやキレを伝えるのは難しいと言わざるを得ず、仕上がりの早さを期待できるわけでもない。

　ディープ系は気持ちが強いのでデビュー戦から前向きな馬も出るだろうが、若駒時代から速い上がりをビュンビュン出すタイプは続出しないのではないか。基本的に母系から米国型や短距離指向のスピードを補う配合が良いだろう。

芝2200m以上での近走先行経験に注目

　シルバーステートのベスト条件はディープブリランテ同様に、芝2200m以上の長距離で持続力を活かす競馬。持続力を活かすには近走で先行した経験（テンパターン50以内）が重要となる。また馬場が重く、時計や上がりがかかるのも歓迎で、体力があるので距離延長も合うはずだ。

本質的にはダート適性は低く、
特にダート短距離は危険

　ロベルト系の特徴が出て、大型でパワータイプと思われるような馬が多く出るようだと、ダートへの出走も多くなるだろう。

　ダート中距離であれば母父が米国型であったり、母、祖母、近親がダート実績に優れていれば走る馬も出てくるだろうが、本質的にダート、特に短距離ダートの適性は低い血統。特にダート短距離で人気になるようなら信用はできない。

シ

スウェプトオーヴァーボード
Swept Overboard

大系統／ミスプロ系　小系統／フォーティナイナー系

*エンドスウィープ End Sweep 鹿　1991	*フォーティナイナー Forty Niner	Mr. Prospector	父小系統（父国タイプ） **フォーティナイナー系（米）**
		File	
	ブルームダンス Broom Dance	Dance Spell	父母父小系統 **ノーザンダンサー系（米）**
		Witching Hour	
シアーアイス Sheer Ice 芦　1982	カットラス Cutlass	Damascus	母父小系統 **ダマスカス系（米）**
		Aphonia	
	ヘイドリーエイ Hey Dolly A.	Ambehaving	母母父小系統 **ヘロド系（米）**
		Swift Deal	

Native Dancer 5×5、My Babu 5・5（母方）

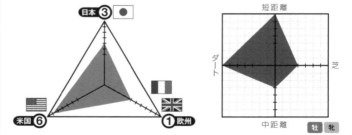

DATA

適性遺伝 **引き出し型**

日本 ③
米国 ⑥
① 欧州

短距離
ダート
芝
中距離

牡　牝

POINT

以前とはイメージが異なる

引き出し型米国スプリント血統

ス

プロフィール
Swept Overboard

　父エンドスウィープ、母父カットラス。1997年生まれ。

　現役時代はGIエンシェントタイトルBCH、メトロポリタンHC をそれぞれレコードで勝利するなど、北米で20戦8勝。20戦のう ち6着以下は1回のみと堅実な走りを見せた。

　2002年に父エンドスウィープが死亡すると、その後継種牡馬と して2003年より社台スタリオンステーションで供用開始。初年度 から100頭以上の繁殖牝馬を集めている。

　2008年からはブリーダーズ・スタリオン・ステーションに移動し たが、馬産地での人気は衰えることなく、初年度から2011年まで9 年連続で100頭以上に種付け。2012年以降も、ほぼ毎年70頭以上 を集める堅実な人気ぶりだった。2017年の秋に死亡。

　代表産駒はレッドファルクス（2016、2017年スプリンターズS）、 オメガパフューム（2018、2019、2020年東京大賞典、2019年帝王賞）、 リッジマン（2018年ステイヤーズS）など、短距離、ダート、長距 離と幅広いカテゴリに活躍馬を送り出している。

種牡馬としての特徴
Swept Overboard

芝短距離で強いというイメージで捉えるのは危険

　スウェプトオーヴァーボードは、レッドファルクスやパドトロワ など、芝短距離の活躍馬を多く輩出したというイメージが強い。し かし、近年は以前に比べて著しく成績を落としており、最近の産駒 から出た大物はオメガパフュームくらい。全体のアベレージは低く、 2012年産以降は芝1400m以下の重賞は未勝利。古馬になってから 芝短距離重賞に出走した馬すら1頭もいない。以前の短距離で強い イメージで捉えるのは危険だ。

　スウェプトオーヴァーボード産駒の攻略のポイントは、繁殖牝馬

の個性を引き出しやすいこと。そして繁殖の質が年々落ちていたこと。積極的に狙って買うよりも、逆張り用の種牡馬となっている。消せる条件をしっかりと押さえておきたい。

ダート1600m以上の牝馬は信用できず芝1600m以上も買えない!

スウェプトオーヴァーボードは小柄な馬が出やすく、牝馬になるとキレ味のある短距離型に出るのが特徴。ダート1600m以上ではパワーやスタミナ不足で、人気を背負っていても信用できない。2012年産以降の成績悪化は顕著。

参考データ①　　　　　　　　　　　　　*Swept Overboard*

ダート1600m以上。牝馬

着別度数	勝率	連対率	複勝率	単回収	複回収
1- 0- 0- 3/ 4	25.0%	25.0%	25.0%	92	40

（集計対象:推定人気順位3位以内）　（集計期間:2015年6月1日～2021年5月30日）

また、芝の1600m以上も近年、特に成績が悪いカテゴリとなっている。引き出し型だけあって母系の特徴を出しやすい種牡馬ではあるのだが、本質的に芝中距離適性が低いのは間違いないところ。

リッジマンがステイヤーズSを制するなど、芝長距離で実績を残したことで関係者の意識が変化しているのか、以前よりも出走比率が増しているので注意が必要。

参考データ②　　　　　　　　　　　　　*Swept Overboard*

芝1600m以上

着別度数	勝率	連対率	複勝率	単回収	複回収
2- 0- 0- 9/11	18.2%	18.2%	18.2%	80	27

（集計対象:推定人気順位3位以内）　（集計期間:2015年6月1日～2021年5月30日）

MANIA

マニアプラス

引き出し型種牡馬は劣化しやすい！

　スウェプトオーヴァーボードの父は、フォーティナイナー系のなかでも母系の適性や能力を引き出しやすいエンドスウィープ。スウェプトオーヴァーボードも同様に引き出し型種牡馬なので、繁殖の質が落ちると成績もわかりやすく落ちていく。

　自身の個性も薄く、特定のカテゴリのスペシャリストというわけでもないので、成績が突き抜ける部分がない。同じフォーティナイナー系でも徹底的に個性を主張し、安定した結果を収めて年々繁殖の質が上がっていったサウスヴィグラスとは逆だ。

　代表産駒のレッドファルクスやパドトロワのように、質の高い繁殖につけられれば良さをうまく引き出すこともできるが、晩年はロードカナロアなどの若い種牡馬に質の良い繁殖牝馬を取られており、かつてのような活躍は見込めないだろう。

　このように、引き出し型種牡馬は繁殖の質の低下によって突然成績が悪化する。大事なポイントだ。

　競馬ファンで統計をかじった人は「サンプルは多いほどよい。サンプルが少ないと信用できない」と語る方も多いが、血統で馬券を利用する場合、流れや個性を重視せずにサンプルを増やしすぎることが最も危険だ。

ス

スクリーンヒーロー

Screen Hero

大系統／ターントゥ系　小系統／ロベルト系

*グラスワンダー 栗　1995	シルヴァーホーク Silver Hawk	Roberto	**父小系統（父国タイプ）** ロベルト系（欧）
		Gris Vitesse	
	アメリフローラ Ameriflora	Danzig	**父母父小系統** ダンチヒ系（米）
		Graceful Touch	
ランニングヒロイン 鹿　1993	*サンデーサイレンス Sunday Silence	Halo	**母父小系統** サンデー系（日）
		Wishing Well	
	ダイナアクトレス	*ノーザンテースト	**母母父小系統** ノーザンテースト系（日）
		モデルスポート	

Hail to Reason 4×4、Northern Dancer 4×4

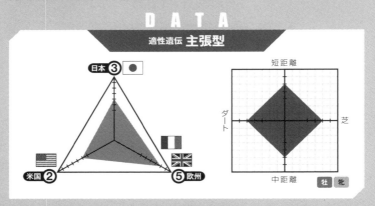

DATA

適性遺伝　**主張型**

日本③　🇯🇵

米国②

⑤欧州

短距離

ダート　芝

中距離　牡　牝

POINT

スタミナ、馬力型のコルトサイアー

モーリスよりもゴールドアクターのイメージ

プロフィール

　グラスワンダー3年目の産駒で、2004年生まれ。母父サンデーサイレンス、2代母はダイナアクトレス。

　現役時代は、ダート1800mで2勝を挙げると、2007年、3歳夏にラジオNIKKEI賞で2着、セントライト記念で3着。菊花賞はケガで回避し、休養。約1年後の復帰戦・支笏湖特別を勝利で飾ると、その秋にアルゼンチン共和国杯で1着。その勢いを駆って挑んだジャパンCで9番人気1着の激走を見せる。その後は勝ち切れない競馬が続いたが、2009年天皇賞秋で2着に好走。次走ジャパンC後に屈腱炎が見つかり引退。

　グラスワンダーの後継種牡馬として2010年から種牡馬入り。1年目には84頭の繁殖牝馬を集めた。その初年度産駒からモーリス（2015年安田記念、マイルCS、香港マイル、2016年チャンピオンズマイル、天皇賞秋、香港C）、ゴールドアクター（2015年有馬記念、2014年菊花賞3着、2017年宝塚記念2着）の2頭のGI馬が誕生し、馬産地での人気が爆発。2015年には190頭に種付けを行っており、以降は100頭以上をキープ。2020年も121頭に種付けを行った。

種牡馬としての特徴

直線が短いコースの芝1600m以上で牡馬・セン馬を狙え

　スクリーンヒーローは2008年のジャパンCの勝ち馬。グラスワンダーの後継種牡馬。

　初年度産駒からモーリスやゴールドアクターなどの大物を出したことで、2016年産以降の世代は種付け料が上がり、それに伴って全体的な産駒成績も上昇。今後さらに活躍が期待できる種牡馬だ。

　スクリーンヒーロー産駒は、基本的には芝1600m以上の直線が短

いコース（札幌、函館、福島、新潟内回り、中山、京都内回り、阪神内回り、小倉）に適性がある。

スタミナと馬力に秀でたタイプであることは父グラスワンダーと同じ。基本は父をイメージして良い。

ただし、牡馬と牝馬では傾向が大きく異なっている。牡と牝の傾向を分けて考えるべき種牡馬でもある。牡馬のほうがロベルト系特有のスタミナと馬力に優れており、中長距離寄りと覚えておくと良い。

スクリーンヒーローの父グラスワンダーは有馬記念、宝塚記念、朝日杯3歳SとGⅠ勝ちはすべて直線の短いコースだったが、スクリーンヒーローはジャパンCを筆頭に東京の重賞で活躍。これは祖母のダイナアクトレスの適性が出ている。

ちなみにダイナアクトレスは牡馬相手に毎日王冠やスプリンターズS（この年は東京芝1400mのGⅡ）、京王杯SCを勝ち、安田記念2着やジャパンカップ3着など東京芝で実績を残した名牝。

スクリーンヒーローは、競走馬としてはダイナアクトレスのようなタイプだったが、種牡馬としての個性は"ザ・グラスワンダー"。

代表産駒のモーリスは安田記念、マイルCS、天皇賞秋と直線の長いコースでGⅠを勝っているが、この馬は堀厩舎で調整されてスピードと前向きさが引き出された影響が大きい。ほかのスクリーンヒーロー産駒とは傾向が異なるので、モーリスのイメージを引きずるのは危険。

スクリーンヒーロー産駒の牡馬はゴールドアクターに近いタイプが多い。

参考データ①

Screen Hero

牡馬orセン馬。直線が短い芝1600m以上

着別度数	勝率	連対率	複勝率	単回収	複回収
44- 36- 42-336/458	9.6%	17.5%	26.6%	81	108

（集計対象:札幌、函館、福島、新潟内回り、中山、京都内回り、阪神内回り、小倉）　（集計期間:2013年6月1日〜2021年5月30日）

牡馬はダート中距離でもスタミナを活かせる

　牡馬の産駒は、ロベルト系の長所であるスタミナと馬力をダート1700m以上の中距離で活かすことも可能。

　ただし、適性的に最適というわけではない。古馬になってから本格的なレースでは過信は禁物。レベルの低い2、3歳限定の下級条件で勝負。これはある程度のダート適性も兼ね備えている欧州血統全般の傾向だ。特に前走芝からのダート替わりは妙味も増すのでオススメの条件となる。

参考データ②　　　　　　　　　　　　　　　　　*Screen Hero*

牡馬orセン馬。2、3歳限定戦。ダート1700m以上。前走芝→ダート

着別度数	勝率	連対率	複勝率	単回収	複回収
6- 3- 5-47/61	9.8%	14.8%	23.0%	222	148

（集計期間:2013年6月1日〜2021年5月30日）

牡馬はロベルト、牝馬はダイナアクトレス！

　牡馬はスタミナや馬力勝負型が多いのに対して、牝馬は芝短距離適性が高いスピード型が出やすいのが特徴。母父が米国型であれば持続力やスピード面が強化され、短距離に対する対応力も上昇する。

　牡馬、牝馬の適性の差は"牡馬はロベルト。牝馬はダイナアクトレス（ノーザンテースト）"とイメージしたい。

参考データ③　　　　　　　　　　　　　　　　　*Screen Hero*

牝馬。母父米国型。芝1500m以下

着別度数	勝率	連対率	複勝率	単回収	複回収
20- 11- 13-139/183	10.9%	16.9%	24.0%	187	118

（集計期間:2013年6月1日〜2021年5月30日）

ステイゴールド

Stay Gold

大系統／サンデー系　小系統／Tサンデー系

*サンデーサイレンス Sunday Silence 青鹿　1986	ヘイロー Halo	Hail to Reason		**父小系統（父国タイプ）** サンデー系（日）
		Cosmah		
	ウィッシングウェル Wishing Well	Understanding		**父母父小系統** マイナー系（米）
		Mountain Flower		
ゴールデンサッシュ 栗　1988	*ディクタス Dictus	Sanctus		**母父小系統** ファイントップ系（欧）
		Doronic		
	ダイナサッシュ	*ノーザンテースト		**母父母小系統** ノーザンテースト系（日）
		*ロイヤルサッシュ		

DATA

適性遺伝　主張型

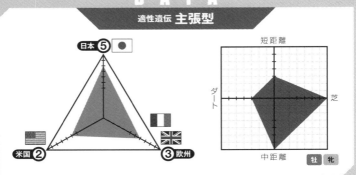

日本 ⑤
米国 ②
③ 欧州

短距離
ダート
芝
中距離
社　牝

POINT

社台系と非社台系で傾向が異なる

得意条件、得意レースを何度も走る

母父ステイゴールドは、補う配合よりも伸ばす配合

ステイゴールド

1996年12月にデビューを果たすと、6戦目で初勝利。その後は重賞で2、3着を重ねる善戦マンぶりを発揮し、重賞初勝利はデビューから38戦目の2000年目黒記念。日本での重賞勝ちはこれと日経新春杯（2001年）の2勝にとどまったが、デビュー45戦目を迎えたドバイシーマクラシックで絶頂期にあったファンタスティックライトを相手に劇的な差し切り勝ち。さらに引退レースとなった50戦目に香港ヴァーズでGⅠ初勝利を挙げ、黄金旅程の名を世界に知らしめた。

日本での［5-12-8-23］という詰めの甘さと、海外での［2-0-0-0］という強烈な勝ちっぷりのギャップに魅せられたファンも多かった。

タフな馬場で末脚発揮の叩き上げ血統

ディープインパクト産駒がフレッシュな状態でスピードを発揮し、3歳前半から活躍するのに対し、ステイゴールド産駒は叩かれつつ持久力やパワーを高めていくタイプが目立つ。ステイゴールド自身がレースを使われながら力をつけていったように、産駒にも使われて上昇するタイプが多いのが特徴的だ。

また国内の重賞では［2-7-7-20］と取りこぼしが目立つ一方、海外では2戦2勝ときっちり勝ち切っている点も強調ポイント。日本よりも海外のタフな馬場に適性があったのは想像に難くない。

事実、ステイゴールド産駒は軽い馬場のスピード勝負よりも、末脚が要求されるタフな馬場のほうを得意としており、スティッフェリオが11番人気2着に好走した2020年の天皇賞春もそのような馬場だった。さらに続けると、タフな末脚が要求される馬場でもっともイメージしやすいのはひと昔前、正確に書くならば、路盤改修前

の有馬記念だろう。

　2012年の有馬記念はゴールドシップとオーシャンブルーのステイゴールド産駒2頭によるワンツー決着。中山競馬場の大規模改修工事前、最後に行われた2013年の有馬記念もステイゴールド産駒のオルフェーヴルが圧勝。一方、路盤改修後の2014年有馬記念はディープインパクト産駒のジェンティルドンナが勝ち、2年前の覇者ゴールドシップが3着に沈むという対照的な結果となった。ちなみに2015年以降の有馬記念ではステイゴールド産駒は9回走って、掲示板にすら載っていない状況が続いている。

　いかにステイゴールド産駒がタフな馬場を得意としているかがわかるのと同時に、馬場が血統に及ぼす影響、馬場と血統の関係を表す好例と言えるだろう。

　血を育むのは地（馬場）であり、その地を育むのも知（人）なのである。

生産・育成で産駒の傾向が異なる

　ただし、ステイゴールド産駒が中山芝2500mで勝てなくなったのは、馬場だけが理由ではない。実は産駒自体の質が変わったのだ。

　ステイゴールドは2年ごとにビッグレッドファームとブリーダーズ・スタリオン・ステーションを行き来する形で種牡馬生活を送ったが、初期産駒の活躍を見て社台グループが自社の繁殖牝馬への種付けに注力。結果、今までのステイゴールド産駒とは違うタイプの産駒が増え始めたのだ。

　もともとの産駒、つまりラフィアンや非社台系の生産馬はタフな馬場に強い従来型のステイゴールド産駒だったが、ノーザンファームが生産するステイゴールド産駒はスピード型に出る。具体的には、前者がゴールドシップやウインブライトのようなステイゴールドのタフさを引き継いだ馬、後者がインディチャンプやアドマイヤリー

ドのようなマイルのスピード勝負に強くなった馬になる。

　社台グループがステイゴールドに力を入れてからマイルのスピード勝負に強くなった影響は、2012年以降に生まれたステイゴールド産駒の直線の長い芝1600mの成績からも明らか。やはり「血を育むのは人」。

参考データ ①　　　　　　　　　　　　　　　　　　　　　*Stay Gold*

直線が長い芝1600m。上級条件(2勝クラスより上)

着別度数	勝率	連対率	複勝率	単回収	複回収
24- 18- 20-137/199	12.1%	21.1%	31.2%	101	103

(集計対象:2012年産〜)　(集計対象:東京、阪神、京都外回り、中京、新潟外回り)
(集計期間:2014年6月1日〜2021年5月30日)

　2021年の6歳世代が実質的なラストクロップとはいえ、ステイゴールドの血を持つ繁殖は多く残されており、社台系なのか非社台系なのかという視点は持ち続けておくべきだろう。母方の個性を継ぐ馬が出やすい種牡馬との配合馬の場合、ステイゴールド繁殖の個性の見極めも重要になる。

得意条件、得意レースで何度も走るリピーター多し

　ディープインパクト産駒がフレッシュじゃないと走らないのに対し、ステイゴールド産駒はキャリアを重ね、古馬になってパフォーマンスを上げる馬が多い。言い換えれば、デビューから数戦でダービーを勝ったディープ産駒が古馬になって同舞台のジャパンCでも好走するわけではないのに対し、ステイゴールド産駒はむしろどんどん使って上昇していくために同じ舞台、得意レースを何度も走る。だからこそ複数のGⅠを勝つ馬が出てくるのだ。これがディープインパクトとステイゴールドの大きな個性の違いだ。

ダート、特に短距離は大幅減点！

　ステイゴールド産駒は芝血統で、基本的にダート、特にダート短距離は不向き。母父にダート適性を補う種牡馬が入っていなければ、まったく走らないと思っていい。

　これは母父ステイゴールドにもあてはまる。父が米国型以外の産駒はまったくダートで走らない。今後ますますステイゴールドの繁殖牝馬が増えることを考えると、父としてよりも母父としてのほうが馬券的には大事になってくる。母父ステイゴールドのダートは大減点。特に人気馬の連続好走は少ない。これはしっかり覚えておくべきだろう。

　ステイゴールドは馬力型の血統で、馬力型は芝では合わないと判断されてダートを使われがち。非常に有用なポイントだ。

参考データ②　　　　　　　　　　　　　　　*Stay Gold*

ダート1400m以下。母父欧州型

着別度数	勝率	連対率	複勝率	単回収	複回収
1- 1- 0- 4/ 6	16.7%	33.3%	33.3%	56	53

（集計対象:2012年産～）（集計対象:推定人気順位3位以内）（集計期間:2014年6月1日～2021年5月30日）

母父ステイゴールドは
気持ちが強い欧州型種牡馬との配合が最適

　血統には"補う配合"と"伸ばす配合"があり、ディープインパクトやハーツクライはダート短距離の血を入れることによってスピードや仕上がりの早さを補って成功している。ただしステイゴールドの場合は"補う配合"で米国型と配合しても、芝もダメならダートもダメというまったく走らない産駒になることが多い。

　母父ステイゴールドの場合は、ステイゴールドの長所である「気

持ちの強さが問われるタフな中距離戦で強い」という点を伸ばす配合がベスト。

　欧州型でも気持ちが強いタイプ、気持ちが強くて小さくても走るような種牡馬との配合が最適。その典型例がバゴとエピファネイアだ。

　バゴとステイゴールドは重い芝の黄金配合。芝ではキングカメハメハとの配合馬の半分の出走数にもかかわらず同じ勝ち星を稼いでいる。つまり勝率は倍だ。

　またエピファネイアもバゴと同じように気持ちの強い欧州型。父エピファネイア×母父ステイゴールドの配合は好走例が非常に多い。今後この配合例は増えてくるはず。ぜひご注目いただきたい。

　なお同じ欧州型でもハービンジャーとルーラーシップとの配合には要注意。この2頭は言ってみれば"のんびり屋さん"。気持ちの強さで走っているのとは正反対の個性。短所を補うメリットよりも長所を伸ばせないデメリットの方が大きそうだ。

ス

スマートファルコン

Smart Falcon

大系統／サンデー系　小系統／Dサンデー系

ゴールドアリュール 栗　1999	*サンデーサイレンス Sunday Silence	Halo	父小系統（父国タイプ） Dサンデー系（日）
		Wishing Well	
	*ニキーヤ Nikiya	Nureyev	父母父小系統 ヌレイエフ系（欧）
		Reluctant Guest	
ケイシュウハーブ 芦　1988	*ミシシッピアン Mississipian	Vaguely Noble	母父小系統 ハイペリオン系（欧）
		Gazala	
	キョウエイシラユキ	*クラウンドプリンス	母母父小系統 レイズアネイティヴ系（米）
		*アリアーン	

Vaguely Noble 5×3

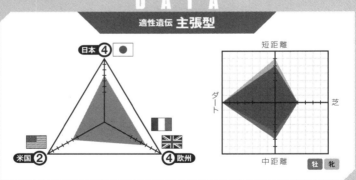

DATA

適性遺伝 **主張型**

日本④　米国②　④欧州

短距離　ダート　芝　中距離　牡　牝

POINT

日本の"砂"の中距離血統

JRAでは、米国的なスピードを補う必要がある

Smart Falcon

国内33戦23勝、海外1戦0勝。全23勝のうち19勝（うちGI6勝）が重賞で、これは2021年に笠松所属のカツゲキキトキトに破られるまで国内の平地重賞の最多勝利記録だった（この2頭の戦歴を同等に比べて良いのかは別として）。

3歳の後半からは徹底して地方交流重賞を使われており、JRAのダート重賞には一度も出走しないという珍しい戦歴の持ち主だった。半兄ワールドクリークも東京大賞典勝ち馬だが、地方よりも馬場が軽いJRAのダート重賞ではすべて6着以下だったように、仮にスマートファルコンがJRAのダートで走っても地方交流重賞と同じようなパフォーマンスで走れていたかどうかは疑問。着順欄に1が並ぶきれいな戦歴になったのは陣営の好判断も大きかったと見る。

2012年のドバイワールドCを最後に引退、2013年に種牡馬入りすると、初年度から164頭の繁殖牝馬を集め、2016年には181頭に種付け。しかし特に中央では活躍馬に恵まれず種付け数は減少。2018年シーズンには社台スタリオンステーションからレックススタッドに移動となった。

種牡馬としての特徴

Smart Falcon

JRAのダートでも1600〜1800m、母父米国型なら買い！

スマートファルコン自身はJRAのダート重賞には出走しなかったが、スマートファルコンの産駒がJRAのダートでどのような適性を示すのかは血統から推察が可能だ。血統は能力のデータベース。父の戦歴に関係なく、おおまかな特徴を掴むことができるわけである。

スマートファルコンは父がゴールドアリュール、母父は欧州指向の強いミシシッピアン。ここで重要なのは「スマートファルコンは

米国のダート血統ではなく、日本の"砂"の中距離血統」であること。

　日本の"砂"中距離血統は、ダート短距離ではヘニーヒューズやサウスヴィグラスのようなバリバリの米国血統には負けてしまう。しかし、これが1600m以上になるとバリバリの米国血統が絶対的に有利ではなくなり、日本の砂中距離血統、なかでもアメリカの要素を足した馬に最も向く条件となる。

　JRAのダートを走らせるならば米国的なダートのスピードを補う必要があるので、特にスマートファルコンのようなややスピードに欠ける種牡馬には、母系に米国型を入れてスピードと持続力を強化する配合が望ましいということになる。

　言い換えれば、母父米国型のダート1600〜1800mは狙えるということでもある。

参考データ①

Smart Falcon

母父米国型。ダート1600〜1800m

着別度数	勝率	連対率	複勝率	単回収	複回収
24- 19- 26-227/296	8.1%	14.5%	23.3%	123	110

（集計期間:2016年6月1日〜2021年5月30日）

ダート1400m以下で牝馬は信用するな！

　反対にダート1400m以下は信用できない。

　ダート短距離になると、このカテゴリを得意とするバリバリの米国型に比べてスピードの持続力が劣る点は否めない。

　それでも牝馬の大型馬なら問題ないが、牝馬で母父も欧州型の場合は馬体が小柄に出やすく、スピード面でも持久力の面でも劣るため、上位人気になるようだと危険。牝馬は芝指向になりやすい点にも留意したい。

参考データ②

Smart Falcon

ダート1400m以下。牝馬

着別度数	勝率	連対率	複勝率	単回収	複回収
12-14- 7-57/90	13.3%	28.9%	36.7%	58	65

（集計対象：推定人気順位3位以内）　（集計期間：2016年6月1日〜2021年5月30日）

ス

マニアプラス

ローカルの芝で穴を出すパターンに注意

　ダートの印象が強いスマートファルコンだが、実はローカルの芝では出走数が少ないにもかかわらず、これまでに二桁人気で3勝をマークしている。

　自身も現役時に芝のジュニアC（中山芝1600m）でオープン勝ちがあり、この時の2着ば同じゴールドアリュール産駒で、のちに地方交流重賞を勝つオーロマイスターだった。このようにゴールドアリュール産駒やスマートファルコン産駒にとって走りやすい馬場というのがあるのだ。

　ゴールドアリュールは欧州型の芝中距離血統で米国的なダートの要素は薄い血統構成。なおかつスマートファルコンのように母方に米国の要素が薄ければ芝指向が強くなる。ただし、完全な芝血統というわけでもなく、芝の主流血統が能力を出せない状態の芝、ダートと芝の中間みたいな馬場に強いということだ。

　そういった特殊な馬場は特にローカルで発生しやすく、スマートファルコンが穴を出しやすくなっているのだ。

タートルボウル
Turtle Bowl

大系統／ノーザンダンサー系　小系統／ノーザンダンサー系

ダイムダイヤモンド Dyhim Diamond 栗　1994	ナイトシフト Night Shift	Northern Dancer	父小系統（父国タイプ） ノーザンダンサー系（欧）
		Ciboulette	
	ハッピーランディング Happy Landing	Homing	父母父小系統 ハビタット系（欧）
		Laughing Goddess	
クララボウ Clara Bow 鹿　1990	トップヴィル Top Ville	High Top	母父小系統 マイナー系（欧）
		Sega Ville	
	カミヤ Kamiya	Kalamoun	母母父小系統 グレイソヴリン系（欧）
		Shahinaaz	

Prince Bio 5·5(母方)

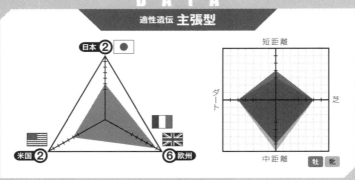

D A T A

適性遺伝 **主張型**

日本 ②
米国 ②
⑥ 欧州

短距離
ダート　芝
中距離　牡　牝

P O I N T

マイナーな欧州血統

アサティスやミルジョージに近いイメージ

タートルボウル

　2002年、アイルランド生まれ。フランスの調教馬。2004年にデビューすると、翌年3歳でジャンプラ賞（仏GI・当時は芝1600m）を制し、これが唯一のGI勝ちとなった。

　2008年からフランスで種付けを開始し、2013年に社台スタリオンステーションで供用開始。日本での初年度産駒からトリオンフ（2020年中山金杯）、アンデスクイーン（2020年エンプレス杯）を出すまずまずの好スタート。毎年安定して100頭ほどの繁殖牝馬を集めていたが、2017年の繁殖シーズン半ばに急死。2021年の3歳世代がラストクロップとなった。

父、その父ともにGI勝ち実績なしの
マイナー欧州血統

　タートルボウルはノーザンダンサー系のなかでもマイナーな欧州血統で、父ダイムダイヤモンド、その父ナイトシフトとも現役時にはGI勝ちはなし。母父トップヴィルもモンジューの母父として知られるが、父系としてはほぼ繁栄していない血統だ。

　そのような血統背景を持ちながら、タートルボウルはフランスのマイルGIを勝ち、さらにその産駒からも仏2000ギニー馬ルカヤンなど、フランスのマイルGI勝ち馬が複数出ている。

　フランスでの産駒実績が評価されて日本に輸入されたわけだが、実は日本に輸入されたあとの産駒はやや特殊な傾向を示している。トリオンフ、タイセイビジョンと芝重賞勝ち馬を出してはいるが、全体的には芝での成績は振るわず、勝ち上がり率も低調。対してダート中距離の成績は優秀。アンデスクイーンは地方交流重賞を3勝、アンジュジョリーが南関東の重賞勝ちと、NARのダートにも

適性を示している。

第二のアサティスと認識するのが簡単

　日本のダート中距離は米国的な要素と欧州的要素が両方要求される条件。欧州のスタミナ血統の中から、日本独特の砂馬場、日本の調教方法に合う種牡馬は日本のダート中距離で成功を収める。

　たとえばゴールドアリュールはダート1600mの名種牡馬で、キングカメハメハやシンボリクリスエスもダート1600m以上でG I 馬を輩出。これらの種牡馬が米国のダート血統かと問われれば、それは当然違う。本場アメリカでも大成功は収められないだろう。

　つまり、タートルボウルも砂適性も兼ね備えた欧州血統となる。

　タートルボウルを認識するうえで最も簡単なのは、この馬を第二のアサティスとカテゴライズしてしまうこと。

　アサティスも安易にダート血統だと定義されてしまうことが多いが、米国ダート血統ではない。むしろ米国のダートでは成功できないだろう。

　アサティスは米国生まれだが、キングジョージなど欧州の芝中距離で活躍していた馬。砂適性の高かった欧州血統とタイプ分けすべきだ。

　古くはミルジョージも砂適性を兼ね備えた欧州血統だった。同種牡馬はミルリーフ系。欧州の主流血脈だが、アメリカでは父系がほとんど残っていない。

　タートルボウルはアサティスやミルジョージと同タイプ。古くから日本で成功を収める「日本の砂適性も兼ね備えた欧州血統」だ。

　このように血統のタイプ分けの基本は30年以上前から同じなのである。だからこそ、血統はタイプ分けの基礎を理解すれば、サンプルが少なくとも産駒の傾向をイメージできる。

ダート1600m以上 × 牡馬 × 母父欧州型以外

　これも古くから続く「欧州砂血統」の原則。欧州砂血統は母父が米国型か日本型、そして牡馬かセン馬に絞れば期待値が大幅に上昇する。

　ポイントは母父が米国型か日本型であること。母父が欧州型だとさすがにダート適性とダートで必要な追走スピードが不足しやすい。

　この血統傾向の減速はタートルボウルに限ったことではない。父が欧州血統でも母方にダートの速さが補完されれば日本のダート中距離は走れるのだ。

参考データ①　　　　　　　　　　　　　　　　　　　　Turtle Bowl

ダート1600m以上。牡馬かセン馬。母父が欧州型以外

着別度数	勝率	連対率	複勝率	単回収	複回収
26- 24- 32-195/277	9.4%	18.1%	29.6%	104	150

(集計期間:2016年6月1日〜2021年5月30日)

　また、ダートを走るには気持ちの前向きさが必要。

　その前向きさが気性の難しさにも通じてコントロールが難しくなる面がある。競走馬は走る距離を知らないので、気持ちが前向きな馬が前走よりも長い距離に出走するとオーバーペースで走りがちだ。そのため距離短縮か同距離のほうが好ましいという点も補足しておく。この点も気性の激しさと砂適性を兼ね備えていたために日本の砂適性が高かったアサティスやミルジョージと同じ。

　改めてまとめると、タートルボウル産駒は馬体が小さく体力不足の馬が出やすい牝馬、ダート要素の足りない母父欧州型、そして前向きさが裏目に出やすい距離延長ローテ。以上3つのパターンに該当しない血統パターンならば、ダート1600m以上の期待値は大幅に上がる。

芝1200m以下の適性は極端に低い！

　タートルボウルのように気持ちが前向きでキレ味勝負に弱いと、どうしても芝1200mを使われがちだが、流れが速く、スピードが必要な芝1200m以下の適性は極端に低いので要注意。

　母父米国型の場合はこなす馬も出るとはいえ、積極的に狙いにいく条件ではない。

　芝1200m以下で、母父が日本型か欧州型の人気馬は危険ということは覚えておきたい。

参考データ②

芝1200m以下。母父米国型以外

着別度数	勝率	連対率	複勝率	単回収	複回収
0- 1- 0-12/13	0%	7.7%	7.7%	0	13

（集計対象：推定人気順位3位以内）　（集計期間：2016年6月1日～2021年5月30日）

タートルボウル

タ

ブリーダーズゴールドC、レディスプレリュード、エンプレス杯と、交流重賞を3勝したアンデスクイーン。タートルボウルは「日本の砂適性も兼ね備えた欧州血統」で、ダート中距離の成績が優秀だ。

ダイワメジャー

Daiwa Major

大系統／サンデー系　小系統／Pサンデー系

サンデーサイレンス	ヘイロー	Hail to Reason	父小系統（父国タイプ）
*サンデーサイレンス Sunday Silence 青鹿 1986	Halo	Cosmah	サンデー系（日）
	ウィッシングウェル Wishing Well	Understanding	父母父小系統
		Mountain Flower	マイナー系（米）
スカーレットブーケ 栗 1988	*ノーザンテースト Northern Taste	Northern Dancer	母父小系統
		Lady Victoria	ノーザンテースト系（日）
	*スカーレットインク Scarlet Ink	Crimson Satan	母父父小系統
		Consentida	マイナー系（米）

Almahmoud 4×5、Lady Angela 5・4（母方）、
Royal Charger 5×5

DATA

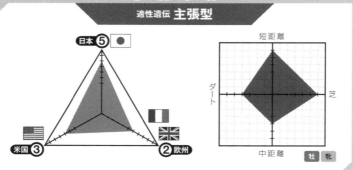

適性遺伝 **主張型**

日本 ⑤
米国 ③
② 欧州

短距離
ダート　芝
中距離
牡　牝

POINT

本質は中距離寄りのマイラー

少しタメを利かせてゴール前に負荷がある競馬が得意

プロフィール

Daiwa Major

　2001年、父サンデーサイレンス、母スカーレットブーケのあいだに誕生。母父ノーザンテースト。母スカーレットブーケは1991年桜花賞4着、オークス5着、エリザベス女王杯3着とGⅠには手が届かなかったものの、1992年京都牝馬特別などGⅢを4勝。半妹ダイワスカーレット（2007年桜花賞、秋華賞、エリザベス女王杯、2008年有馬記念）、全姉ダイワルージュ（新潟3歳S）。近親にはヴァーミリアン（2007年ジャパンCダートなどGⅠ9勝）など活躍馬多数。

　現役時代はM.デムーロを背に2004年皐月賞を10番人気1着。以降はGⅠで勝ち切れない競馬が続いたが、2006年、鞍上に安藤勝己騎手を迎えると覚醒。天皇賞秋、マイルCSを連勝し、有馬記念3着。6歳となった翌年はドバイデューティーフリー（UAE GⅠ・芝1777m）から始動して3着。ちなみに勝ったのはアドマイヤムーンだった。帰国後は安田記念、マイルCSと春秋のマイルGⅠを制覇。有馬記念3着を最後にターフに別れを告げた。

　翌2008年から社台スタリオンステーションで種牡馬入りし、初年度産駒からカレンブラックヒル（2012年NHKマイルC）を送り出すなど活躍。

種牡馬としての特徴

Daiwa Major

直線が長くてゴール前に坂があるマイル〜中距離で狙え

　ダイワメジャーはサンデー系種牡馬の中ではパワー型。産駒はマイルより短い距離やダートを使われることも多い。

　しかし、ダイワメジャーの本質は中距離寄りのマイラーだ。

　ダイワメジャーの代表産駒は、NHKマイルCを勝ったカレンブラックヒル、アドマイヤマーズ、メジャーエンブレム。桜花賞を勝ったレーヌミノル。阪神JFを勝ったレシステンシア。直線が長く

てゴール前に坂があるマイルGⅠに強い。

　他にコパノリチャードが高松宮記念を勝っているが、雨が降り1600mに近いスタミナと馬力を要する馬場になったことが大きい。オーナーDr.コパさんの風水マジックだ。

　また、NARではブルドッグボスが浦和1400mのGⅠを勝ったが、こちらは浦和のオブライエンである小久保マジックと天才御神本騎手のダブルマジック。

　ダイワメジャー産駒は小回りが巧いとか、短距離のほうが巧いと誤解されがちだが、実はゴール前に負荷がある条件で少しタメを効かせる競馬のほうが能力を発揮できる産駒が多い。

　本質的には直線が長くてゴール前に坂があるマイル〜中距離を得意としていると覚えておきたい。

　特に母父欧州型か大系統ノーザンダンサー系の成績が優秀。母父がスタミナ寄りになることで、ダイワメジャー本来の中距離の適性がさらに強化されるからだ。

参考データ①

Daiwa Major

直線が長い芝1600〜2000m。母父欧州型かノーザンダンサー系（大系統）

着別度数	勝率	連対率	複勝率	単回収	複回収
72- 89- 86-590/837	8.6%	19.2%	29.5%	100	92

（集計対象:2013年産〜）（集計期間:2015年6月1日〜2021年5月30日）

　なお、上級条件になるとディープインパクト、ロードカナロア、ハーツクライなど、直線スピード勝負がより得意な種牡馬に伸び負けしてしまうことがある。狙うなら2勝クラスよりも下の条件のほうが好ましい。

若い牝馬は芝1200mをこなせる

　ダイワメジャーは本質的には中距離寄りのマイラーだが、前述し

たように短距離向きに思われがちだ。なぜそう思われるのか？ 実はこれにははっきりとした理由がある。2、3歳限定戦の1200m戦で牝馬が走るからだ。

母父欧州型でスタミナ寄りに出るのとは逆に、牝馬になると軽さとスピードが強化されやすいため、レベルが高くない1200mであればこなすのだ。

ただし、乗り難しさがあるため、人気を裏切ることが多いということも忘れてはならない。実際、データを見ても、複勝回収率は高いが単勝回収率はそれほど高くない。

また、短距離ではタメを利かせるほうが持ち味を出せるため、前走で3コーナー4番手以下の控える競馬をしていた牝馬の成績が良い。これはPサンデー系全般にいえる傾向だ。

参考データ②

Daiwa Major

牝馬。2、3歳限定戦の芝1200m

着別度数	勝率	連対率	複勝率	単回収	複回収
35- 38- 37-163/273	12.8%	26.7%	40.3%	72	87

（集計対象:2013年産〜）（集計期間:2015年6月1日〜2021年5月30日）

ダート戦で母父米国型以外の配合は信頼できない

ダイワメジャーの本質はダートではない。しかし、パワー型で大型の馬が出やすいことから、頻繁にダートを使われる。

NARのダートGI馬を出しているように全く走らないわけではないが、母父が米国型ではない馬は芝寄りの血統になるため、ダート適性がかなり落ちる。

なおかつ内枠を引くと苦戦必至だ。母父が米国型ではない産駒はコーナーリング適性が低く、砂をかぶることを嫌がる馬が多くなる。人気になっていると危ないのだ。

タ

ダノンシャンティ

Danon Chantilly

大系統／サンデー系　小系統／Pサンデー系

	サンデーサイレンス Sunday Silence	Halo	父小系統（父国タイプ） Pサンデー系（日）
フジキセキ 青鹿　1992		Wishing Well	
	*ミルレーサー Millracer	Le Fabuleux	父母父小系統 セントサイモン系（欧）
		Marston's Mill	
	マークオブエスティーム Mark of Esteem	Darshaan	母父小系統 ネヴァーベンド系（欧）
*シャンソネット Chansonnette 鹿　2000		Homage	
	グローリアスソング Glorious Song	Halo	母母父小系統 ヘイロー系（米）
		Ballade	

Halo 3×3

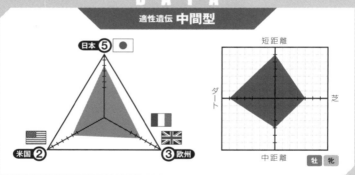

DATA

適性遺伝 中間型

日本 ⑤　米国 ②　③ 欧州

短距離　ダート　芝　中距離　牡　牝

POINT

本質的にスピードと素軽さが武器

今は買うよりも消すべき種牡馬

ダートでは信用できない

タ

プロフィール

Danon Chantilly

　父フジキセキ、母父マークオブエスティーム。祖母が名牝グローリアスソングで、母シャンソネットの兄グランドオペラ、ラーイ、ラキーン、シングスピールは種牡馬となっている。

　セレクトセール出身。ダーレーの生産馬だったものの、ノーザンファームと繋がりが深いオーナーが購入してノーザンファームが育成。

　現役時代は2010年NHKマイルCを勝利。そのままダービーへ向かったが前日に骨折が判明し回避。同年有馬記念（9着）で復帰するが、安田記念に向かう過程で屈腱炎を発症。引退することとなった。

　引退後は社台スタリオンステーションで種牡馬入り。初年度こそ150頭以上に種付けを行ったが、年々種付け頭数が減少。2017年からはビッグレッドファームで供用。2020年はわずか15頭にとどまり、同年種牡馬を引退。

種牡馬としての特徴

Danon Chantilly

直線が長い芝1600m以上は当初買いだった

　ダノンシャンティは種牡馬としての能力は秘めているものの、前向きで繊細な気性。育て方によって発揮できるパフォーマンスの落差が大きい（育成技術が問われやすい）タイプのため、近年は成績の低下が顕著だ。馬券的な観点からは買うよりも消すべき種牡馬と言わざるを得ず、ここでは2015年産以前と2016年産以降の成績を比較しながらポイントを解説していこう。

　現役時代には2010年NHKマイルCを後方から追い込んでレコード勝ち。トップスピード、キレに優れ、前向きな気性を我慢させて最後に弾ける馬だった。産駒もその気性面から短距離を使われることが多いが、本質的には直線の長い芝中距離で道中はタメるレースパターンが最適。代表産駒のスマートオーディンも直線が長いコー

スで芝中距離重賞を3勝している。しかし、2016年産以降の世代は
まったく走れなくなり、買える種牡馬ではなくなっている。

芝の長距離も当初は買いだった

　Pサンデー系は以下のタイプが多い。

- **適性は短距離寄りだがタメて伸ばすことが長所**
- **母系から影響を受けやすい**

　同じくPサンデー系に分類しているダイワメジャーやキンシャサ
ノキセキもそうだったように、牡馬で母父が欧州型かノーザンダン
サー系（大系統）の馬はスタミナや馬力を強化されるため、気性を上
手くコントロールできる芝の長距離適性が高い馬も出る。
　しかし、2016年産以降の世代では、このパターンで出走するこ
とすらなくなっている。仮に出てきたとしても、以前のような成績
は期待できないだろう。

ノーザンファームだからこそ良さを引き出せた

　前述したように、祖母のグローリアスソングはシングスピールや
ラーイを出した名牝。日本にもグローリアスソングの牝系は入って
きており、シュヴァルグラン、ヴィブロス、ヴィルシーナの母ハルー
ワスウィートの3代母がグローリアスソング。日本の芝適性が高く、
サンデーサイレンスとの相性も良い血統だ。
　ダノンシャンティはもともとダーレーが生産した馬。それをノー
ザンファームが末脚を引き出す育成で高い能力を発揮させた。
　産駒もノーザンファームが欧州型ノーザンダンサーを配合して、
末脚を引き出す育成をすることで日本の主流条件に合う馬を作っ

ていたが、繁養先が変わってからは個性がなくなってしまっている。やはり"血を育むのは人"なのだ。

ダート1800m以上は向かない

　本質的にスピードと素軽さが武器の種牡馬。ダート中距離向きのスタミナやパワーには欠けている。産駒デビュー当初から成績が悪かった条件だが、最近の産駒も同様の傾向となっている。

参考データ①
Danon Chantilly

ダート1800m以上

着別度数	勝率	連対率	複勝率	単回収	複回収
4- 3- 2-26/35	11.4%	20.0%	25.7%	35	39

（集計対象:推定人気順位3位以内）　（集計期間:2015年6月1日～2021年5月30日）

ダート1400m以下。牝馬で人気になった馬は危険！

　最近の産駒は以前にも増して短距離を使われることが多くなっている。牡馬の場合は馬体がしっかりしている馬が多く問題はないのだが、牝馬の場合はダートで走るには小柄で体力、パワー面で劣っている。人気になるようでは信用できず。
　王道条件で走れなくなると違う条件を試されることも多いが、本質的にダートは向かないので走れない。特に人気馬が連続好走するのは難しい。

参考データ②
Danon Chantilly

ダート1400m以下。牝馬

着別度数	勝率	連対率	複勝率	単回収	複回収
1- 0- 1- 9/11	9.1%	9.1%	18.2%	40	30

（集計対象:2016年産～）　（集計対象:推定人気順位3位以内）　（集計期間:2018年6月1日～2021年5月30日）

タ

ディープインパクト
Deep Impact

大系統／サンデー系　小系統／ディープ系

*サンデーサイレンス Sunday Silence 青鹿　1986	ヘイロー Halo	Hail to Reason •	父小系統（父国タイプ） **サンデー系（日）**
		Cosmah	
	ウィッシングウェル Wishing Well	Understanding •	父母父小系統 **マイナー系（米）**
		Mountain Flower	
*ウインドインハーヘア Wind in Her Hair 鹿　1991	アルザオ Alzao	Lyphard •	母父小系統 **リファール系（欧）**
		Lady Rebecca	
	バーグクレア Burghclere	Busted •	母母小系統 **スターリング系（欧）**
		Highclere	

DATA

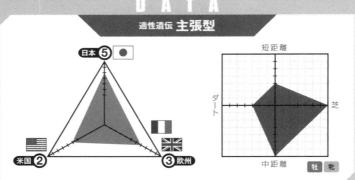

適性遺伝 **主張型**

日本 ⑤ ●
米国 ②　　③ 欧州

短距離　ダート　芝　中距離
牡　牝

POINT

日本の軽い芝における主流血統

フレッシュさと勢いが大事

母父米国型と母父欧州型でタイプが違う

プロフィール

Deep Impact

　2002年生まれ。父サンデーサイレンス、母ウインドインハーヘア。母父アルザオ。母ウインドインハーヘアは英オークス2着、妊娠中に出走したアラルポカル（独GⅠ・芝2400m）を勝利。半姉レディブロンド（6戦5勝。2003年スプリンターズS4着）、全兄ブラックタイド（2004年スプリングS）。

　現役時代は14戦12勝。2004年12月に阪神芝2000mでデビューし、圧勝。その後も若駒S、弥生賞を連勝し、迎えた皐月賞でまずは一冠獲得。続くダービーは皐月賞同様に後方からレースを進めると4コーナーでは大外を回って前年にキングカメハメハがマークした2分23秒3のレースレコードタイで圧勝。タイムは同じながら、前年キングカメハメハのハイペースを押し切っての勝利とは対照的に、緩い流れを他馬が止まって見えるような33秒4の末脚で差し切るというレース内容だった。ちなみにこのレースの上がり2位は34秒4。

　秋は神戸新聞杯から始動し、菊花賞で難なく三冠を達成。なお菊花賞の単勝配当は元返しの100円だった。

　初の古馬相手となった有馬記念は先行策をとったハーツクライを差し切れずに2着。これが国内唯一の敗戦となる。翌年は阪神大賞典、天皇賞春、宝塚記念をすべて2着馬に3馬身半以上の差をつけて圧勝し、渡仏。2006年凱旋門賞へ出走するも3着入線、のちに失格。帰国後はジャパンC、有馬記念を楽に勝って有終の美を飾った。

　5歳となる2007年から社台スタリオンステーションで種牡馬入りすると、初年度から215頭の繁殖牝馬を集め、リアルインパクト（2011年安田記念）、トーセンラー（2013年マイルCS）、ダノンシャーク（2014年マイルCS）をターフに送り出す。以降もほぼ毎年200頭以上に種付けし、代表産駒はジェンティルドンナ（2012年牝馬三冠、2012、2013年ジャパンC、2014年ドバイシーマクラシック、有馬記念）、ディープブリランテ（2012年ダービー）、キズナ（2013

年ダービー）、マカヒキ（2016年ダービー）、ワグネリアン（2018年ダービー）、ロジャーバローズ（2019年ダービー）、コントレイル（2020年ダービー）、シャフリヤール（2021年ダービー）、サトノダイヤモンド（2016年菊花賞、有馬記念）、フィエールマン（2018年菊花賞、2019、2020年天皇賞春）、レイパパレ（2021年大阪杯）など枚挙にいとまがない。

2019年にケガがもととなり死亡。同年に種付けされた数頭（血統登録6頭）がラストクロップで、順調なら2022年にデビュー予定。

種牡馬としての特徴 / *Deep Impact*

キャリア2戦以内は全部押さえていい

ディープインパクト産駒は気持ちが前向きで、最初から走る気満々。ただし、体力の完成は晩成傾向というのが基本的な特徴。

その気持ちの前向きさが顕著に表れるのが芝の新馬戦と2戦目。人気の馬はもちろん、人気薄でも走るため、常にチェックしておいていい。

ディープ産駒だけに新馬戦では人気になりやすいが、新馬戦で負けた馬の2戦目の成績も良いというのがミソ。新馬戦特有のスローペースで競馬を理解しないまま終わった馬が2戦目で一変するパターン、牧場で立て直して一変するパターンは本当に儲かった。特に芝のマイル以上では全部押さえておいたほうがいい。

この個性を継ぐディープ系の種牡馬は今後も出るはずだ。

参考データ① / *Deep Impact*
芝の新馬戦or前走新馬戦で今回芝の未勝利戦

着別度数	勝率	連対率	複勝率	単回収	複回収
266-169-129-585/1149	23.2%	37.9%	49.1%	98	84

（集計対象:2013年産〜）（集計期間:2015年6月1日〜2021年5月30日）

勢いがあれば、相手強化でもいきなり走る!

前走条件戦で芝重賞に出てきたディープインパクト産駒は非常に期待値が高い。これは産駒が出た当初から言い続けているが、ずっと傾向が変わっていない。

参考データ②

Deep Impact

芝重賞。前走条件戦

着別度数	勝率	連対率	複勝率	単回収	複回収
35- 32- 35-165/267	13.1%	25.1%	38.2%	66	110

(集計対象:2013年産〜) (集計期間:2015年6月1日〜2021年5月30日)

ディープインパクト産駒はフレッシュさと勢いが大事。勢いがあるときには強い相手にも怯まず走れるのだ。つまり、重賞でディープインパクト産駒を狙う場合、頭打ちになっている馬よりも、条件戦を使われて勢いがある馬のほうを狙うべきなのだ。

また、もうひとつ強い相手との勝負につながるデータがある。それが芝2200mで以上で軽斤量(54キロ以下)だった場合の成績。格上挑戦でのハンデ戦など、芝長距離で斤量の軽いディープ産駒がいたら警戒すべきだ。

参考データ③

Deep Impact

軽斤量(54キロ以下)で芝2200m以上

着別度数	勝率	連対率	複勝率	単回収	複回収
42- 39- 24-160/265	15.8%	30.6%	39.6%	134	90

(集計対象:2013年産〜) (集計期間:2015年6月1日〜2021年5月30日)

前走芝1400m以下で
2、3着に好走している人気馬は危険

　ディープ産駒は本質的に道中の追走ペースが速すぎる流れは好まない。有り体に言えば短距離戦が苦手だ。そのため短距離戦で人気になっている馬は危ない。

　好走実績がある馬でもそう。むしろ、前走も短距離を使って2、3着に好走しているような馬は、過剰人気するため非常に危険。なぜなら、ディープ産駒が走れるような短距離戦は特殊レースが多いからだ。特殊レースは続かない。次走は馬場や展開が合わず、パフォーマンスを下げる可能性のほうが高いのだ。

参考データ④　　　　　　　　　　　　　　　*Deep Impact*

芝1400m以下。前走も芝1400m以下で2、3着

着別度数	勝率	連対率	複勝率	単回収	複回収
16- 23- 11- 60/110	14.5%	35.5%	45.5%	40	73

（集計対象:2013年産～）　（集計対象:推定人気順位3位以内）　（集計期間:2015年6月1日～2021年5月30日）

3歳前半までは
母父米国型、ダンチヒ系、ストームバード系

　ここまではディープ産駒全体に言える特徴を紹介したが、ここからは血統によるディープ産駒のタイプ分けについて説明していく。今後のディープ二世種牡馬を理解する礎にもなるだろう。

　ディープ産駒は母父の血統によってタイプが分かれる。特に、母父米国型の産駒と母父欧州型の産駒では特徴が大きく変わる。

　イメージとしては、母父米国型が硬さと早熟性、母父欧州型ならば、柔らかさと成長力という感じだ。

　3歳前半の芝のマイル以上の重賞では、母父米国型、ダンチヒ系、

ストームバード系の馬がとにかく強い。

　キャリア10戦以内の若駒の期待値は非常に高く、ダービーやオークスもこのタイプの馬が走る。ノーザンファームでは、体力の完成が遅めのディープに米国血統を入れて早めに仕上げるという方法も確立されている。

　ダービーまでに結果を出したディープ産駒の牡馬は、ほとんどがこのタイプ。

欧州型との配合馬は古馬になって上昇

　一方で、サドラーズウェルズ系など母父が欧州型のディープ産駒は3歳前半までの重賞で活躍することが少ない。しかし、単純にディープとの相性が悪いのかというと、それは違う。

　サドラーズウェルズは主張が強い種牡馬のため、ディープとサドラーズウェルズを配合すると、欧州的な重さが出てしまう。軽い馬場のダービーには合わない。しかし、古馬になって強くなるのはこっちのタイプだ。

　スピルバーグは母母父がサドラーズウェルズ、母父がリシウスという欧州型との配合で、古馬になって天皇賞秋を勝ち、ジャパンCでも3着に好走した。

　マリアライトは母方にサドラーズウェルズとリヴァーマンを持つ。サドラーズウェルズとネヴァーベンド系という配合はヨーロッパでは一流の配合だが、日本だと成長曲線と高速馬場の適性という2つの面でクラシックに向かない。結局、マリアライトが勝ったGⅠはクラシックが行われない芝2200m。エリザベス女王杯も宝塚記念も稍重でタフな馬場だった。

　フィエールマンも3歳秋まで我慢したことで上昇した馬だ。

　また、欧州GⅠで実績を残したディープ産駒も母系にサドラーズウェルズを持つ馬が多い。サクソンウォリアー、スノーフォールは

いずれも母父がガリレオ。母父サドラーズウェルズ系で、名門オブライエン厩舎で育まれた。

瞬発型ディープの牡馬は深追い禁物

前述したように、母父米国型、ダンチヒ系、ストームバード系のディープ産駒は、3歳前半までは成功しやすい。

それらの馬はディープが持つ筋肉の柔らかさと関節の柔らかさに米国の硬さを補い、3歳で仕上がるようにしているのだが、以降キャリアを重ねていくと硬さのほうに振れてしまう傾向にある。特に牡馬はその傾向が顕著だ。

こうなるとディープ本来の長所が削られてしまうため、GⅠで好走することが難しくなる。それにもかかわらず、3歳時のイメージを多くのファンは抱き続ける。

マカヒキ、サトノダイヤモンドも古馬になって硬さが出て、3歳時と同じ様なパフォーマンスを発揮することができなくなった馬だ。

ただし、これが牝馬になると違う。ジェンティルドンナ、ショウナンパンドラも古馬になっても柔らかさを維持してジャパンCを勝った。もともと競走馬は牡馬よりも牝馬のほうが柔らかさを持つため、牝馬だからこそキャリアを重ねても硬くならずに活躍し続けたのだろう。

なお、母父米国型でも、元々パワーを武器にしていた馬は古馬になってもパフォーマンスは衰えづらい。

ハンデ戦専用ディープの存在に注意

ディープの武器と言えばキレ味だが、持続力を活かす産駒もいる。それがハンデ戦専用ディープだ。

GⅠでは突き抜けないが、自分の持ち場のGⅡ、GⅢでは堅実に

走る。ヒストリカル、サトノノブレス、カデナなどがそうだ。3歳時はクラシック路線に乗っていたはずが、いつの間にかハンデ重賞の持久力勝負を得意とする馬になっているというタイプだ。

　これの究極版がアルアイン。3歳前半で皐月賞を勝ったが、瞬発力で勝ってきた他のディープとは違い、持続力の怪物だった。本来はハンデ戦専用のタイプだが、最初から持久力を武器にしていた馬なので、古馬になっても大阪杯を勝つことができた。これについては大阪杯のレース前に「亀谷競馬サロン」でも言及。アルアインを推奨した。

テ

ディープブリランテ
Deep Brillante

大系統／サンデー系　小系統／ディープ系

	サンデーサイレンス Sunday Silence	Halo
ディープインパクト 鹿 2002		Wishing Well
	*ウインドインハーヘア Wind in Her Hair	Alzao
		Burghclere
*ラヴアンドバブルズ Love And Bubbles 鹿 2001	ルウソバージュ Loup Sauvage	Riverman
		Louveterie
	*バブルドリーム Bubble Dream	Akarad
		*バブルプロスペクター

父小系統（父国タイプ）
ディープ系（日）

父母父小系統
リファール系（欧）

母父小系統
ネヴァーベンド系（欧）

母母小系統
スターリング系（欧）

Lyphard 4×5、Busted 4×5、Northern Dancer 5×5

DATA

適性遺伝 **主張型**

POINT

先行持久力に秀でたタイプのサンデー系

人気薄で走るツボは欧州型に近い

プロフィール

Deep Brillante

ディープインパクトの2年目の産駒で2009年生まれ。母ラヴァンドバブルズは仏GⅢ勝ち。

現役時代は2012年皐月賞3着、ダービー1着。菊花賞に向けた調整過程で屈腱炎を発症し、引退。2013年から社台スタリオンステーションで種牡馬となる。

種牡馬としての特徴　　　　　　*Deep Brillante*

芝2200m以上の近走先行経験馬に注目!

テ

ディープブリランテはディープ産駒初のダービー馬。

デビュー2戦目で不良馬場の東京スポーツ杯2歳Sを勝利。皐月賞3着から臨んだダービーでも激しい流れを先行して押し切る形での勝利だった。キレや直線での伸びよりも、大型馬でパワーや持久力を武器に活躍した戦歴だった。

その特徴は産駒にも伝わっており、ディープインパクト系でありながら、直線スピードよりも、持続力を活かした馬が多い。

その理由はディープインパクトよりも、3代母の父ミスワキの影響が色濃く出ているからだろう。3代母バブルプロスペクターは菊花賞馬ザッツザプレンティも出しており、ザッツザプレンティも持久力を活かした早めの仕掛けから押し切る形で菊花賞を勝っている。

3代母の父ミスワキは日本でもマーベラスクラウンが1994年ジャパンCを勝っているが、それ以上に欧州、特にイギリスでは名牝アーバンシーの父として存在感を示している。アーバンシーは凱旋門賞馬で、なおかつ大種牡馬ガリレオやシーザスターズの母。持久力、馬力に関しては最上級。

ミスワキは母父としても、スピード持続力の天才サイレンススズカを出している。同じ欧州型ミスプロで日本の馬場適性が高いキン

グマンボ系よりも、先行持久力に優れている種牡馬。

そのミスワキの影響が強く出たディープブリランテ産駒は芝2200m以上の長距離を得意としており、特に近走で先行した経験のある馬（テンパターン50以内）の成績が優秀。

参考データ①　*Deep Brillante*

芝2200m以上。テンパターン50以内

着別度数	勝率	連対率	複勝率	単回収	複回収
4- 6-11-26/47	8.5%	21.3%	44.7%	59	164

（集計期間:2016年6月1日～2021年5月30日）

代表産駒でもあるモズベッロは天皇賞春では先行して凡走したが、次走の宝塚記念では12番人気3着に激走。他馬が苦にする時計も上がりもかかるタフな馬場を、バテない長所を活かした結果だった。

このように、ディープブリランテはダービーを勝ったものの、晩年のディープ産駒のような末脚のスピードに優れたタイプではなかった。これは産駒の特徴を早く掴むためにも重要なポイント。

ディープらしさや東京芝2400mの適性では、4着に敗れたワールドエースのほうが優れていた。ディープブリランテのほうが体力の完成度が高かったこと、そして当日の馬場が前残り傾向だったこと、さらにディープインパクト2年目の産駒で、ディープ産駒の末脚の引き出し方が確立されていなかったことがディープブリランテに味方した。

本質的にダートの短距離適性は低い

ディープブリランテ産駒は大型でパワータイプと思われるような馬も出やすいので、ダートの出走比率が高くなっている。

ただ、父がディープインパクトに加え、ミスワキの影響を受けた

ディープブリランテ

欧州寄りの馬力が持ち味の種牡馬なので、本質的にダートの短距離適性は低い。母父に米国型を入れて短所を補っているならまだしも、それ以外で人気になるようだと信用はできない。

参考データ②

Deep Brillante

ダート1400m以下。母父米国型以外

着別度数	勝率	連対率	複勝率	単回収	複回収
7- 9- 8-26/50	14.0%	32.0%	48.0%	36	80

（集計対象:推定人気順位3位以内）　（集計期間:2016年6月1日〜2021年5月30日）

テ

マニアプラス

芝短距離で穴を出すパターンを狙い撃つ!

　本質的に芝の短距離が向いているわけでなくとも、欧州指向の馬力血統がハイペースや上がりがかかる短距離で穴を出すパターンは古くから続く血統馬券のセオリー。

　スピード型の主流血統が力を出せないレースで、欧州血統の人気薄がまとめて走るパターンはリアルシャダイ（30年以上前のステイヤー血統）の頃から続く血統穴馬券のパターン。

　ディープブリランテも欧州血統の人気薄が走るレースパターンにハマる。坂のあるコースや直線の短いローカル、あるいは道悪などで、他馬が失速しやすい要素があるほど力を発揮してくるのだ。ただし、牡馬の場合は、さすがに短距離の追走スピードに欠ける馬も多い。牝馬のほうがベターだろう。

ドゥラメンテ
Duramente

大系統／ミスプロ系　小系統／キングマンボ系

	キングマンボ Kingmambo	Mr. Prospector		父小系統（父国タイプ） キングマンボ系（欧）
キングカメハメハ 鹿 2001		Miesque		
	*マンファス Manfath	*ラストタイクーン		父母父小系統 ノーザンダンサー系（欧）
		Pilot Bird		
アドマイヤグルーヴ 鹿 2000	*サンデーサイレンス Sunday Silence	Halo		母父小系統 サンデー系（日）
		Wishing Well		
	エアグルーヴ	*トニービン		母母父小系統 グレイソヴリン系（欧）
		ダイナカール		

Northern Dancer 5·5×5

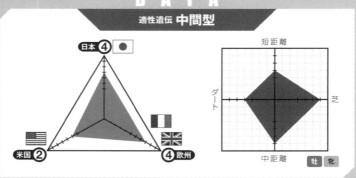

DATA

適性遺伝 中間型

日本 ④ ●
米国 ②
④ 欧州

短距離
ダート
芝
中距離
牡　牝

POINT

コルトサイアー

ディープインパクトに近い性質を持つ

ダート適性はルーラーシップに近い

　2012年にアドマイヤグルーヴとキングカメハメハの間に生まれ、2014年に競走馬としてデビュー。

　現役時代はところどころで折り合いを欠くシーンが見られるなど気性的な難しさを感じさせながらも、2015年皐月賞、日本ダービーを制覇。菊花賞か凱旋門賞を目標に調整されていたが、放牧中に軽微な骨折を発症。手術を行った影響で3歳秋は全休となった。

　翌年2月に中山記念で復帰すると、これを快勝しドバイへ遠征。ドバイシーマクラシック制覇を狙ったが、発走直前に落鉄し、打ち替えが叶わぬまま出走して2着。続く宝塚記念もおそらくゴール前で発症したとされるケガの影響もあってマリアライトの2着。レース後に競走能力喪失と診断され引退に至る。

　2017年から社台スタリオンステーションで種牡馬入りすると、初年度、2年目と300頭近い繁殖牝馬に種付け。その後もコンスタントに200頭近くの繁殖牝馬を集めている。

2年目以降の産駒の巻き返しに期待！

　ドゥラメンテは、母に2003、2004年のエリザベス女王杯を連覇したアドマイヤグルーヴ、父にダービー馬にして母系の長所を引き出すキングカメハメハ。さらに祖母は1996年オークス、1997年天皇賞秋を制したエアグルーヴ、曽祖母に1983年オークスを制したダイナカール。日本の芝中距離のG I、特に東京芝の中長距離G Iに実績のある馬ばかりを集めたJRA屈指の主流血統。

　当然ながら種牡馬としてのポテンシャルも非常に高く、将来性も見込める魅力的な血統背景。ただし、育成の難しさがネックとなって初年度産駒から本領発揮とはいかなかった。

　しかし産駒の傾向が掴め、育成のノウハウが蓄積される2年目（2021年2歳世代）以降の産駒からドゥラメンテの本来の能力が発揮される可能性が高い。

　ディープインパクト産駒も2年目以降にドンドンと成績を伸ばしてきた。巻き返しが始まるのではないだろうか。

　また、ドゥラメンテ自身、本質は晩成型だったと思われる。初年度産駒も3歳秋から成績を上げる可能性も秘める。しっかりと特徴を把握して、今後の産駒成績向上の波に乗りたい。

牡馬の勝ち上がり率が高いコルトサイアー

　2020年にデビューした初年度産駒の代表馬といえば、皐月賞2着のタイトルホルダーと青葉賞2着のキングストンボーイ。ディープインパクト、ハーツクライの育成ノウハウ、繁殖のラインナップが集大成を迎えたなか、初年度産駒からダービーの出走権を獲得した馬が2頭出たのは特筆すべきこと（いずれもノーザンファーム生産馬ではなかったのも、それだけノーザンファームはディープ、ハーツクライに注力していた）。

　ただ、牡馬の産駒は潜在能力の高さを証明する結果となったものの、牝馬の産駒に関してはクラシックに出走できなかったのは事実。

　現時点（2021年5月）でJRAのレースに出走した産駒の勝ち上がり率は牡馬・セン馬が約40%。ほかの芝向きの上位種牡馬と比較しても評価できる数字を残している。ノウハウがない新種牡馬としても優秀だ。

　一方、牝馬の勝ち上がり率は約21%。牡馬・セン馬の半分程度の数字でしかなく、また重賞でも掲示板に乗った馬すら1頭もいない状況だ。

潜在能力は高いが、コントロールが難しい

牝馬の成績が振るわない理由。それは気性面にある。

ドゥラメンテに限らず、競走馬は牡馬よりも牝馬のほうが繊細で気性的に難しい馬が多い傾向にある。特にドゥラメンテ産駒はその傾向が顕著で、牝馬にコントロールが難しい馬が多く出た印象を受ける。

筆者自身、セールなどで当歳から馬を観察。デビュー直後から「ドゥラメンテ産駒は気性と口向きが繊細（口が小さい馬も多い）なので育成が難しいだろう」という懸念を各メディアで指摘していたが、その想像をも上回る繊細な産駒の多さだった。

とはいえ、当然ながら育成のノウハウも繁殖のノウハウも年々積み重なっていくので、初年度産駒の勝ち上がり率が最低基準。2年目産駒以降から上昇する可能性は高くなってくる。それでも本質的に"気性と口向きが繊細な種牡馬"であることに変わりはなく、そこは馬券を買ううえでも意識したい。

フレッシュな時に好走する傾向

勝ち上がり率の高い牡馬に注目すると、芝1800m以上の中距離で好成績を残しており、その好走馬のほとんどが"前走5着以内の好調馬"、"新馬戦か中9週以上の休み明け"のいずれかに該当する。

参考データ①　　　　　　　　　　　　　　　　　*Duramente*

芝1800m以上の牡馬。
好調（前走5着以内）or新馬戦or休み明け（中9週以上）

着別度数	勝率	連対率	複勝率	単回収	複回収
18-14-12-52/96	18.8%	33.3%	45.8%	140	121

（集計期間:2020年6月1日〜2021年5月30日）

現時点（2021年5月）でこのいずれにも該当せずに馬券圏内に好走したのはわずか1頭のみ。反対にこの2つの傾向に該当する馬はどの単勝人気帯をとっても水準を大きく上回る好成績を残している。

該当馬の単勝人気帯別成績

人気帯	着別度数	勝率	連対率	複勝率	単回収	複回収
1～3人気	13- 7- 8-10/38	34.2%	52.6%	73.7%	130	113
4～6人気	3- 6- 1-15/25	12.0%	36.0%	40.0%	189	128
7～9人気	2- 1- 1-17/21	9.5%	14.3%	19.0%	182	92
10人気～	0- 0- 2-10/12	0%	0.0%	16.7%	0	180

（集計期間:2020年6月1日～2021年5月30日）

ドゥラメンテ産駒は主流血統で勢いのあるとき、フレッシュなときに好走する傾向がある。

好調時、新馬戦、休み明けの条件に絞る必要があるのだが、これはディープインパクト産駒とも似ているところ。ディープインパクト産駒も潜在能力が高く、勢いのあるときやフレッシュな状態であれば、クラスが上がっても問題なく通用する特徴を持っている。

ただし、巻き返しは少なく、前触れなく突如として好走するような意外性は皆無。ドゥラメンテ産駒もディープインパクト産駒同様、前走大敗や近走凡走続きで続戦しているような、底を見せた馬は見限るべきだろう。

他馬との兼ね合いよりも"自身の能力を発揮できるかどうか"のほうが大事という点でもディープと同じ。気持ちよく走れる外枠も狙い目だ。

ダート替わりも買い！

好調時、新馬戦、休み明けの牡馬のほか、ダート替わりも狙える。ドゥラメンテの近親フラムドパシオンはヒヤシンスSを楽勝してドバ

イでも好走。志半ばで故障してしまったものの、順調ならダートの重賞、いやGⅠでも好走するほどの素質馬だったのは誰しもが認めるところ。

また同じく父がキングカメハメハで、母にエアグルーヴを持つルーラーシップは、ドゥラメンテの叔父にあたるわけだが、このルーラーシップの産駒もダート中距離をこなす馬が多い。

産駒全体のダート適性をルーラーシップと比較すると、ドゥラメンテのほうがサンデーサイレンスの血が入って主流の芝適性のアベレージが高められているぶん、ダート中距離適性のアベレージは若干下がる。それでも牡馬・セン馬で母父に米国型が入れば、パワー、持続力が補われてダート中距離を走れる馬が一定数以上出るだろう。

馬券的には、特に芝からダート替わりが狙い目。フラムドパシオンもデビューから3戦は芝を使われながら、初ダートで2着に2秒以上の差をつける圧勝劇を演じている。

参考データ②　*Duramente*

母父が米国型の牡馬・セン馬。ダート1700m以上で前走芝を使っている馬

着別度数	勝率	連対率	複勝率	単回収	複回収
3- 2- 0- 1/ 6	50.0%	83.3%	83.3%	246	475

（集計期間：2020年6月1日〜2021年5月30日）

母父が米国型でなければ、ダートでは危険

先の項でも挙げた通り、母父が米国型の牡馬であればダート中距離で買えるのだが、母父が欧州型、日本型になると話は別。ダートでは信用できなくなる。特に人気馬は信用できない。

これはキングマンボ系が母父の長所を引き出しやすいから。

母系が欧州型だと重厚になってしまいキレや道中の追走スピードが落ち、サンデー系を筆頭とする日本型との配合では主流の芝中距離指向の要素に特化してしまいパワー不足となる。これがダートで

走れる馬の確率が下がる理由だ。

参考データ③　　　　　　　　　　　　　　　　　*Duramente*

ダート。母父が欧州型、日本型

着別度数	勝率	連対率	複勝率	単回収	複回収
1- 0- 2-10/13	7.7%	7.7%	23.1%	15	42

（集計対象:推定人気順位3位以内）（集計期間:2020年6月1日〜2021年5月30日）

　また牝馬もダートでは信用できない。産駒の適性とは真逆にあたるダートの短距離では特に狙えないのは当然のこと。
　小柄な馬も出やすい牝馬で、特に気性が難しいドゥラメンテ産駒をダート短距離に使うのは管理する陣営としても一縷の望みをかけた最終手段。ただ、失敗に終わることが多いはずだ。

参考データ④　　　　　　　　　　　　　　　　　*Duramente*

牝馬。ダート1400m以下

着別度数	勝率	連対率	複勝率	単回収	複回収
0- 0- 0- 2/ 2	0%	0%	0%	0	0

（集計対象:推定人気順位3位以内）（集計期間:2020年6月1日〜2021年5月30日）

2年目以降の産駒は初年度産駒よりも 成績良化の可能性大!

「血を育むのは人」。

　冒頭にも書いたように、初年度産駒は最低ライン。ドゥラメンテの種牡馬としてのポテンシャルは高いので、ノウハウが積み重なることでさらに成績を伸ばす可能性は十分にある。
　ドゥラメンテ自身がそうだったように、高い潜在能力を持ち、早い時期から走る意欲もあるのだが、産駒も身体、気性を含めた完成

には時間を要し、気持ちのままにレースを走らせたり、デビュー前の段階で仕上げすぎてしまうとガタがくるという特徴がある。

同様の特徴を示すディープインパクト産駒も、現在の活躍から考えると初年度産駒は苦戦していたことが思い出されるところだ。

なにしろディープインパクトの初年度産駒はダービーを終えた段階で重賞勝ち馬がわずか3頭。GI勝ち馬はマルセリーナ1頭。今思えば最も意外だったのは、ノーザンファーム生産のディープが1頭も重賞を勝てなかったこと。それだけ初年度産駒というのは難しいところがあるのだ。

それが2年目の産駒になると一変。同じ期間に重賞勝ち馬が9頭。GIを3勝。ジェンティルドンナ（2012年桜花賞、オークス、秋華賞、ジャパンC。2013年ジャパンC。2014年有馬記念）が出た世代で、クラシックでも桜花賞とオークスをディープ産駒がワンツー。皐月賞が2、3着。ダービーが1、3、4着という好成績を残している。

これだけ成績が上がったのは、ノーザンファームがディープインパクトの育成ノウハウを掴んだというのが大きな理由となる。重賞勝ち馬の9頭中7頭がノーザンファーム生産馬で、GIを勝ったもう1頭のディープブリランテは生産こそノーザンファームではなかったものの、育成はノーザンファーム。ディープ産駒でGIを勝った2頭ともがノーザンファーム育成だったことになる。

このようにドゥラメンテもノーザンファームがノウハウを掴むことによって2年目で成績を伸ばすはず。ディープ当時と比べて社台スタリオンステーションの種牡馬もラインナップが強化され、勢力が分散していることや、ディープ、ハーツの産駒のノウハウが成熟期に達していることを考えると、ディープインパクトほどの劇的な変化はないかもしれないが、それでも徐々にドゥラメンテ産駒の成績は上昇することだろう。

それに伴い、ここで取り上げた買いパターンの成績もさらに上昇する可能性が高いので注視しておきたい。

トーセンジョーダン

Tosen Jordan

大系統／ナスルーラ系　小系統／グレイソヴリン系

ジャングルポケット 鹿　1998	*トニービン Tony Bin	*カンパラ	父小系統（父国タイプ） **グレイソヴリン系（欧）**
		Severn Bridge	
	*ダンスチャーマー Dance Charmer	Nureyev	父母父小系統 **ヌレイエフ系（欧）**
		Skillful Joy	
エヴリウィスパー 栗　1997	*ノーザンテースト Northern Taste	Northern Dancer	母父小系統 **ノーザンテースト系（日）**
		Lady Victoria	
	*クラフティワイフ Crafty Wife	Crafty Prospector	母母小系統 **ミスプロ系（米）**
		Wife Mistress	

Northern Dancer 4×3、Lady Angela 5·4（母方）、Hyperion 5×5

DATA

適性遺伝 **主張型**

日本 ③
米国 ②
⑤ 欧州

短距離　ダート　芝　中距離　牡　牝

POINT

サンデーの血を持たないため、スピードに欠ける

晩成の馬力血統

　2006年に父ジャングルポケット、母父ノーザンテーストの間に生まれる。牝系はカンパニー（2009年天皇賞秋、マイルCS）やトーセンスターダム（豪GⅠ・エミレーツS）らを出したクラフティワイフ。サンデーサイレンスの血を一滴も持っていない種牡馬。

　裂蹄に苦しめられた競走生活だったが、2011年天皇賞秋1着、ジャパンC2着、2012年天皇賞春2着、2013年ジャパンC3着と結果を残し、8歳で引退。2015年からブリーダーズ・スタリオン・ステーションで繋養されている。

ト

ダート1800m以上で持ち前のスタミナを活かす

　トーセンジョーダンは2011年に天皇賞秋を勝ち、ジャパンCや天皇賞春でも2着に好走したが、キレ味ではなく、スタミナと馬力が武器。

　たとえば勝利した天皇賞秋は1分56秒1のレコードタイム。これはシルポートが引っ張る超ハイペースの展開で、スピードよりもスタミナと馬力が要求されたレース。2着もスタミナ型のダンスインザダーク産駒ダークシャドウだったことからも、スタミナの消耗戦だった。レコードタイム＝スピードとは限らない。主流のレースパターンよりもスタミナ、持続寄りの適性が問われる。

　産駒はスタミナと馬力に秀でた馬が多いが、芝の主流レースで通用するスピードや素軽さはないために、持ち前のスタミナと馬力はダートの中長距離で活かすしかない状況。

　しかもダート中長距離を走るにしても、近走で先行（テンパターン30以内）したり、前走で今回よりも短い距離を使っていて距離延長になるなど、前向きな経験を補う必要もある。

　つまり、スピード不足を補うことのできる"ダート1800m以上"、"先行経験"、"距離延長"などの要素が揃って激走確率が上がる。

　母母父は日本でもダート重賞勝ち馬を多数排出したクラフティプロスペクターだけにダート的なパワーも秘めており、また、サンデーの血を持たないことがダートでは長所になる場面もある。トーセンジョーダン＝ダートというイメージを持つ人はほとんどいないので、ダート替わりは馬券的にもかなりおいしい。

　ダート1800m以上、近走先行経験馬か距離延長馬。これがトーセンジョーダン産駒の買いポイントだ。ハマるツボは限られているので、穴を狙いすましやすいとも言える。

トーセンジョーダン

参考データ① *Tosen Jordan*

ダート1800m以上。古馬混合戦。
近走先行経験(テンパターン50以内)or今回が距離延長

着別度数	勝率	連対率	複勝率	単回収	複回収
2- 3- 5-15/25	8.0%	20.0%	40.0%	64	160

(集計期間:2018年6月1日〜2021年5月30日)

　ここまで説明してきたように、トーセンジョーダン産駒は芝では完全にスピード不足。芝でスピードがない馬というのは、展開や馬場によって取りこぼすため、人気になっても危ない競馬が多い。芝の人気馬は常に疑ってかかるべき。

参考データ② *Tosen Jordan*

芝

着別度数	勝率	連対率	複勝率	単回収	複回収
2- 3- 3-11/19	10.5%	26.3%	42.1%	62	57

(集計対象:推定人気順位3位以内)　(集計期間:2018年6月1日〜2021年5月30日)

MANIA マニアプラス

クラフティワイフの牝系は晩成傾向

　クラフティワイフの牝系は晩成の傾向にある。この系統の代表馬を見ていくと……

　カンパニーは8歳の天皇賞秋でGⅠ初制覇。続くマイルCSも勝ってGⅠ連勝。

　トーセンスターダムは6歳でオーストラリアのGⅠを勝利。

　トーセンジョーダンも天皇賞秋を勝ったのが5歳。7歳時のジャパンCでも11番人気3着と大穴を出している。

　トーセンジョーダン産駒はスピードに欠けるために勝ち上がり率が低いが、うまく勝ち上がれた馬は古馬になってからも息の長い活躍を見せる可能性は高い。

　"サンデーの血を持たない晩成の馬力型"だけに、馬力を活かせる条件がハマって突然穴をあけるパターンは常に注意したい。

　トーセンジョーダン産駒は4歳以上でダートに出走した馬はすべて買っても複勝回収率が130%を超える。

　一方で2、3歳馬が1〜2番人気に支持されたケースは30回以上あるものの単勝回収率は30%しかない。典型的な晩成型の大穴血統だ。

トランセンド
Transcend

大系統／マイナー系　小系統／ニアークティック系

*ワイルドラッシュ Wild Rush 鹿 1994	ワイルドアゲイン Wild Again	Icecapade ●	**父小系統（父国タイプ）** ニアークティック系（米）
		Bushel-n-Peck	
	ローズパーク Rose Park	Plugged Nickle ●	**父母父小系統** リボー系（欧）
		Hardship	
シネマスコープ 栗 1993	*トニービン Tony Bin	*カンパラ ●	**母父小系統** グレイソヴリン系（欧）
		Severn Bridge	
	ブルーハワイ	*スリルショー ●	**母母父小系統** ノーザンダンサー系（米）
		*サニースワップス	

Khaled 4×5、Hyperion 5×5

DATA

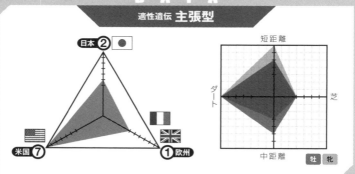

適性遺伝 **主張型**

日本 ②

米国 ⑦　　①欧州

短距離　ダート　芝　中距離　牡　牝

POINT

どの国でも特殊条件のスペシャリストである

マイペースで無類の強さを発揮する

トランセンドは父がワイルドラッシュ。ノーザンダンサーを経由しないニアークティックの系統。日本ではほかに後継のいないマイナーな血統。大種牡馬ノーザンダンサーの父ニアークティックから派生した系統だが、ノーザンダンサーと違い血統の適応力が低かった（各国に向いた繁殖の個性を取り込めなかった）ためどの国でも主流になることはできなかった。

現役時代は2010、2011年ジャパンＣダート（阪神ダ1800m）を連覇したほか、2011年フェブラリーＳ、南部杯勝ち。2011年ドバイワールドＣで2着に好走した実績もある。

2013年からアロースタッドで種牡馬入り。ゴールドホイヤー、トランセンデスが羽田盃を勝っている。

ダート1600m以上で母父サンデー系以外、近走先行経験馬をチェック！

トランセンドの攻略のポイントは2点。"ニアークティック系は特殊条件のスペシャリストである"こと、そして"マイペースで無類の強さを発揮する"ことだ。

言い換えれば、得意条件、得意ペースでしか走れないということ。非常に振り幅が激しい血統だ。だからこそ穴種牡馬になる。

父のワイルドラッシュやトランセンド自身の現役時もそうだったように、産駒もマイペースで行ければ同じ脚をバテずに持続し続けられるのが最大の長所。

もともとダート1600m以上の適性は高いが、母父にも芝要素を主張しやすいサンデーを入れず、徹底的に持続力を強化した配合はスペシャリストとして成功しやすい。ダート1600m以上で、母父がサンデー

系以外。これがトランセンド産駒を狙うのがオススメのパターンだ。

　さらにその高い持続力を活かすためにも、近走で先行している馬ならなお良し。テンパターン30以内の経験がある馬を積極的に狙いたい。

　トランセンド産駒は自分のペースで走れるときにはものすごく強く、そうではないときは非常に脆い。

　好走時と凡走時のパフォーマンスに大きな差があるタイプが多いだけに、前走で先行して展開が向かなかった馬を狙うのが有効。なお、前走が不利だったのか、有利だったのかの判断に迷う場合は、スマート出馬表の「前走不利判定」も大きな参考材料になる。

参考データ①　　　　　　　　　　　　　　　　　　*Transcend*

**ダート1600m以上。母父が大系統サンデー系以外。
近走先行経験馬（テンパターン30以内）**

着別度数	勝率	連対率	複勝率	単回収	複回収
10- 15- 11- 66/102	9.8%	24.5%	35.3%	72	154

（集計期間：2016年6月1日〜2021年5月30日）

ダート1200m以下の古馬混合戦では信用できず

　トランセンド産駒は中距離での持続力勝負に強いが、前向きさを強化しないと持続力も発揮することができない。上記の買いポイントに近走先行経験馬の条件があるのも、中長距離ですら近走での前向きな経験が必要だからだ。

　したがって本質的に1200m以下は不向き。スピードが足りない米国パワー系で、しぶとさ勝負でこその種牡馬だと覚えておくといい。

　また、2、3歳限定戦では体力面の完成度が高いことをアドバンテージに好走することもある。だが、古馬混合戦では体力の完成度のアドバンテージが薄れる点にも注意が必要だ。

古馬混合戦。ダート1200m以下

着別度数	勝率	連対率	複勝率	単回収	複回収
2- 1- 0- 9/12	16.7%	25.0%	25.0%	50	40

（集計対象:推定人気順位3位以内）　（集計期間:2016年6月1日〜2021年5月30日）

2、3歳限定戦の芝1200m以下で
穴を出すパターンに注意!

　本質的に芝1200m以下が向いているわけではないが、2、3歳限定戦の芝短距離は体力の完成が早い米国血統の期待値が高い。トランセンドもそれにハマる。

　特に低レベルの新馬戦、未勝利戦では、速いペースの追走でバテる馬が続出、上がりがかかる競馬になりやすい。トランセンド産駒が体力と完成度の高さを活かせることと、芝血統のイメージがないおいしさも相まって穴を出すパターンが見られる。

　ちなみに芝、ダートの両方で走れるのは、母父トニービンの影響も見逃せない。ダート指向が強い父系ながら、母父にトニービンを持つアドマイヤドンも芝とダート両方でGIを勝っている。

2、3歳限定戦。1200m以下

着別度数	勝率	連対率	複勝率	単回収	複回収
3- 6- 5-26/40	7.5%	22.5%	35.0%	47	103

（集計期間:2016年6月1日〜2021年5月30日）

ドレフォン

Drefong

大系統／ノーザンダンサー系　小系統／ストームバード系

ジオポンティ Gio Ponti 鹿　2005	テイルオブザキャット Tale of the Cat	Storm Cat	**父小系統（父国タイプ）** ストームバード系（米）
		Yarn	
	チペタスプリングズ Chipeta Springs	Alydar	**父母父小系統** レイズアネイティヴ系（米）
		Salt Spring	
エルティマース Eltimaas 鹿　2007	ゴーストザッパー Ghostzapper	Awesome Again	**母父小系統** ヴァイスリージェント系（米）
		Baby Zip	
	ネイジェカム Najecam	Trempolino	**母母父小系統** ネイティヴダンサー系（欧）
		Sue Warner	

Raise a Native 5×4（父方）

DATA

適性遺伝 引き出し型

日本 ③

米国 ⑥　　①欧州

短距離

ダート　　芝

中距離

牡　牝

POINT

芝、ダートどちらのスピード勝負にも適応する血統

クロフネとヘニーヒューズを足したような種牡馬

育成と母系次第では芝のマイラー、中距離馬も出る

2013年、米国生まれ。父は米国の芝マイル〜中距離でGI7勝を挙げたジオポンティ。

現役時代、初勝利はダート6Fで2着馬に9馬身以上の差をつける圧勝。5連勝で2016年ブリーダーズカップ・スプリント（米GI・ダ6F）を3歳にして制覇。4歳になるとフォアゴーS（米GI・ダ7F）を勝利。その年のブリーダーズカップ・スプリントを最後に引退、社台スタリオンステーションで種牡馬生活を送ることになる。

初年度となる2018年に207頭に種付け、翌2019年204頭、2020年186頭と順調に繁殖牝馬を集めている。2021年の2歳世代が初年度産駒。

北米の種牡馬をあまり購入しない社台グループが、ウォーエンブレム、スウェプトオーヴァーボード以来、久々に輸入し、初年度から200頭を超える繁殖牝馬に種付けを行った点も注目されている。

ダートだけでなく、芝のスピード勝負にも強い

3歳で米国ダートのチャンピオンスプリンター。ダート短距離でのスピード、体力の完成の早さに関しては今さら説明不要だろう。

ここで強調すべきは、血統面からは芝のスピード勝負にも強い可能性が高いこと。

ストームキャット、ヴァイスリージェント、フォルリなど、日本の芝のスピード勝負で実績を残す種牡馬だ。

父のジオポンティは現役時代に米国の芝でGIを7勝。父の父テイルオブザキャットは日本でも産駒のエーシントップが3歳前半までに芝1600m以下の重賞で3勝を挙げている。

また、母父ゴーストザッパーはNHKマイルCを2着に好走したギ

ベオンの母父でもある。母母父トランポリーノは凱旋門賞馬。母系もフォルリ、ハビタット、プリンスリーギフトと日本の芝でもスピードを発揮する血統を持つ。

　日本の芝向きの素軽さ、柔らかさを持ち合わせた血統構成。芝のスピード勝負にも強い血が多分に詰め込まれている。芝のマイル以下、特に若駒限定戦では迷わず買い。特にサンプルが揃わないうちがおいしいのではないか。

早い時期の芝重賞で要注目

　体力面の完成が早い血統なので、芝・ダート問わずに新馬戦から狙えるのもドレフォン産駒の特徴。

　クロフネやヘニーヒューズのように、米国血統ながら早い時期の芝に強い。これを意識しておくとおいしい馬券にありつけるはずだ。

　クロフネは勝ち星全体で見るとダートのほうが多いものの、ＧＩ勝利は芝ばかり。

　特に2、3歳ではフサイチリシャール、クラリティスカイ、アエロリット、そしてソダシなどがＧＩを制しているように、スピードのアドバンテージが活きてくるだろう。同様にヘニーヒューズもアジアエクスプレスが朝日杯ＦＳを勝利している。ドレフォン産駒も早い時期の芝重賞で好走する可能性は高い。

　なお、米国型のノーザンダンサー系で、芝向きの要素も持つ点もフレンチデピュティ、クロフネに近い。芝短距離では特に牝馬において、母系の良さを引き出して活躍する馬が出やすいのではないか。

芝でも走ることが気付かれる前に儲けよう！

　ドレフォン自身はダート短距離馬だったが、繋養先が社台スタリオンステーション。これは大事なポイント。

ドレフォン

　サンデーサイレンスの血を持った繁殖につけられ、ノーザンファーム式の育成を施されるようなら、芝中距離でも直線で鋭く伸びる馬が出てくるはず。"血を育むのは人"なのだ。

　父が米国のダート短距離で活躍したプロフィールもあって、ドレフォン産駒の儲かるポイントもしばらくは気付かれないことだろう。勝ち星自体もダートの方が多くなれば、ますますダートのイメージも増える。

　だからこそ、数しか重視しない馬券ファンには取れない馬券を仕留めたい。

ト

ネオユニヴァース

Neo Universe

大系統／サンデー系　小系統／Dサンデー系

	ヘイロー Halo	Hail to Reason •	父小系統（父国タイプ） サンデー系（日）
*サンデーサイレンス Sunday Silence 青鹿　1986		Cosmah	
	ウィッシングウェル Wishing Well	Understanding •	父母父小系統 マイナー系（米）
		Mountain Flower	
	クリス Kris	Sharpen Up •	母父小系統 ネイティヴダンサー系（欧）
*ポインテッドパス Pointed Path 栗　1984		Doubly Sure	
	シルクンウェイ Silken Way	Shantung •	母母父小系統 セントサイモン系（欧）
		Boulevard	

DATA

適性遺伝 **主張型**

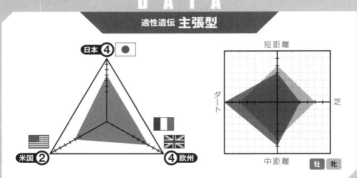

POINT

サンデー系種牡馬のなかでは異質なタイプ

バテてから頑張るイギリス寄りの馬力型

　2000年生まれ。2003年に皐月賞、日本ダービーを制し、二冠達成。菊花賞は3着だった。4歳の初戦となる大阪杯を勝利するも、天皇賞春は10着。宝塚記念を目指す過程で骨折、屈腱炎が見つかり、同年秋に引退。社台スタリオンステーションで種牡馬入り。2016年シーズンにレックススタッドに移動。2021年3月死亡。

　代表産駒にはアンライバルド（2009年皐月賞）、ロジユニヴァース（2009年日本ダービー）、ヴィクトワールピサ（2010年皐月賞、2010年有馬記念、2011年ドバイワールドC）ら。

時計のかかる馬場で好走する イギリス寄りサンデー

　欧州型にも大きく分けてイギリス型とフランス型がある。両者の違いを端的に表すならば、フランス型はタメて伸びる能力。イギリス型は体力を消耗してから再加速する要素が問われる。日本競馬はフランス型に近い。

　サンデーサイレンス産駒のディープインパクトやハーツクライの母方もフランス寄りの末脚に優れた血統構成。サンデー直仔の種牡馬は母系からフランスの要素を継いだ産駒が主流だ。

　対してネオユニヴァースの母はポインテッドパス。母系は重厚なイギリス寄り。サンデー系のなかでは異質なタイプ。

　この血統構成からもわかるように、ネオユニヴァースはサンデー系のなかではスタミナ、馬力、持久力に適性が寄っている。

　実際、同馬が勝った皐月賞とダービーはどちらもタフさを要求される特殊なレース。皐月賞の勝ちタイムは2分1秒2、ダービーは重馬場で2分28秒5。

ネ

　また、代表産駒のヴィクトワールピサは直線が短くて坂のある中山で皐月賞、有馬記念勝ち。海外ではオールウェザーのドバイワールドＣを勝っているが、この年は過去のドバイワールドＣのなかで最も遅い勝ちタイム。機動力、一瞬の反応力で勝ったレースだった。

　このほかにＧＩを勝ったのは、勝ちタイムが２分33秒7と道悪でダートのような流れになったダービーを先行して押し切ったロジユニヴァース。そしてハイペースで先行馬がすべて大失速した皐月賞をタフさで差し切ったアンライバルド。

　つまり、ネオユニヴァースはイギリス指向のバテる競馬に強い。産駒もその個性を継いだ馬が多い。

芝からダート替わりの1700m以上が狙い目

　主流のスピード、キレではなく、スタミナ、馬力、持久力に寄ったタイプとなれば、合うのはダート1700m以上。

　父サンデーサイレンスはアメリカの二冠馬で、もともとはダート馬。ネオユニヴァースはアメリカのパワーとイギリスのパワーを両方足されたようなタイプだ。

　日本のダート1700m以上はアメリカのダートとは趣が異なる。欧州の要素と砂適性が入り混じったような独特の適性が問われる。ネオユニヴァースはそこにマッチした。

　芝からダート替わりで1700m以上に出走するパターンは産駒デビュー当初から成績が良い。繁殖の質が総じて下がった、近年も悪くはない。

　砂でも怯まない気性の強さもある。馬群で揉まれたり砂を被るのをさほど苦にしない産駒も多い。スムーズなレースよりも馬群のなかでストレスをかけガッツ（気力）を引き出すほうが良いぐらい。これも砂中距離適性に長けた産駒が出やすい大きな理由。

参考データ

Neo Universe

ダート1700m以上。前走芝

着別度数	勝率	連対率	複勝率	単回収	複回収
7- 11- 7- 99/124	5.6%	14.5%	20.2%	153	92

（集計対象:2013年産～） （集計期間:2015年6月1日～2021年5月30日）

芝1400m以下は不向きで、人気だと危険!

　スピードに欠けるネオユニヴァースにとって芝の短距離戦は不向きな条件。人気に推されているようなら軽視の方向で良い。

　道中の追走スピードもゆったりしているほうが合っており、基本的には距離延長を好む種牡馬だ。前述したように、ゆったりと追走できるダート中距離に替わるのはプラス。

　また、ネオユニヴァースは気性が激しく小柄な馬が出やすい種牡馬でもあり、特に牝馬だと体力面での不安もある。

ネ

ノヴェリスト
Novellist

大系統／マイナー系　小系統／スターリング系

モンズン Monsun 黒鹿 1990	ケーニッヒシュトゥール Konigsstuhl	Dschingis Khan	父小系統（父国タイプ） スターリング系（欧）
		Konigskronung	
	モゼラ Mosella	Surumu	父母父小系統 ハンプトン系（欧）
		Monasia	
ナイトラグーン Night Lagoon 黒鹿 2001	ラグナス Lagunas	*イルドブルボン	母父小系統 ニジンスキー系（欧）
		Liranga	
	ネヌファー Nenuphar	Night Shift	母母父小系統 ノーザンダンサー系（欧）
		Narola	

Literat 4・4、Northern Dancer 5・4（母方）

D A T A

適性遺伝 **主張型**

短距離　ダート　芝　中距離　牡　牝

日本③　米国①　⑥欧州

P O I N T

ドイツ血統の塊で、日本では完全なる反主流血統

下級条件の非根幹距離でこそ

　2009年、ドイツの大種牡馬モンズンと独ダービー馬ラグナスを父に持つナイトラグーンの間に生まれた生粋のドイツ血統馬。

　現役時代は芝2400mのGIを4勝。なかでもキングジョージ6世＆クイーンエリザベスSでは斤量が5.5キロ軽い2着馬に5馬身差をつけ、それまでハービンジャーが持っていたレコードを更新しての圧勝。これが現役時代のベストパフォーマンスだった。

　2013年の引退後は社台スタリオンステーションで種牡馬入り。2021年からはレックススタッドで繋養されている。

種牡馬としての特徴 *Novellist*

非主流血統のノヴェリスト

　ノヴェリスト同様にキングジョージを圧勝したハービンジャーも日本で種牡馬入りしGI馬を多数輩出しているが、ハービンジャーの父系は北米を除けば世界のほとんどの地域で繁栄しているディンヒルの系統。対してノヴェリストのドイツ血統は世界的に見れば父系としてほとんど繁栄していないマイナーな血統で、母系から上手くスピードを補うこともほとんどなく、主張も強い。さらに気性が難しく、小柄な産駒が出やすいのも特徴だ。

　産駒の重賞勝ちは、桜花賞を勝ったディープインパクト産駒マルセリーナを母に持つ超良血のラストドラフトが京成杯を勝ったのみ。種牡馬としての能力は決して低くはないが、日本で要求される主流の適性に向いていない。

　輸入当初は150頭を超えていた種付け頭数も2020年には33頭まで減少。繁殖の質も下がっており今後も上級条件の主流条件では苦戦しそう。

ノ

下級条件の芝中長距離の非根幹距離が狙い目

　馬券では、主流とは真逆の個性を持つことは悪いことではない。

　2021年7月4日の函館4R。ノヴェリスト産駒が1、3着。同じくキングジョージ勝ちのハービンジャー産駒が2着で65万馬券。この一発だけでもノヴェリストが日本に来てくれた意味はある。

　ノヴェリストやハービンジャーは、主流の要素から遠のくレースでまとめて走る。非主流向きであるため、距離適性も非根幹へ向く。1200m、1600mよりは1400m向きなのも1400mが最も非主流の適性になりやすいから。

　とはいえ、総合的な距離適性は非根幹の中距離になる。特に繁殖のスケールよりも適性だけで何とかなる未勝利戦、下級条件がいい。

　一方、根幹距離の2000mでは、1800m、2200mに比べて複勝率も複勝回収率も低くなっている。非主流血統は主流条件でパフォーマンスを落としやすいことはノヴェリストを通じても理解できる。

ノヴェリスト

参考データ①

Novellist

芝1800m、2200m。下級条件（未勝利戦、1勝クラス、2勝クラス）

着別度数	勝率	連対率	複勝率	単回収	複回収
19- 24- 29-176/248	7.7%	17.3%	29.0%	71	94

（集計期間：2017年6月1日〜2021年5月30日）

芝2000m。下級条件（未勝利戦、1勝クラス、2勝クラス）

着別度数	勝率	連対率	複勝率	単回収	複回収
18- 14- 14-166/212	8.5%	15.1%	21.7%	97	64

（集計期間：2017年6月1日〜2021年5月30日）

　根幹距離と非根幹距離の適性にこれほど大きな違いが出るのは、競馬で要求される能力の方向性は一定ではないから。ノヴェリストは競馬の奥深さを教えてくれ、高配当ももたらしてくれる素晴らしい種牡馬である。

ダートの人気馬は危険。特に牝馬！

　ノヴェリストに限らず、欧州血統の馬は脚が遅いために仕方なくダートで使われるケースが多くあるのだが、米国的なパワーと欧州的な馬力とは似て非なるもの。多少人気になっても好走することは決して多くはない。

　ノヴェリストも欧州指向が強く、小柄でパワーにも乏しい産駒が多い。砂適性も低い。特に牝馬は非常に脆いので注意が必要だ。

参考データ②

Novellist

ダート。牝馬

着別度数	勝率	連対率	複勝率	単回収	複回収
4- 8- 5-31/48	8.3%	25.0%	35.4%	22	53

（集計対象:推定人気順位3位以内）　（集計期間:2017年6月1日～2021年5月30日）

ハーツクライ
Heart's Cry

大系統／サンデー系　小系統／Tサンデー系

	ヘイロー Halo	Hail to Reason	父小系統（父国タイプ） サンデー系（日）
*サンデーサイレンス Sunday Silence 青鹿 1986		Cosmah	
	ウィッシングウェル Wishing Well	Understanding	父母父小系統 マイナー系（米）
		Mountain Flower	
アイリッシュダンス 鹿 1990	*トニービン Tony Bin	*カンパラ	母父小系統 グレイソヴリン系（欧）
		Severn Bridge	
	*ビューパーダンス Buper Dance	Lyphard	母母父小系統 リファール系（欧）
		My Bupers	

DATA

適性遺伝 **主張型**

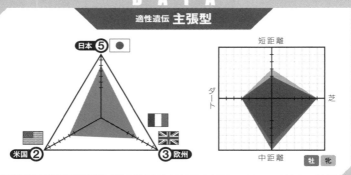

POINT

距離延長が得意

重たい馬場を苦にしない

古馬になってもう一段階上昇する

プロフィール

Heart's Cry

　2001年、父サンデーサイレンス、母アイリッシュダンスの間に生まれる。母アイリッシュダンスは父にトニービンを持ち、1995年新潟大賞典、新潟記念を制覇。姪にオメガハートランド（2012年フラワーC）、オメガハートロック（2014年フェアリーS）。

　現役時代は海外2戦1勝を含む19戦5勝。3歳時は若葉Sから皐月賞に進むも14着に大敗。立て直しを図った京都新聞杯を制して重賞初制覇。続く日本ダービーはキングカメハメハの2着。秋は神戸新聞杯3着から始動するも菊花賞、ジャパンC、有馬記念と掲示板も確保できずに終わった。

　翌2005年も差して届かずの勝ち切れない競馬が続き天皇賞春5着、宝塚記念2着、天皇賞秋6着、ジャパンC2着。しかし、暮れの有馬記念で脚質転換を図り先行策でレースを進めると、この年の三冠馬ディープインパクトを下す大金星。GI初制覇を遂げた。

　2006年はドバイシーマクラシック（UAE GI・芝2400m）に挑戦し、2着馬に4馬身以上の差をつける圧勝。キングジョージ6世&QES（英GI・芝12F）で勝ち馬ハリケーンランと僅差の3着に健闘した。帰国後はジャパンCに出走するも、レース前に喘鳴症を発症し10着。現役引退が決まった。

　ディープインパクトと同じ2007年から社台スタリオンステーションで種牡馬生活を送る。初年度こそディープに押される形で109頭の種付けにとどまったが、徐々に種付け頭数を伸ばして2014年には246頭の繁殖牝馬を集めるなど、長らくトップクラスに君臨。2020年の種付けを最後に種牡馬引退。2021年生まれ、2023年の2歳世代がラストクロップとなる。

　種牡馬としては2年目の産駒からジャスタウェイ（2013年天皇賞秋、2014年ドバイデューティフリー、安田記念）を送り出し、その後もワンアンドオンリー（2014年ダービー）、ヌーヴォレコルト（2014

ハ

年オークス)、スワーヴリチャード (2018年大阪杯、2019年ジャパンC) らを輩出。リスグラシューは2018年エリザベス女王杯、2019年宝塚記念、コックスプレート (豪GⅠ・芝2040m)、有馬記念を制する大活躍。海外で活躍した産駒も複数出した。

種牡馬としての特徴   *Heart's Cry*

300m以上の距離延長が得意

ハーツクライの最大の特徴は、距離延長が得意であることだ。

競走馬は走る距離を知らない。そのため、同じ馬でも前走の経験によって発揮できるパフォーマンスが変わる。大多数の種牡馬の産駒は距離延長でパフォーマンスを落とすが、ハーツクライの場合はスタミナと適応力に優れた馬が出やすいため距離延長を苦にしない。

特に2、3歳限定戦で、芝長距離の番組が組まれ始めたタイミングでは相当なアドバンテージがある。

参考データ①   *Heart's Cry*

2、3歳限定戦。芝2200m以上。300m以上の距離延長

着別度数	勝率	連対率	複勝率	単回収	複回収
12- 16- 12-127/167	7.2%	16.8%	24.0%	101	110

(集計対象:2013年産〜) (集計期間:2015年6月1日〜2021年5月30日)

良馬場以外の重賞は買える

日本の上位種牡馬は良馬場を得意とし、良馬場以外を苦手とする馬が多い。なぜなら、ほとんどの種牡馬はJRAの軽い芝を走るために配合された馬だから。

しかし、ハーツクライは良馬場以外でもパフォーマンスを落としづらい。実際に、JRAの芝重賞の良馬場と良馬場以外のデータを見

ると、良馬場以外の好走率が上がっている。

芝重賞の馬場状態別成績

馬場状態	着別度数	勝率	連対率	複勝率	単回収	複回収
良	49- 64- 55-549/717	6.8%	15.8%	23.4%	44	71
良以外	13- 18- 7-111/149	8.7%	20.8%	25.5%	71	78

（集計期間：2010年6月1日～2021年5月30日）

　芝重賞は出走馬の多くを上位種牡馬の産駒が占める。道悪になれ
ばハーツクライのこの特徴が有利に働きやすい。

　スワーヴリチャードが勝った2019年のジャパンCも、ノーワン
が12番人気で勝った2019年のフィリーズレビューも重たい馬場で
行われた。これも他の馬に比べて重たい馬場を苦にしないガッツに
長けていたのが勝因だ。

古馬になって上昇する馬に注目

　ジャスタウェイ、リスグラシュー、シュヴァルグランなど、ハー
ツクライ産駒は古馬になってもう一段階上昇する馬が多い。

　これはハーツクライの母父であるトニービンの影響が大きい。ト
ニービン産駒も古馬になってもう一段階上昇する馬が多かった。若
駒のうちは腰が緩く、古馬になると腰に力がつき先行もできるよう
になってパフォーマンスを上げるというのがパターンだ。

　競走馬というのは、キャリアを積めば積むほど硬さが出てきて、
それがデメリットになる場合もあるが、トニービンの血を持つ馬は
キャリアを重ねることが良い方に働きやすいのだ。

　また「勢い」よりも「経験」が強みになるのもトニービンの特徴。
フレッシュなことがいい馬、強みになるレース。逆に経験が強みに
なる馬、レースがある。これも競馬が持つ相反性の面白さだ。

　トニービンの産駒（ウイニングチケット、ジャングルポケット、サクラチトセオー、オフサイドトラップなどなど）が初挑戦よりも2回目以降で結果を出すことが多かったのも「勢い」よりも「経験」が糧となる心身性質の馬が多いから。

　そして母父がトニービンのハーツクライも勢いよりも経験が糧になる産駒が出やすい。

　クラシックでは勝てなかったジャスタウェイも重賞でキャリアを重ねて古馬になってドバイデューティフリーでは世界最高レーティングを獲得。

　スワーヴリチャードもGIレースは4度目の挑戦で優勝。ジャパンカップも2度目の挑戦で優勝。

　シュヴァルグランもジャパンカップを2度目の挑戦で優勝。その後もGIレースで衰えることなく走り続けた。

前走よりもペースアップすると
パフォーマンスを下げる

　データで距離延長が得意と出るのは、前走よりも追走ペースがゆっくりになるのが得意だから。1600mと2000mなら、当然2000mのほうがペースがゆっくりになることが多い。

　逆に、前走よりもペースが速くなる競馬に戸惑う馬が多いのがハーツクライ産駒。前走よりペースが速くなりやすい距離短縮ではパフォーマンスを下げる馬が多い。つまり、距離短縮であっても前走より追走ペースが速くならなそうならば問題ない。

　距離短縮以外にも、前走よりも馬場が速くなるのも良くない。たとえば、前走タフな馬場で結果を出して、今回軽い馬場で道中のペースが速くなった場合。これも前走よりも追走ペースが速くなるからだ。

　あとは、前走広いコースから小回りコースに替わるとき。直線で

のリカバリーができないぶん小回りコースのほうが追走するペースが速いため、これもちょっと怪しくなる。

前走よりもペースがゆっくりになるのは得意だが、前走よりもペースが速くなるのは苦手。

同じ原理で、以下のようなデータがある。

参考データ② *Heart's Cry*

牡馬・セン馬。ダート1700m以上の未勝利戦で前走芝。
近走先行経験(テンパターン50以内)or距離延長

着別度数	勝率	連対率	複勝率	単回収	複回収
8- 7- 6-47/68	11.8%	22.1%	30.9%	179	96

(集計対象:2013年産〜) (集計期間:2015年6月1日〜2021年5月30日)

芝からダート替わりは前走よりペースがゆっくりになる条件のひとつ。ハーツクライはこのパターンでも好成績を収めている。ただし、本格的なダート血統ではないため(ヨシダは出したものの)、通用するのは未勝利戦などレベルの低いレースとイメージしておくほうがいい。

ハ

ディープインパクトとハーツクライの
共通点と違い

ハーツクライとディープインパクトはサンデーサイレンスの晩年に誕生した産駒で、母系がフランス血統。リファールの血を持っている共通点がある。ここでは、この2頭の特徴の似ている部分と異なる部分をまとめておきたい。

まずは、母系に米国型、ダンチヒ系、ストームバード系を持っている馬は3歳前半で活躍できるという点。

ディープインパクトの頁でも解説したが、仕組みは同じだ。2頭とも3歳前半までは緩い馬が多いが、米国型かダンチヒかストームバードの血を足すことで仕上がりを早くすることができる。

たとえば、ダービー馬のワンアンドオンリーもオークス馬のヌーヴォレコルトも母系にダンチヒを持っている。

ワンアンドオンリーの生産者であるノースヒルズは昔から優秀な米国血統の繁殖牝馬を入れていて、ハーツクライ産駒やディープインパクト産駒を3歳前半から走らせることができている。これはコントレイルも同じ理屈だ。

ディープ産駒と違うのは昇級初戦の成績。ディープは昇級戦で積極的に狙えるが、ハーツクライ産駒の昇級戦（特に重賞）の成績はディープに比べ、劣る。

ハーツクライはディープが持たないトニービンの影響を受けているため「勢い」よりも「経験」が強みになる。

ディープインパクト産駒の牡馬は米国血統を入れて3歳前半に仕上げると、その後硬くなりすぎてパフォーマンスを下げる

が、ハーツクライ産駒の牡馬は母系に米国の血を持っていてもトニービンの影響で古馬になってもう一段階伸びるパターンが多い。トニービンとジャスタウェイ、スワーヴリチャード、シュヴァルグランの話は先に書いた通り。

今の日本の競馬、育成の主流は米国血統を若駒で開花させる方向に向かっているが、トニービンのような血を持つ馬の個性を引き出す育成者、オーナー（意志と権限のある個人オーナー）が増えてくれることも期待したい。

八

ハービンジャー

Harbinger

大系統／ノーザンダンサー系　小系統／ダンチヒ系

	*デインヒル Danehill	Danzig	父小系統（父国タイプ） ダンチヒ系（欧）
ダンジリ Dansili 黒鹿　1996		Razyana	
	ハシリ Hasili	Kahyasi	父母父小系統 ニジンスキー系（欧）
		Kerali	
	ベーリング Bering	Arctic Tern	母父小系統 ネイティヴダンサー系（欧）
ペナンパール Penang Pearl 鹿　1996		Beaune	
	グアパ Guapa	Shareef Dancer	母母父小系統 ノーザンダンサー系（欧）
		Sauceboat	

Northern Dancer 4×5・4、Natalma 5・5×5

DATA

適性遺伝 中間型

日本 ③

米国 ①

⑥ 欧州

短距離

ダート

芝

中距離　牡　牝

POINT

イギリスの 2400m GI血統

反主流の競馬でまとめて走る

　2006年、英国生まれ。父ダンジリ、母父ベーリング。父ダンジリの代表産駒に凱旋門賞でディープインパクトを負かしたレイルリンク。

　現役時代は英国で9戦6勝。2009年、3歳でデビューすると3戦目に重賞初制覇。2010年、重賞を3連勝して臨んだ欧州最強馬決定戦キングジョージ6世&QES（英GⅠ・芝12F）でO.ペリエ騎手を鞍上に迎えると、2着ケープブランコに11馬身差をつけるコースレコードで圧勝。その後インターナショナルSに向けて調整される過程で骨折。引退が発表された。

　引退後は日本に売却され、2011年から社台スタリオンステーションで種牡馬デビュー。初年度から211頭の繁殖牝馬を集めるなど人気を博し、そのなかからベルーフが京成杯を制し、産駒の重賞初制覇。その後もコンスタントに活躍馬を送り出すと、2017年の秋華賞をディアドラが制してGⅠ初制覇を成し遂げた。

　代表産駒にペルシアンナイト（2017年マイルCS、皐月賞2着、2018年大阪杯2着、マイルCS2着、2019年マイルCS3着）、モズカッチャン（2017年エリザベス女王杯）、ブラストワンピース（2018年有馬記念）、ノームコア（2019年ヴィクトリアマイル、2020年香港C）、ディアドラ（2017年秋華賞、2019年ナッソーS・英GⅠ・芝10F）。

ハ

重たい馬場の芝1600m以上で能力を発揮

　ハービンジャーはイギリスの芝2400mGⅠ血統。これが一番のポイント。

　イギリスの2400mは日本よりも高低差が大きく、馬場も日本とは

違い推進力を生まないタフな路盤のため、日本の芝2400mよりも馬力が要求される。ハービンジャーはそういう競馬で強い血統であるということをまずは念頭に置かなければならない。

　当然、イギリスの2400m的な強さを発揮できるレースは日本では多くない。多くないからこそ、走ったときは穴が多くなる。

　今の日本の種牡馬ランキングは、日本の芝GⅠで成績を残した馬が上位を占めている。それらの産駒が走ることが、日本の主流の競馬だ。

　しかし、それらの産駒が走りづらい馬場がたまにある。その際にハービンジャー産駒、あるいはイギリスの2400mGⅠで実績を残す血統がまとめて走るのだ。

　2017年秋の京都芝がまさにそのような馬場で、ハービンジャーやイギリス芝2400mGⅠ血統が確変状態だった。

　秋華賞はハービンジャー産駒のディアドラとモズカッチャンが1、3着。エリザベス女王杯はモズカッチャンが1着。マイルCSもハービンジャー産駒のペルシアンナイトが1着。その他にもイギリス血統を持った馬がまとめて走っていた。

　このときの京都は大雨が降って、非常に重たい馬場になっていた。日本の主流の要素が要求されず、求められる能力の方向性がイギリス芝2400mGⅠに近づいたことによって、ハービンジャー産駒がGⅠを勝ちまくったのだ。

　似たような状況は2018年の有馬記念でも起きた。このときもハービンジャー産駒のブラストワンピースが1着。もともと中山芝2500mというのは軽い馬場の1600mや2000mで強い馬が能力を発揮しづらいコースだ。それに加えて雨が降ったことで、完全に反主流の競馬になった。

　このように、ハービンジャー産駒のようなイギリスの2400mGⅠ血統が日本で恵まれる可能性が最も高くなるのは、重たい馬場の1600m以上だ。

　ただし、それだけ買えば儲かるほど簡単ではない。どちらかと言えば、ハービンジャーは"消し"でも利用できるというのが大事な種牡馬だ。

ダートを使われがちだが、適性は低い

　ここからは消し条件を挙げていく。

　イギリスの2400mGⅠ血統の産駒は芝で通用しないとわかると、ダートを使われることが多い。ダートで持ち前の馬力が活きると思われるからだ。

　しかし、重たい芝の中長距離で強い馬力と、アメリカのダートに強いパワーと、日本の砂に強い適性は、それぞれ違う。そのため、芝以上に苦戦を強いられることになる。

　特にダート1400m以下は適性が低い。ダート1400m以下では道中のスピードとそのスピードを持続させるパワーが要求される。ところが、ハービンジャーはゆったり追走して、重たい芝でスタミナを活かしたいタイプだ。ダート1400mで要求される能力は全くと言っていいほど持っていないのだ。

参考データ①　　　　　　　　　　　　　　　　　　　　　*Harbinger*

ダート1400m以下

着別度数	勝率	連対率	複勝率	単回収	複回収
6- 2- 5-21/34	17.6%	23.5%	38.2%	71	66

（集計対象:推定人気順位3位以内）　（集計期間:2014年6月1日～2021年5月30日）

　ダート中距離になると多少マシではあるが、ダート1800m以上の牝馬の成績は極端に悪い。

　ハービンジャー自体がダート適性が低い上に、牡馬よりもパワーに劣る牝馬になると、さらにダート適性は損なわれる。牝馬は馬体

重が軽い馬も多く、牝馬の人気馬は距離問わず危険。

参考データ②

Harbinger

ダート1800m以上。牝馬

着別度数	勝率	連対率	複勝率	単回収	複回収
0- 2- 2-19/23	0%	8.7%	17.4%	0	34

（集計対象:推定人気順位3位以内）　（集計期間:2014年6月1日〜2021年5月30日）

ダートの内枠は消し

　また、ダートの内枠では能力を発揮できないことが多い。

　イギリスの広いコースで高いパフォーマンスを発揮したハービンジャーの産駒は不器用で小回り適性が低い馬が多い。

　さらに、内を走って砂をかぶることも苦手。そういう競馬で選別・淘汰をされてきた血統ではないからだ。

　ダートの外枠で走ったハービンジャーが、内枠に入って人気になっていたら危ない。

参考データ③

Harbinger

ダートの内枠（1〜4枠）

着別度数	勝率	連対率	複勝率	単回収	複回収
10-15-13-49/87	11.5%	28.7%	43.7%	63	79

（集計対象:推定人気順位3位以内）　（集計期間:2014年6月1日〜2021年5月30日）

ブラストワンピースが勝った2018年の有馬記念は、中山芝2500mの特殊性に加え、雨が降った
ことで反主流の競馬になった。

ハ

パイロ

Pyro

大系統／ナスルーラ系　小系統／エーピーインディ系

プルピット Pulpit 鹿 1994	エーピーインデイ A.P. Indy	Seattle Slew	父小系統（父国タイプ） エーピーインディ系（米）
		Weekend Surprise	
	プリーチ Preach	Mr. Prospector	父母父小系統 ミスプロ系（米）
		Narrate	
ワイルドヴィジョン Wild Vision 鹿 1998	ワイルドアゲイン Wild Again	Icecapade	母父小系統 ニアークティック系（米）
		Bushel-n-Peck	
	キャロルズワンダー Carol's Wonder	Pass the Tab	母母小系統 スターリング系（欧）
		Carols Christmas	

Native Dancer 5×5

DATA

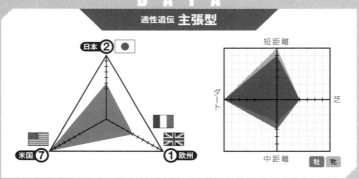

適性遺伝　主張型

日本 ②

米国 ⑦

① 欧州

短距離

ダート　芝

中距離

牡　牝

POINT

最大の長所は、仕上がりの早さと前向きな気性

2015年産以降は成績を落としている

　2005年、アメリカ生まれ。現役時代はフォアゴーS（米GI・ダ
7F）勝ちを含め、17戦5勝。引退後は父プルピットの後継種牡馬と
してアメリカで種牡馬入りする可能性もあったが、シェイク・モハ
メドの注力で日本での繁養が決定。2010年にダーレー・ジャパン
より種牡馬デビューを果たしている。

パイロは儲かる！〜2014年産まで

　パイロは日本のダート適性が非常に高いエーピーインディ系で、
父プルピットはサイアーオブサイアーと呼ばれる名種牡馬。タピッ
ト、スカイメサ、コリンシアンなどの種牡馬を続々輩出した。

　アメリカでの種牡馬入りを要望する声が多かったものの、シェイ
ク・モハメドが日本に入れたということは、それだけダーレーがパ
イロに力を入れているということでもある。

　だからこそ輸入当時の産駒デビュー前から「パイロは儲かるに決
まっている」と各コラムや、メディアで伝え続けた。そしてしばら
くの間、厳密に言えば2014年産までは実際その通りの結果となった。

パイロは危ない！〜2015年産以降

　ただ、パイロを買い続けるだけで儲かる時代は長く続かなかった
のも事実。2015年産からはむしろ「パイロをいつでも買うのは危な
い」と言うように。なぜか？ 理由は大きく分けて2つある。

　ひとつは2015年以降、ダーレーが日本の主流血統をつけ始めて、
パイロにあまり力を入れなくなったこと。

　そしてもうひとつは、ヘニーヒューズなどの優秀なダートのスペ

シャリストが増えて、そのしわ寄せをくらったこと。似たような個性を持ち、かつ強い種牡馬が増えてきたのだ。

これらの影響は顕著で、数字にも明確に表れている。

下の表は前走ダートで10着以下に負けていた馬の成績と、ダート替わりの馬の成績をまとめたもの。これに該当する馬がどれだけ穴をあけなくなったのかがよくわかるはずだ。

ちなみにこの条件は人気ランクE（スマート出馬表に表示される推定人気のランク。人気ランクEは当日ほぼ人気薄で複勝率は5%ほど）の馬が多く含まれるので、ベタ買いの回収率は60%以下になるのが通常。ただ、2014年産までは水準を上回っているのに対し、2015年産以降は水準を下回っている。

今回ダート。前走10着以下の成績

世代	着別度数	勝率	連対率	複勝率	単回収	複回収
～2014年産	14- 24- 24-518/580	2.4%	6.6%	10.7%	56	70
2015年産～	3- 10- 10-303/326	0.9%	4.0%	7.1%	17	42

（集計期間：2013年6月1日～2021年5月30日）

前走芝→今回ダートの成績

世代	着別度数	勝率	連対率	複勝率	単回収	複回収
～2014年産	10- 5- 14-125/154	6.5%	9.7%	18.8%	53	84
2015年産～	2- 7- 4- 74/ 87	2.3%	10.3%	14.9%	18	58

（集計期間：2013年6月1日～2021年5月30日）

このようにブルーオーシャンにライバル種牡馬が乗り込んでくれば成績は下がる。特にメイン生産者が繁殖の質を下げれば成績は下がる。当たり前のことだが、古いイメージを引きずるファンが多いのも事実。血統はサンプル数を増やしすぎると本質を見失う。古くから継続されている血統分析のセオリーからサンプルがゼロに近い状態でサンプルが出揃ったときの成績をイメージすることが重要だ。

ダート1400mの新馬戦は今でも優秀

　今でもパイロのスイートスポットはダートの新馬戦。特に1400mだ。

　パイロの最大の長所は、仕上がりの早さと前向きな気性。新馬戦に最適な種牡馬で、全体的に成績を落としている近年の産駒でもダートの新馬戦、特に1400mではいまだに好成績を残している（パイロに限らずエーピーインディ系は全体的にダート1400mの成績は優秀なのだが）。

参考データ①　　　　　　　　　　　　　　　　　　*Pyro*

ダート1400mの新馬戦

着別度数	勝率	連対率	複勝率	単回収	複回収
9-11- 5-31/56	16.1%	35.7%	44.6%	342	188

（集計期間:2013年6月1日〜2021年5月30日）

高齢で底を見せている馬は消し

　一方、消しは買いポイントと真逆。

　パイロ産駒は仕上がりが早く前向きな気性なので、素質があれば順調に勝ち上がっていくものの、反対に5歳以上になっても1勝クラス、2勝クラスで走っている馬は、すでに底を見せている可能性が高い。2015年産の馬は2021年で6歳。今後さらに高齢馬が増えることを考えると、もっと悪くなっていく可能性が高い。

参考データ②　　　　　　　　　　　　　　　　　　*Pyro*

1勝、2勝クラスの5歳以上

着別度数	勝率	連対率	複勝率	単回収	複回収
7- 5- 7-49/68	10.3%	17.6%	27.9%	49	50

（集計対象:推定人気順位3位以内）　（集計期間:2013年6月1日〜2021年5月30日）

ハ

バトルプラン

Battle Plan

大系統／ミスプロ系　小系統／ミスプロ系

*エンバイアメーカー Empire Maker 黒鹿　2000	アンブライドルド Unbridled	Fappiano	父小系統（父国タイプ） ミスプロ系（米）
		Gana Facil	
	トゥサード Toussaud	El Gran Senor	父母父小系統 ノーザンダンサー系（欧）
		Image of Reality	
フランダース Flanders 栗　1992	シーキングザゴールド Seeking the Gold	Mr. Prospector	母父小系統 ミスプロ系（米）
		Con Game	
	スターレットストーム Starlet Storm	Storm Bird	母父母小系統 ストームバード系（米）
		Cinegita	

Mr. Prospector 4×3、Northern Dancer 4×4、In Reality 5・4
（父方）、Buckpasser 5×4

D A T A

適性遺伝 中間型

日本 ②　🇯🇵

米国 ⑤　🇺🇸

③ 欧州 🇬🇧

短距離

ダート　　芝

中距離

牡　牝

P O I N T

遅咲きの米国血統

短縮よりも延長向き

母系に主張の強い芝血統があれば、芝で注目

　　　　　　　　　　　　　　Battle Plan

　2005年、米国生まれ。血統表には父エンパイアメーカー、母父シーキングザゴールド、母母父ストームバードと、日本でもお馴染みの米国の名血が名を連ねている。

　現役時代は骨に問題があり、デビュー戦は3歳11月。2戦目は2カ月後の4歳1月で、これが初勝利。その後は故障で休養に入り5歳1月に復帰すると4連勝でスティーブンフォスターH（米GI・ダ9F）に挑戦。ブレイムの2着に好走したものの、繋靱帯に故障を発症し引退。日本での種牡馬入りが決まった。

　2021年で11年目の種付けとなったが、輸入当初から毎年だいたい50～70頭の繁殖牝馬を堅実に集めており、初年度産駒から2014年札幌2歳S2着のマイネルシュバリエを送り出している。その後も2016年東スポ杯2歳Sの勝ち馬ブレスジャーニー、2019年アイビスSDの勝ち馬ライオンボスが重賞戦線を賑わせている。

種牡馬としての特徴　　　　　　　　　　　　*Battle Plan*

遅咲きを活用！ 母父米国型のダート古馬混合戦

　バトルプラン自身、デビューが3歳後半で、5歳で重賞を初制覇した遅咲きの馬。

　仕上がりの早さでデビューから高いパフォーマンスを出すタイプの米国型ではない。キャリアを重ねつつ良化するタイプが多いのが特徴。

　血統構成は本格的な米国型。日本でも芝1200mのGI勝ち馬を複数出したシーキングザゴールドの血も持つため、短距離やハイペースに対する適性も高い。特に母父米国型との配合では、ダートのスペシャリストとして優秀な産駒も出す種牡馬。

　バトルプラン産駒はベタ買いしてもプラスになるほど儲かるうえ

に、古馬混合戦に絞るとさらに破壊力を増す。この理由はキャリア
を重ねながら上昇するから。

　逆にキャリアが浅いうちから高いパフォーマンスを発揮するタイ
プは使い減りすることと、デビュー当初の能力（実績）が過剰評価さ
れるため、トータルの回収率が下がりやすい。

　バトルプランは米国型に多いフレッシュなときに走るタイプとは
逆。古馬になってからさらに走るのでトータルの回収率が高くなる
のだ。

参考データ①　　　　　　　　　　　　　　　　　*Battle Plan*

ダート。古馬混合戦。母父米国型

着別度数	勝率	連対率	複勝率	単回収	複回収
16- 18- 18-122/174	9.2%	19.5%	29.9%	86	173

（集計期間：2014年6月1日〜2021年5月30日）

ダート1400mの古馬混合戦で
距離短縮ではない馬が狙い目！

　ダートのハイペースに強い種牡馬も日本では少ない。1400m以下
では他の種牡馬にない強みになる。だからダート1400m以下の古馬
混合戦は特に期待値が高い。

　この場合は母父が日本型でも欧州型でも構わない。馬場によって
は米国指向の能力がやや薄れて芝向きのキレや欧州指向のスタミナ
に寄っていることがハマって穴をあけることもある。

　ただし、エンパイアメーカー系は前走よりも追走ペースが速くな
ると気分を損ねる馬も多い。距離短縮ではない馬（前走よりもペー
スが速くならない状況）を買うほうが良いだろう。

バトルプラン

ダート1400m以下。古馬混合戦。今回距離短縮以外

着別度数	勝率	連対率	複勝率	単回収	複回収
11- 7- 16-112/146	7.5%	12.3%	23.3%	86	213

（集計期間：2014年6月1日〜2021年5月30日）

引き出し型のファピアノ系。母父日本型で芝1400m以下の古馬混合戦！

　ちなみにバトルプラン産駒にはスプリントの名血シーキングザゴールドの影響も受けている産駒が多い。1400m以下なら芝でも注目。こちらも古馬混合戦で買うのがベター。なかでも母父日本型の成績が良い。

芝1400m以下。古馬混合戦。母父日本型

着別度数	勝率	連対率	複勝率	単回収	複回収
5- 3- 5-22/35	14.3%	22.9%	37.1%	316	165

（集計期間：2014年6月1日〜2021年5月30日）

　好例は、バトルプランの代表産駒ライオンボス。同馬はデビューからダートを使われていたが、4歳になって芝を使われると3連勝でアイビスSDを勝利。ライオンボスは母父がステイゴールド。母父に日本型が入って芝の要素を強化されている。

　バトルプランはミスプロ〜ファピアノと続く系統に属する種牡馬。ファピアノ系は適性を配合相手から引き出しやすいため主張の強い芝血統と掛け合わせると芝馬が出やすくなる。サンデー系との配合ではサンデーが勝つ。これがファピアノ系が日本で成功できた理由だ。

八

　ディープインパクトとファピアノ系を組み合わせて、ディープの良さが出た好例がコントレイル（2020年三冠馬）だが、その逆パターンで父ファピアノ系×母父サンデー系の場合でも芝をこなす馬が出る。

　たとえば2016年の秋華賞3着馬カイザーバルは父がファピアノ系エンパイアメーカーで、母はダンスインザムード（父サンデーサイレンス。全兄ダンスインザダーク、全姉ダンスパートナー）。芝をこなし、しかもローズS、秋華賞と連続の距離延長ローテで好走している。サンデーの血が母父に入っても芝適性を強化するのだ。

ダート1600m以上で母父欧州型は信用できない

　ここまで説明してきたように、バトルプランは短距離やスピード指向の適性が問われた際に強い種牡馬。そのためダートの1600m以上で母父が欧州型となると、能力の方向性が中途半端になる。他の馬に個性で負けるため信用できない。

参考データ④　　　　　　　　　　　　　　　　　*Battle Plan*

ダート1600m以上。母父が欧州型

着別度数	勝率	連対率	複勝率	単回収	複回収
0- 3- 0-14/17	0%	17.6%	17.6%	0	38

（集計対象:推定人気順位3位以内）　（集計期間:2014年6月1日〜2021年5月30日）

モジアナフレイバーは6歳になっても衰えず、川崎マイラーズを勝利。このときも距離延長だった。

ハ

フェノーメノ

Fenomeno

大系統／サンデー系　小系統／Lサンデー系

ステイゴールド 黒鹿　1994	* サンデーサイレンス Sunday Silence	Halo	父小系統（父国タイプ） **Tサンデー系（日）**
		Wishing Well	
	ゴールデンサッシュ	*ディクタス	父母父小系統 **ファイントップ系（欧）**
		ダイナサッシュ	
* ディラローシェ De Laroche 鹿　1999	* デインヒル Danehill	Danzig	母父小系統 **ダンチヒ系（欧）**
		Razyana	
	シーポート Sea Port	Averof	母母父小系統 **ハイペリオン系（欧）**
		Anchor	

Northern Dancer 5×4、Natalma 5・5（母方）、Ribot 5・5（母方）

DATA

適性遺伝 **主張型**

POINT

ステイゴールドの馬力型

母父デインヒルだけに芝ではフィリーサイアー

プロフィール

Fenomeno

　2009年生まれ。父ステイゴールド、母父デインヒル。母ディラローシェの半兄にインディジェナス（1998年香港ヴァーズ、1999年ジャパンC2着）という血統背景。

　現役時代、3歳時は2012年青葉賞1着からダービー2着。秋はセントライト記念1着から菊花賞ではなく天皇賞秋に向かい、2着に健闘する。翌2013年、4歳になると日経賞、天皇賞春を連勝、翌年の天皇賞春も勝って連覇をなし遂げる。2015年、天皇賞春3連覇に向けて調整されるなか、ケガにより引退。2016年から社台スタリオンステーションで種牡馬入り。2018年にレックススタッドへ移動した。

　代表産駒にキタノオクトパス（2020年ジャパンダートダービー3着）。

種牡馬としての特徴

Fenomeno

フ

スピード不足ゆえに、素軽さのある牝馬を狙う

　フェノーメノは天皇賞春を連覇したステイヤー。ステイゴールド産駒ながら大型だったことはゴールドシップと同じ。さらに産駒がスタミナと馬力寄りで直線スピード勝負や素軽さ負けしやすい点も共通している。

　血統構成は、父ステイゴールドのスタミナに、母父デインヒルが持つ欧州型の馬力が強化されたイメージ。

　適性は芝の1800m以上が向いているが、中距離でも本質的なスピードが足りないため、素軽さを補いたい。現実的に馬券を狙うなら芝1800m以上に出走してくる牝馬。牝馬のほうが素軽さが補われるためだ。実際、この条件に絞れば高い回収率をマークしていて、注目の条件になっている。

　また、良馬場以外だと成績が上昇する。時計がかかるとチャンスが出てくる点も覚えておきたい。

参考データ①　　　　　　　　　　　　　　　*Fenomeno*

牝馬。芝1800m以上

着別度数	勝率	連対率	複勝率	単回収	複回収
4- 6- 7-78/95	4.2%	10.5%	17.9%	73	127

（集計期間：2019年6月1日〜2021年5月30日）

芝1600m以下で母父米国型以外の人気馬は危険！

　自身の現役時代も長距離を得意としていたように、道中が速い流れになる条件は苦手。母父米国型でスピードを補っていれば問題ないものの、芝1600m以下で人気になっているようなら信用できない。しかも牡馬ならさらに信頼度は下がる。

　ディンヒル自体はスプリンターを出すこともあるが、フェノーメノの場合はステイゴールドが強く出ていて、ディンヒルが馬力を強化する役割になっている。

参考データ②　　　　　　　　　　　　　　　*Fenomeno*

芝1600m以下。母父米国型以外

着別度数	勝率	連対率	複勝率	単回収	複回収
0- 4- 0- 8/12	0%	33.3%	33.3%	0	55

（集計対象：推定人気順位3位以内）　（集計期間：2019年6月1日〜2021年5月30日）

牡馬はダート1800m以上。
坂コースで馬力を活かす馬にも期待!

　牡馬産駒の場合、よほどの道悪にならない限り、芝では厳しい戦いを強いられる。その反面、牡馬は大型な馬が出やすく、砂適性も兼ね備えている。ダートの1800m以上や、坂があって上がりのかかるコースでは馬力とパワーを活かすケースもある。

　現時点での代表産駒も2020年のジャパンダートダービーで8番人気3着に好走したキタノオクトパス。

　初年度産駒から2021年5月までの、牡馬は芝で2勝、ダートで12勝。牡馬は芝よりも、砂中距離に妙味がある。特に砂適性を兼ね備えた欧州血統が走りやすいような馬場(米国型が失速する馬場)は、狙う価値が十分にある。

フ

ブラックタイド

Black Tide

大系統／サンデー系　小系統／Lサンデー系

	ヘイロー Halo	Hail to Reason •	父小系統（父国タイプ） サンデー系（日）
* サンデーサイレンス Sunday Silence 青鹿　1986		Cosmah	
	ウィッシングウェル Wishing Well	Understanding •	父母父小系統 マイナー系（米）
		Mountain Flower	
* ウインドインハーヘア Wind in Her Hair 鹿　1991	アルザオ Alzao	Lyphard •	母父小系統 リファール系（欧）
		Lady Rebecca	
	バーグクレア Burghclere	Busted •	母母父小系統 スターリング系（欧）
		Highclere	

DATA

適性遺伝 主張型

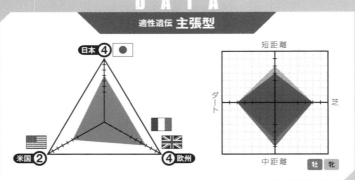

POINT

本質は中距離の馬力型

勝ち星数はダート1800m以上で稼ぐ

芝の瞬発力勝負は苦手

　父サンデーサイレンス、母ウインドインハーヘア。言わずと知れたディープインパクトの全兄で、ディープ誕生の前年、2001年に生まれた。

　ディープインパクトとは対照的に現役時代は重賞1勝（2004年スプリングS）のみ。GI出走も皐月賞だけ。成績は地味だったが、1個下のディープインパクトが2006年で引退したのに対し、ブラックタイドは2008年まで現役を続け、弟の活躍による良血ぶりが買われて種牡馬入り。

　2009年からブリーダーズ・スタリオン・ステーションで種付けを行っており、1年目から150頭の繁殖牝馬を集めている。

　代表産駒はキタサンブラック（2015年菊花賞、2016、2017年天皇賞春、2016年ジャパンC、2017年大阪杯、天皇賞秋、有馬記念）、テイエムイナズマ（2012年デイリー杯2歳S）、タガノエスプレッソ（2014年デイリー杯2歳S）ほか。

フ

"逆張り"で儲ける種牡馬

　ディープインパクトの全兄。種牡馬としてもGIを7勝したキタサンブラックを輩出。

　しかし近年の産駒は以前よりも成績が低下している。2015年産以降の世代の馬は重賞では2着が1回あるのみ。キタサンブラックが活躍を見せた2016年からは種付け料が倍増して繁殖の質が多少向上したはずだが、大きな変化は見られず。馬券的には"人気馬の逆張り"で活用する機会が多い。

芝1800m以上、直線が長く坂のあるコースの人気馬は消し!

　2015年産以降の産駒成績は水準と比較しても良くないのだが、そのなかでもJRAの主流カテゴリである芝1800m以上で成績が悪い。直線が長いコース、坂があるコースではさらに成績を落としている。主流条件の人気馬は信用できない。

　2015年産以降の産駒成績を芝短距離、芝中距離、ダート短距離、ダート中距離の4カテゴリに分けて集計すると、最も勝率が高いのはダート中距離。そして最も勝率が低いのが芝中距離。スピードやキレの面で劣っている。

ブラックタイド

カテゴリ	着別度数	勝率	連対率	複勝率	単回収	複回収
～芝1500m	28- 32- 31-281/372	7.5%	16.1%	24.5%	58	79
芝1600m～	42- 54- 65-775/936	4.5%	10.3%	17.2%	37	56
～ダ1500m	16- 10- 17-207/250	6.4%	10.4%	17.2%	108	78
ダ1600m～	58- 50- 41-514/663	8.7%	16.3%	22.5%	66	65

（集計対象:2015年産～）（集計期間:2017年6月1日～2021年5月30日）

　だからと言ってダート中距離で狙えるわけでもない。芝のキレ味勝負で負けるから仕方なしにダート中距離を使っているだけなので、ダート中距離のスペシャリストには敵わない。

参考データ　　　　　　　　　　　　　　　　Black Tide

直線が長く坂のある芝1800m以上

着別度数	勝率	連対率	複勝率	単回収	複回収
4- 2- 7-16/29	13.8%	20.7%	44.8%	48	71

（集計対象:2015年産～）（集計対象:推定人気順位3位以内）（集計対象:東京、中京、阪神外回り）
（集計期間:2017年6月1日～2021年5月30日）

"ディープインパクトの兄"、 "キタサンブラックの父"というイメージは危険!

　ブラックタイドがキタサンブラックを出した功績は素晴らしい。この一発だけで偉大な種牡馬として讃えたい。これからも偉大な一発の可能性は秘める。

　ただし、日々競馬予想と向き合う場合は"ディープインパクトの兄"、"キタサンブラックの父"であることは忘れたほうがいい。

　天才は例外。ディープとキタサンブラックという偉大な天才を意識しないほうがいい。

　キタサンブラックはGⅠ勝利時の馬体重が524〜542キロという超大型馬だったにもかかわらず、動きがしなやかだったように、稀な特徴を持つ天才的な馬だった。

　ブラックタイド産駒全体の傾向を見てもキタサンブラックは例外的な存在で、馬券を買う際にはまったく参考にならない。

　また全弟のディープインパクトと比べても適性面で近い部分はない。現役時代の馬体重を比較すると、ブラックタイドは最後に連対した都大路Sの馬体重が506キロ。ディープインパクトは引退レースの有馬記念での馬体重が438キロ。70キロ近くの差がある。馬のタイプが異なっているのだ。

ワ

ヘニーヒューズ

Henny Hughes

大系統／ノーザンダンサー系　小系統／ストームバード系

	ストームキャット Storm Cat	Storm Bird	父小系統（父国タイプ） ストームバード系（米）
*ヘネシー Hennessy 栗　1993		Terlingua	
	アイランドキティ Island Kitty	Hawaii	父母父小系統 マイナー系（欧）
		T.C.Kitten	
メドウフライヤー Meadow Flyer 鹿　1989	メドウレイク Meadowlake	Hold Your Peace	母父小系統 セントサイモン系（米）
		Suspicious Native	
	ショートレイ Shortley	Hagley	母母父小系統 マッチェム系（米）
		Short Winded	

DATA

適性遺伝 中間型

POINT

メドウレイクのダッシュ力を引き継いだ米国血統

反動と巻き返し

フレッシュさも重要

現役時代は北米で10戦6勝。主な勝ち鞍にキングズビショップS
（米GⅠ・ダ7F）、ヴォスバーグS（米GⅠ・ダ6F）など。

引退後はアメリカ、オーストラリアで供用され、2013年に日本に
輸入。2014年から優駿スタリオンステーションで繋養されている。

日本でのファーストシーズンとなる2014年に191頭の繁殖牝馬
を集め、以降コンスタントに毎年200頭弱に種付け。人気の高い血
統となっている。

代表産駒にはアジアエクスプレス（2013年朝日杯FS）、モーニン
（2016年フェブラリーS）、ワイドファラオ（2020年かしわ記念）など。

2、3歳限定のダート戦に強く、
新馬、大敗からの巻き返しに注目！

ヘニーヒューズは父が米国のダート血統、ストームバード系のヘ
ネシー。母父はメドウレイク。母父メドウレイクは短距離の適性や
ダッシュ力を強化する血。スプリンターを続々と出す繁殖牝馬トキ
オリアリティーもメドウレイクの影響を強く受けている。

ヘニーヒューズ産駒の最大の長所は、体力面の完成の早さと前向
きさ。早い時期から仕上がり、速いペースに対応できるため、2、3
歳限定のダート戦向き。新馬がおいしいのはもちろん、キャリアの
浅い時期なら大敗からの巻き返しも多いのが特徴で、前走で負けて
いる馬ほど積極的に狙う価値がある。

母父も米国型だと、さらにダート適性と仕上がりの早さが強化さ
れる。

参考データ①　　　　　　　　　　　*Henny Hughes*

2、3歳限定戦。ダート。母父米国型

	着別度数	勝率	連対率	複勝率	単回収	複回収
前走負け	42- 29- 28-181/280	15.0%	25.4%	35.4%	229	105
新馬戦	7- 8- 12- 36/ 63	11.1%	23.8%	42.9%	72	143

（集計期間：2017年6月1日〜2021年5月30日）

古馬混合戦のスタミナ比べには向かない

　ヘニーヒューズ産駒は仕上がりが早い反面、キャリアを重ねても
パフォーマンスは上昇しない産駒が多い。

　1200mでは米国指向のダッシュ力と持続力の高さで適性面の優位
性があるものの、1400m以上で母父がサンデー系（大系統）の場合は、
適性も中途半端になってしまう。キャリアを重ねて古馬になると体
力の完成度のアドバンテージが活かせないことと、スタミナ勝負で
劣るケースが多い。また、若駒時代の能力が発揮できないだけなら
まだしも、劣化してしまうことも。ダート1400m以上の古馬混合戦
で人気になる馬は疑ってかかったほうがいいだろう。

　ヘニーヒューズ産駒は本質的に2歳のダッシュ力に長けている血
統で、古馬混合のスタミナ比べには弱い。そしてサンデー系は主張
が強い血統で、母父に入ると芝中距離の適性が強化される。相反す
る適性を重ねることでヘニーヒューズ本来の個性が強化されず、人
気だと信用できなくなるのだ。

参考データ②　　　　　　　　　　　*Henny Hughes*

ダート1400m以上。古馬混合戦。母父大系統サンデー系

着別度数	勝率	連対率	複勝率	単回収	複回収
13-13- 5-45/76	17.1%	34.2%	40.8%	51	63

（集計対象：推定人気順位3位以内）　（集計期間：2017年6月1日〜2021年5月30日）

ヘニーヒューズ産駒はなぜ下級条件で強いのか

　ヘニーヒューズ産駒は勝ち上がり率が高いように、平均的に能力を伝えるために下級条件では強いものの、スタミナが問われる上級条件になるとスタミナ負けする馬も多くなる。これはかつてのパイロ産駒に似た傾向だ。

　産駒数が非常に多いにもかかわらず、オープンまで出世する割合は低く、輸入されて以降の産駒に限れば古馬混合のJRAダート重賞ではいまだにレピアーウィットによるマーチSの好走（2020年3着、2021年1着）しかないのが現状だ。

　その理由をまとめたのが下記。

理由① 使い減り血統

　ヘニーヒューズ産駒はキャリアを積み過ぎると巻き返し力が下がるというのがひとつ目の理由。だいたいの目安としては15戦。15戦以上走るとピークが下がるので、過去に実績があってもほとんど巻き返すことはないと思っておいたほうがいい。

理由② クラス適性

　ダートのレースはレベルが上がるにつれてスピードだけでは押し切ることができず、スピードを持続するスタミナ（持続力）が要求される。持続力はキャリアを重ねて強化するものだが、ヘニーヒューズのように"若駒限定戦やダッシュ力勝負に強い"能力に長けたタイプは持続力を強化しづらい。よって、上のクラスで持続力負けする馬が出やすいのだ。

ホッコータルマエ

Hokko Tarumae

大系統／ミスプロ系　小系統／キングマンボ系

キングカメハメハ 鹿　2001	キングマンボ Kingmambo	Mr. Prospector	父小系統（父国タイプ） **キングマンボ系（欧）**
		Miesque	
	*マンファス Manfath	*ラストタイクーン	父母父小系統 **ノーザンダンサー系（欧）**
		Pilot Bird	
マダムチェロキー 鹿　2001	チェロキーラン Cherokee Run	Runaway Groom	母父小系統 **レッドゴッド系（米）**
		Cherokee Dame	
	*アンフォイルド Unfoiled	Unbridled	母父母小系統 **ミスプロ系（米）**
		Bold Foil	

Mr. Prospector 3×5、Northern Dancer 5·5（父方）

DATA

適性遺伝 **引き出し型**

日本 ② ●
米国 ④
④ 欧州

短距離
ダート
芝
中距離

牡　牝

POINT

NARの名血

使い込んで良化

　2009年生まれ。父キングカメハメハ、母マダムチェロキー。母父チェロキーラン。

　新馬戦は11番人気11着。デビュー当初から目立った活躍をしていたわけではなく、使われつつ前向きさとスタミナと力をつけていき、3歳6月に古馬混合の青梅特別を勝利。2012年ジャパンダートダービーに出走。5着に善戦する。

　この経験を機に覚醒。快進撃がスタート。次走のレパードSで重賞初制覇。秋のジャパンCダートで3着。4歳になると2013年東海S3着を皮切りに、かしわ記念、帝王賞まで重賞を5連勝。秋にはJBCクラシック、東京大賞典を制覇。

　5歳では2014年チャンピオンズCの初代王者に輝いたほか、川崎記念制覇、東京大賞典連覇。6歳、2015年川崎記念を勝って連覇、帝王賞制覇。7歳、川崎記念3連覇。ラストランは2016年JBCクラシック2着。

　2歳から7歳まで海外遠征を含む39戦を走り、17勝。そのうちGIを10勝。

　引退後は優駿スタリオンステーションとイーストスタッドを2年おきに移動しながら繋養されている。

　現時点での代表産駒はレディバグ（2020年兵庫ジュニアGP2着、2021年青竜S2着）、ディアリッキー（大井・2020年東京2歳優駿牝馬3着、大井・2021年東京プリンセス賞2着）など。

母父が米国型か日本型の
ダート1700m以上に注目！

　ホッコータルマエはサンデーサイレンスの血を持たないキングカ

ホ

メハメハ産駒。ダートＧＩを10勝。JRAでも2014年チャンピオンズCを勝ったものの、JRAよりも地方交流重賞で圧倒的な強さを見せた馬だった。

JRAよりもNARの適性が高かったこと、時計の速いレースでの実績がほぼなかったこと。サンデーの影響を受けていない個性は大いに注目。使い込んで良化するのもJRAの主流種牡馬の産駒にしては珍しい。ホッコータルマエ自身がNARでのＧＩ勝ちが多かったのもこのあたりに理由がある。

JRAのダートはスピードと早く勝ち上がる力が必要とされるが、NARのダートはタフと使い込んで上昇することが非常に重要となる。

ホッコータルマエのようにNARで強い血統は、JRAのダートでは番組体系や馬場的に不利となり、能力を発揮しづらくなるのだ。

言い換えれば、JRAに向いていない部分をどう克服するかを考えることで、穴になりやすいパターンが見えてくる。

2021年の3歳世代が初年度産駒のため、サンプルは多くないのだが、JRAで走る場合の本質的な適性はダートの中長距離。

ダート向きの種牡馬のなかでは芝寄りの要素を持ち、スタミナや馬力にも優れている。そのため、ダート1400mでは反主流の芝指向、スタミナ指向の馬場になったときに穴をあけている。反主流馬場は穴馬券になりやすいため、回収率自体は良いのだが、1400mは上位人気になった馬の成績が悪い。人気馬は信用できない。

自身の現役時代もそうだったが、ロベルト系のような個性を持っていることも意識したい。キャリアを重ねてからの良化も見込め、ダート中距離の3歳未勝利戦、古馬混合戦でも面白い存在になるだろう。

ホッコータルマエはスタミナとパワーに振り切った血統構成のため、中長距離を走らせる場合にも、母父は米国型か日本型でスピード面や持続力を補強しているほうがベター。さらにニジンスキーの血を持つ馬との相性も良い。これも覚えておきたい。

参考データ①　　　　　　　　　　　　　　　　　　　Hokko Tarumae

ダート1700m以上。母父米国型か日本型

着別度数	勝率	連対率	複勝率	単回収	複回収
8- 10- 12- 70/100	8.0%	18.0%	30.0%	92	110

（集計期間：2020年6月1日〜2021年5月30日）

ダート1200m以下で母父米国型以外は危険

　現時点ではまだ出走数がそれほど多くないので、ダート1200m以下でも極端に成績が悪いわけではない。

　ただ、現役時代にスピードを示していないこと、そして本質的な適性がダート中長距離であることを考えても、ダート短距離では反主流の馬場や展開で人気薄で台頭する。人気馬は信用できないだろう。

　特に母父米国型ではない馬はスピード不足になる。人気になるようだと信用できない。

　先に書いたように、ダート短距離はスタミナ血統が穴を出すことがある。ただし、そこでハマった馬が次走で人気になったとしても続けてハマる確率は下がる。人気を裏切って負ける構図だ。サンプル数は揃っていないものの、構造上そうなる可能性は高い。

　これはホッコータルマエに限らず、昔から続く欧州指向の強い砂中距離血統全般の傾向。サンプル数よりも仕組みを重視する方は参考にしていただきたい。

参考データ②　　　　　　　　　　　　　　　　　　　Hokko Tarumae

ダート1200m以下。母父米国型以外

着別度数	勝率	連対率	複勝率	単回収	複回収
1- 3- 2- 7/13	7.7%	30.8%	46.2%	13	64

（集計対象：推定人気順位3位以内）　（集計期間：2020年6月1日〜2021年5月30日）

マクフィ
Makfi

大系統／ミスプロ系　小系統／ミスプロ系

ドバウィ Dubawi 鹿　2002	ドバイミレニアム Dubai Millennium	Seeking the Gold
		Colorado Dancer
	ゾマラダー Zomaradah	Deploy
		Jawaher
デラール Dhelaal 鹿　2002	グリーンデザート Green Desert	Danzig
		Foreign Courier
	アイリッシュヴァレイ Irish Valley	Irish River
		Green Valley

父小系統（父国タイプ）
ミスプロ系（欧）

父母父小系統
ネヴァーベンド系（欧）

母父小系統
ダンチヒ系（欧）

母母父小系統
ネヴァーベンド系（欧）

Northern Dancer 5×4、Never Bend 5·5（母方）

D A T A

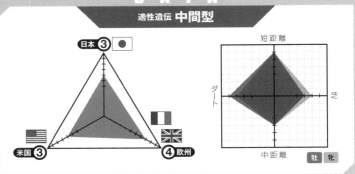

適性遺伝 **中間型**

P O I N T

日本で成功を収めるジャックルマロワ賞勝ちの良血

キャリアを重ねて上昇する

サンデーが苦手とする芝1200m以下に強い

プロフィール

Makfi

　2007年生まれ。父ドバウィ。母デラールの半兄にアルハース（英GⅠ・デューハーストS）。近親にグリーンダンサー（種牡馬）、ケープリズバーン（1999年TCK女王盃）。

　現役時代はフランス、イギリスで6戦4勝。デビュー2連勝からフランス調教馬ながら英2000ギニーに挑戦し勝利。3歳マイル王決定戦のセントジェームズパレスSは負けたものの、地元フランスに戻り初の古馬相手となるジャックルマロワ賞を優勝。ちなみに祖父ドバイミレニアム、父ドバウィもジャックルマロワ賞を制しており、父仔三代制覇を成し遂げている。

　その後はクイーンエリザベス2世Sに挑戦し5着。これを最後に3歳で現役引退となった。

　翌2011年にイギリスで種牡馬入り。2016年までイギリス、フランス、シャトル種牡馬としてニュージーランドで供用され、2016年に日本軽種馬協会が購入。2017年より日本で繁養され、2020年に初年度産駒がデビューを果たしている。

種牡馬としての特徴

Makfi

ジャックルマロワ賞勝ちが示す日本適性

　マクフィは現役時代にジャックルマロワ賞と英2000ギニーを勝っている。特にジャックルマロワ賞の勝ち馬は日本競馬に親和性が高い。以前から日本でも繁殖において成功を収めている。ディクタス（1971年）、キングマンボの母でもあるミエスク（1987年）、ヘクタープロテクター（1991年）、ダービー馬ロジャーバローズの母父リブレティスト（2006年）などがそれにあたる。

　タイキシャトルもジャックルマロワ賞を勝っているが、名伯楽、藤沢和雄調教師のこと、日本競馬との親和性の高さに着目して遠征

マ

を決めた可能性もある。いずれにせよ、ジャックルマロワ賞は繁殖馬としての絶対能力、日本の芝適性を示すうえでも重要なレースだ。

ちなみに2021年NHKマイルC1着、安田記念3着に好走したシュネルマイスターの父キングマンも2014年のジャックルマロワ賞勝ち馬（そのことはレース前の予想でも指摘した）。

マクフィの祖父で世界的スーパーホースのドバイミレニアム（1999年）、父で大種牡馬のドバウィ（2005年）もジャックルマロワ賞を勝っている。マクフィはドバウィの良さを正統に引き継ぎ、かつ日本の芝適性も見込める世界的名血だ。

欧州指向の種牡馬のなかではスピード能力が高く芝1200m以下やダートで走れる！

マクフィの血統構成は、芝短距離の名血が多い。父系を遡ると日本でも活躍馬を多く輩出したシーキングザゴールドの系統。母父は欧州で繁栄しているダンチヒ系で芝短距離適性が高いグリーンデザート。

シーキングザゴールドは1998年スプリンターズSで圧倒的人気のタイキシャトルを相手にマイネルラヴとシーキングザパールでワンツーを決めたように、芝のスプリント戦で強い血統。これから産駒が増えれば増えるほど、マクフィが芝1200mで強いことが証明されていくだろう。

参考データ①　　　　　　　　　　　　　　　　　*Makfi*

芝1200m以下

着別度数	勝率	連対率	複勝率	単回収	複回収
3- 1- 7-25/36	8.3%	11.1%	30.6%	104	161

（集計期間：2020年6月1日〜2021年5月30日）

マクフィは血統的には欧州指向だが、同じドバウィ系の産駒でも

モンテロッソよりもスピード能力が高い血統構成だ。

　特に母父が米国型だと持続力が強化され、ダートでの好走確率も上がる。日本のダートは米国と欧州の要素がミックスされるレースも多い。その点も欧州の芝でもドバイのダートでも結果を出したドバウィ系のマクフィにマッチ。

　ちなみに2021年5月2日に行われた端午Sを勝ったルーチェドーロの母父は米国型のクロフネ。ルーチェドーロは芝1200mの函館2歳Sでも2着に好走。初年度産駒からさっそく芝・ダート兼用の馬を出した。

参考データ②

Makfi

ダート。母父米国型

着別度数	勝率	連対率	複勝率	単回収	複回収
5- 4- 1-24/34	14.7%	26.5%	29.4%	105	121

（集計期間:2020年6月1日〜2021年5月30日）

世界で活躍するドバウィ、マクフィの血

　芝・ダート兼用の馬を出しやすいという点では、2021年のドバイシーマクラシックでクロノジェネシスとラヴズオンリーユーを負かして勝利したミシュリフもメイクビリーヴ産駒で、2代父がマクフィだ。

　ミシュリフは前走でサウジカップを勝っており、芝が疑問視されて4番人気どまりだった。だが、筆者はマクフィの特徴から本命に推した。ミシュリフが4番人気にとどまったのは、日本の競馬ファンが血統を重視しないこと、マクフィの特徴と能力を評価しなかったことに尽きる。

本質的には仕上がりが遅いタイプ。
今後、古馬混合戦や未勝利戦の後半になれば
さらに注目できる

　マクフィ産駒は現時点でも悪くない成績を残しているが、本来は欧州指向の血統で本格化は古馬になってから。使い込んで良さが出るタイプ。

　キャリア別の成績からも5戦以上した馬の成績がすでに優秀。今後さらに伸びていくだろう。

キャリア別成績

キャリア	着別度数	勝率	連対率	複勝率	単回収	複回収
〜4戦	19- 15- 23-218/275	6.9%	12.4%	20.7%	44	77
5戦〜	6- 7- 9- 55/ 77	7.8%	16.9%	28.6%	83	129

（集計期間：2020年6月1日〜2021年5月30日）

　モンテロッソの頁にも書いたが、日本の種牡馬の多くはキャリアを重ねるほど数字が下がる傾向にある。そのようなタイプの種牡馬が多いなかで、マクフィはキャリアを重ねるほど上昇する産駒も多い。今後ますます注目すべき種牡馬だ。

　もともと優秀な血統だということも認知されておらず、またキャリアを重ねて強くなるという点も知られていない。

"日本で成功を収めるジャックルマロワ賞勝ちの良血"

"サンデーが苦手とする芝1200m以下に強い"

"キャリアを重ねて上昇する"点を知っているだけでもアドバンテージになるはず。

マクフィ

　今後サンプルが揃うと「マクフィは儲かる」ということがデータにも表れるだけに、機械でもわかってしまう前に（データが揃う前に）マクフィの馬券を堪能したいところだ。

　なお、上記のポイントでは本質的な適性として確実な"1200m以下"としたが、キャリアを重ねたり、古馬になってからであれば"中距離"で好走するケースも増えてくるだろう。繁殖と育成が噛み合えばレベルの高い馬は出る。社台グループは力を入れないからこそ、非社台系の生産、育成で名馬が誕生することにも期待する。

マ

マジェスティックウォリアー

Majestic Warrior

大系統／ナスルーラ系　小系統／エーピーインディ系

エーピーインディ A.P. Indy 黒鹿　1989	シアトルスルー Seattle Slew	Bold Reasoning	
		My Charmer	
	ウィークエンドサプライズ Weekend Surprise	Secretariat	
		Lassie Dear	
ドリームシュプリーム Dream Supreme 黒鹿　1997	シーキングザゴールド Seeking the Gold	Mr. Prospector	
		Con Game	
	スピニングラウンド Spinning Round	Dixieland Band	
		Take Heart	

父小系統（父国タイプ）
エーピーインディ系（米）

父母父小系統
ボールドルーラー系（米）

母父小系統
ミスプロ系（米）

母母父小系統
ノーザンダンサー系（米）

Secretariat 3×4、Bold Ruler 5·4×5、Buckpasser 4×4

DATA

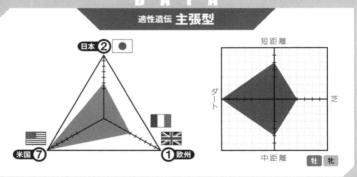

適性遺伝　主張型

POINT

ダート1600m以上、特にスピードの出る馬場に強い

キャリアを重ねて良化する馬が多い

1200m以下の適性は低い

Majestic Warrior

　2005年、エーピーインディの直仔として誕生。母父はシーキングザゴールド。また2代母の父がディキシーランドバンド、3代母の父がセクレタリアト。米国、そして日本でも実績を残す優秀な血統構成。

　現役時代はデビュー2戦目で挑戦したホープフルS（米GI・ダ7F）を勝利し、3歳までに7戦2勝。

　2009年にアメリカで種牡馬入り。日本ではマル外として輸入された産駒のなかからベストウォーリアやエアアルマスが出ている。

　これらマル外産駒の活躍もあって、2016年からは日本で供用を開始。初年度から127頭の繁殖牝馬を集め、2020年には175頭に種付け。馬産地でも人気の種牡馬となっている。

種牡馬としての特徴

Majestic Warrior

ダート中長距離適性高し!

　エーピーインディ系は、日本ではパイロ、カジノドライヴの産駒数が多いが、マジェスティックウォリアーはカジノドライヴに近いタイプ。

　カジノドライヴはダート1600m以上で、特にスピードの出る馬場に強く、キャリアを重ねて良化する馬が多い。この特徴はマジェスティックウォリアーにも当てはまる。

　買いポイントは、まずはダート1700m以上に出走する前走4着以下の馬。

　マジェスティックウォリアーは米国型のなかでは芝指向の能力も秘めており、スピードの持続性に優れているため、ダート中距離の適性が高い。

　また、前走で大敗していても好走率が下がらないこと。これはエー

マ

ピーインディ系の特筆すべき傾向だ。

　通常、着順が悪い馬は調子を落とした馬も多いため巻き返し率は下がるのだが、エーピーインディ系は巻き返し率が高い。前走4着以下だった馬の期待値が高くなる。

参考データ①　　　　　　　　　　　　　　　*Majestic Warrior*

ダート1700m以上。前走4着以下

着別度数	勝率	連対率	複勝率	単回収	複回収
7- 21- 17-133/178	3.9%	15.7%	25.3%	39	122

（集計期間：2019年6月1日〜2021年5月30日）

キャリアを重ねてさらに良化！

　キャリアを重ねて良化する馬が多いのもマジェスティックウォリアーの強み。

キャリア	着別度数	勝率	連対率	複勝率
〜4戦	39- 46- 37-370/492	7.9%	17.3%	24.8%
5戦〜	30- 30- 26-175/261	11.5%	23.0%	33.0%

（集計期間：2012年6月1日〜2021年5月30日）

　日本に輸入される前の代表産駒、ベストウォーリアは5歳時のフェブラリーS3着に続いて、7歳時にもフェブラリーSで2着に好走。エアアルマスも5歳で重賞を初制覇するなど、キャリアの後半で高いパフォーマンスを発揮している。

　マジェスティックウォリアー自身は2歳時にGⅠを勝って以降、一度も好走できずに引退を余儀なくされたが、産駒はその印象を覆し、古馬になってキャリアを重ねて上昇する馬も多い。

　アメリカのダート血統にも短距離タイプと中距離タイプ、休み明けから走って使い減りするタイプと叩き上昇タイプとが存在するが、

エーピーインディ系は中距離型の本格派で叩き上昇タイプが多い（パイロはエーピーインディ系の中では異質）。今後古馬が増えて成績がさらに上昇していく産駒を多数出す可能性を秘めている種牡馬だ。

1200m以下に距離短縮で出走する人気馬は危険

　一方、苦手としているのは1200m以下の短距離戦。本格派だからこそ、ダッシュ力を活かしてそのまま粘り込むのが有利な1200m以下の適性は高くない。

　前半をマイペースで追走させれば高いスピードの持続性やタメて伸びるレースも可能だが、急かして追走させると失速する馬も多くなる。

　競走馬は走る距離を知らない。よって前走よりも自身にとって走りづらいペースだとパフォーマンスを落としやすい。

　1200m以下に距離短縮で出走すると、前走よりも速く追走することがほとんど。マジェスティックウォリアー産駒にはこの状況を嫌う馬が多い。上位人気に推されているようだと信用できない。

　こうして考察してみると、マジェスティックウォリアーは、カジノドライヴに近いのではないか？

　その考察に同意される方は、サンプルが揃わないと納得できないファンを出し抜いて、カジノドライヴに近いパターンで狙ってみてほしい。

参考データ②

Majestic Warrior

1200m以下

着別度数	勝率	連対率	複勝率	単回収	複回収
7- 3- 1-20/31	22.6%	32.3%	35.5%	72	66

（集計対象:推定人気順位3位以内）　（集計期間:2019年6月1日～2021年5月30日）

マツリダゴッホ

Matsurida Gogh

大系統／サンデー系　小系統／Pサンデー系

* サンデーサイレンス Sunday Silence 青鹿　1986	ヘイロー Halo	Hail to Reason	父小系統（父国タイプ） サンデー系（日）
		Cosmah	
	ウィッシングウェル Wishing Well	Understanding	父母父小系統 マイナー系（米）
		Mountain Flower	
* ペイパーレイン Paper Rain 栗　1991	ベルボライド Bel Bolide	Bold Bidder	母父小系統 ボールドルーラー系（米）
		Lady Graustark	
	* フローラルマジック Floral Magic	Affirmed	母母小系統 レイズアネイティヴ系（米）
		Rare Lady	

Nasrullah 5・5（母方）

マツリダゴッホ

D A T A

適性遺伝 主張型

P O I N T

非根幹距離を得意とする血統

芝1400mへの距離延長がベスト条件

プロフィール　　　　　　　　　　　　　　*Matsurida Gogh*

　2003年、父サンデーサイレンスのラストクロップ世代に誕生。同期にアーモンドアイの母フサイチパンドラ。

　現役時代は4歳の2007年AJCCで重賞初制覇。その後、2007年オールカマー、2007年有馬記念、2008年日経賞、2008、2009年オールカマーと重賞を6勝。重賞勝ちすべてが中山芝2200m、2500m。強烈な個性の持ち主だった。同時に、非根幹距離重賞はリピーター（同じ条件を何度も好走する）馬が多いことを示す典型的な馬だった。

　引退後、2010年から日高で種付けをスタートすると1年目から100頭以上の繁殖牝馬を集める盛況ぶり。

　初年度産駒からラジオNIKKEI賞勝ちのウインマーレライを輩出。その後もクールホタルビ（2014年ファンタジーS）、ロードクエスト（2015年新潟2歳S、2016年京成杯AH、2018年スワンS）、マイネルハニー（2016年チャレンジC）ら重賞勝ち馬を出している。

種牡馬としての特徴　　　　　　　　　　*Matsurida Gogh*

産駒も非根幹距離巧者

　生涯に挙げた10勝のうち8勝が中山芝コース、また重賞6勝すべてが中山芝2200m、2500mでのものという実績から"中山巧者"と見られることが多いものの、2008年のジャパンCでは僅差の4着に好走している。東京だからといって極端にパフォーマンスが低かったわけではない。ジャパンカップが東京芝2300mで行われれば、ひょっとしたら勝てたかもしれない。

　マツリダゴッホが勝ったのは1800m、2200m、2500mとすべて非根幹距離。血統は父サンデーサイレンス×母父ボールドルーラー系。母系は米国色が強く、サンデー系のなかでは持続力に優れた血統でもある。

　持続力寄りだったこともあって直線のトップスピードに劣っていたのは事実だが、古馬になってからは中山以外の重賞は根幹距離にしか出走していないのもまた事実。

　全10勝中9勝が非根幹距離、そしてジャパンCでの好走を合わせて考えると、中山巧者というより非根幹距離巧者と考えたい。

前走から距離延長で臨む芝1400mは買い！

　非根幹距離での強さは産駒にも受け継がれ、マツリダゴッホ産駒の買い条件は非根幹距離の芝1400m。

　芝1400mは短距離のなかでは芝中距離指向の馬も走りやすい。本質的には芝中距離向きながら、気性の影響が大きく短距離指向の馬が出やすいマツリダゴッホ産駒にとっては、活躍しやすい条件なのだ。

　特に前走で1300m以下を使われてペースが向かずに凡走していたような馬が、1400mへの距離延長で余裕を持った追走から穴をあけるパターンが狙い目。

　クールホタルビが最低人気で勝った2014年のファンタジーSもこの条件に合致しており、前走1200mで13着惨敗からの巻き返しだった。このレースを含め、このパターンはこれまでに単勝50倍以上で3勝をマークしている。

　マツリダゴッホ産駒が持続型の非根幹距離巧者になりやすいのは、ボールドルーラーの影響が大きい。1200mで力を出せなかった馬が1400mへの距離延長で一変するパターンには今後も注目だ。

　マツリダゴッホに限らず、気性が前向きで非根幹距離と中距離が得意な種牡馬は芝1400mへの距離延長を得意とするはずだ。血統の基礎的な考え方は何十年でもスライドできる。

芝1400mで距離延長

着別度数	勝率	連対率	複勝率	単回収	複回収
6- 8- 8- 78/100	6.0%	14.0%	22.0%	378	180

（集計期間:2013年6月1日〜2021年5月30日）

前走芝からのダート替わり、 なかでも母父米国型以外の人気馬は危険！

　ボールドルーラーは米国型のため、マツリダゴッホ産駒もダート的な流れを得意としている。ただし、あくまでダート的な流れが得意なだけであって、ダートは得意ではないところがミソ。ダートのようなペースを好む芝馬が出やすい。データを見ても、芝に比べてダートを苦手としているのは明らかだ。

芝・ダートの成績比較

	着別度数	勝率	連対率	複勝率	単回収	複回収
芝	141- 145- 184-2206/2676	5.3%	10.7%	17.6%	69	76
ダート	35- 39- 39- 801/ 914	3.8%	8.1%	12.4%	64	46

（集計期間:2013年6月1日〜2021年5月30日）

　特に前走芝からのダート替わりは芝のパフォーマンスが人気に含まれる。母父が米国型ではない馬が上位人気に推されている場合はなおさら危険だ。

前走芝→今回ダート。母父米国型以外

着別度数	勝率	連対率	複勝率	単回収	複回収
0- 2- 1- 5/ 8	0%	25.0%	37.5%	0	55

（集計対象:推定人気順位3位以内）　（集計期間:2013年6月1日〜2021年5月30日）

マ

自身は晩成だったが、産駒は仕上がりが早い

マツリダゴッホ自身は古馬になってから重賞を制覇するなど、晩成のイメージがあるが、産駒には前向きさや米国由来の仕上がりの早さを伝えており、2歳戦から走る馬が多く、新馬戦も得意。

代表産駒のロードクエストは2歳時に重賞勝ち。3歳時にも重賞勝ちし、GIでも2着。古馬になってからは1勝のみ。

マイネルハニーは3歳時にGⅢ勝ち、GⅡで2着。古馬になってからの重賞ではGⅢ3着が1回のみ。

アルマワイオリは2歳時にGIで2着。3歳時にGⅢで2着、GⅡで3着。古馬になってからは重賞での好走はゼロ。

どの馬も3歳までの成績に比べると、古馬になってからは振るわないのがよくわかる。

繁殖にさほど恵まれてはいないこともあり、GI級のスケールに乏しい。

馬券的には、2、3歳限定の芝1200〜1400mで先行経験のある馬を積極的に狙いたい。

芝1200〜1400m。2、3歳限定戦。近走先行経験馬(テンパターン30以内)

着別度数	勝率	連対率	複勝率	単回収	複回収
30- 23- 34-189/276	10.9%	19.2%	31.5%	129	155

(集計期間:2013年6月1日〜2021年5月30日)

ロードクエストは2歳時に新潟2歳S1着、ホープフルS2着、3歳時にスプリングS3着、NHKマイルC2着、京成杯AH1着と仕上がりの早さを見せた。ただし、古馬になってからJRAで勝ったのは非根幹距離のスワンSのみ（2021年5月末時点）。

マ

マンハッタンカフェ

Manhattan Cafe

大系統／サンデー系　小系統／Tサンデー系

	ヘイロー Halo	Hail to Reason	父小系統（父国タイプ） **サンデー系（日）**
*サンデーサイレンス Sunday Silence 青鹿　1986		Cosmah	
	ウィッシングウェル Wishing Well	Understanding	父母父小系統 **マイナー系（米）**
		Mountain Flower	
	ローソサイアティ Law Society	Alleged	母父小系統 **リボー系（欧）**
*サトルチェンジ Subtle Change 黒鹿　1988		Bold Bikini	
	サンタルチアナ Santa Luciana	Luciano	母母父小系統 **ハイペリオン系（欧）**
		Suleika	

DATA

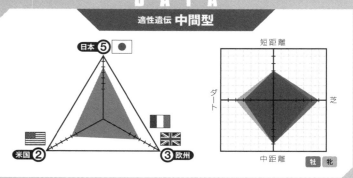

適性遺伝 **中間型**

日本 ⑤
米国 ②
③ 欧州

短距離　ダート　芝　中距離

牡　牝

POINT

2012年産以降の産駒はマイナー化

非根幹距離の重賞に強い

母父としても非根幹距離に強い

1998年に父サンデーサイレンス、母サトルチェンジの間に誕生。牝系はビワハイジ、その仔ブエナビスタなどを出しているドイツのSライン牝系だ。

現役時代に勝った重賞は2001年菊花賞、2001年有馬記念、2002年天皇賞春とすべてGⅠで、通算成績は国内11戦6勝、海外1戦0勝。

2003年の種牡馬入り後はコンスタントに200頭以上の繁殖牝馬を集め、2009年にはリーディングサイアーに輝いた。種牡馬として活動した12年間すべての年で100頭以上に種付けをこなす人気ぶりだったが、2015年に病死。2021年の5歳世代がラストクロップとなる。

現役時代、そして初期〜中期産駒の
イメージを引きずらないこと!

マンハッタンカフェ自身は菊花賞、有馬記念、天皇賞春を制した遅咲きのステイヤーだった。

だが、産駒は配合相手の良さを引き出されたタイプが多い。レッドディザイアとクイーンズリングが牝馬の芝中距離GⅠ勝ち、ヒルノダムールが芝長距離のGⅠ勝ち、グレープブランデーがダートのGⅠ勝ち、ジョーカプチーノが芝のマイルGⅠとスプリント重賞勝ちと、様々なカテゴリで活躍馬を送り出している。

ただし、ディープインパクトやハーツクライなど他のサンデー系種牡馬の台頭で種牡馬としての序列が落ち、2015年に死亡したこともあって、産駒の傾向もマイナー化している。

マ

父としても母父としても、非根幹距離巧者

　傾向がマイナー化した2012年産以降の産駒は、芝1800m、2200mの重賞での活躍が目立っている。近年の代表産駒ルージュバック（2012年産）が勝った4つの重賞の内訳は、1800mで3勝、2200mで1勝。すべて非根幹距離だった。クイーンズリング（2012年産）も重賞4勝のうち、1400mで2勝、1800mで1勝、2200mで1勝。こちらもすべて非根幹距離だ。ちなみにGⅠ制覇となったエリザベス女王杯は、シングウィズジョイ（2012年産）とのマンハッタンカフェのワンツー決着。「特殊な個性を持つ種馬の産駒はまとめて走る」ことを示す象徴的なレースであった。

　また後期の代表産駒と言われたシャケトラ（2013年産）も芝2200mのAJCCで断然人気のディープインパクト産駒フィエールマン相手に勝利しており、芝中長距離で高いパフォーマンスを発揮できる種牡馬のなかでは、非根幹距離の中でもスタミナが問われるレースで持ち味を発揮している。

　なお、マンハッタンカフェはドイツ牝系だが、同じドイツ血統で母系には日本の主流血統を持たないノヴェリストも非根幹距離巧者だ。マンハッタンカフェはサンデー系のノヴェリストのようなポジションと考えると特性を掴みやすいかもしれない。

　同じドイツ牝系でも、ブエナビスタは母父にカーリアンを持つ。カーリアンは日本でもダービー馬を出したように主流血統。ドイツ血統は日本の主流血統を持つ場合は根幹距離への対応力が上がる。

　話をマンハッタンカフェに戻そう。非根幹距離に強い特徴は母父に入っても同様だ。母父マンハッタンカフェは非根幹距離向きの適性を主張する。母父マンハッタンカフェのレッドジェニアルは芝2200mの京都新聞杯で11番人気1着、トーラスジェミニは芝1800mのエプソムCで18番人気3着、ランスオブプラーナは芝1800mの毎日杯で3番人気1着、きさらぎ賞でも7番人気3着に好走している。

　他の距離とのパフォーマンスに差が出やすいこともあって、人気薄での好走も目立つ結果となっている。今後も非根幹距離の重賞では母父マンハッタンカフェに注目だ。

　「ドイツ血統の非根幹距離巧者」という個性を持つ馬は日本では少ない。特殊な個性が問われるときには優位性を発揮することが多いため、母父に入っても存在感を示すことだろう。

参考データ①　　　　　　　　　　　　　　　*Manhattan Cafe*

芝1800m、2200m、2500m。重賞

着別度数	勝率	連対率	複勝率	単回収	複回収
12- 6- 4-47/69	17.4%	26.1%	31.9%	151	127

（集計対象：2012年産～）　（集計期間：2014年6月1日～2021年5月30日）

参考データ②　　　　　　　　　　　　　　　*Manhattan Cafe*

母父マンハッタンカフェ。芝1800m、2200mの重賞

着別度数	勝率	連対率	複勝率	単回収	複回収
2- 0- 3-22/27	7.4%	7.4%	18.5%	147	200

（集計期間：2014年6月1日～2021年5月30日）

馬力がありそう＝ダートではない！

　マンハッタンカフェは、産駒のグレープブランデーが2013年フェブラリーSを勝っているものの、米国的な速さはなく、ダート短距離適性を下げるタイプの種牡馬。さらに今現役で走っている産駒は以前よりも欧州寄りの適性に振れているために、母父が欧州型、特に牝馬の場合はダートに対応するような道中の追走力、持続力には欠けている。1400m以下だと適性も低いため、人気になるようなら疑ってかかるべきだろう。

　欧州型の血統は芝では脚が遅く、馬力がありそうだからという理由でダートを使われがち。だが、実際のダート短距離適性は低い。

マ

モーリス

Maurice

大系統／ターントゥ系　小系統／ロベルト系

スクリーンヒーロー 栗 2004	*グラスワンダー	Silver Hawk	
		Ameriflora	
	ランニングヒロイン	*サンデーサイレンス	
		ダイナアクトレス	
メジロフランシス 鹿 2001	*カーネギー Carnegie	Sadler's Wells	
		Detroit	
	メジロモントレー	*モガミ	
		メジロクインシー	

父小系統（父国タイプ）
ロベルト系（欧）

父母父小系統
サンデー系（日）

母父小系統
サドラーズウェルズ系（欧）

母母父小系統
リファール系（欧）

Northern Dancer 5・5×4・5、Hail to Reason 5・5（父方）

D A T A

適性遺伝 主張型

日本 ④ ●
米国 ②
④ 欧州

短距離　中距離　ダート　芝　牡　牝

P O I N T

ロベルト、サドラーズウェルズの影響を受けた種牡馬

反主流馬場で注目

　2011年生まれ。父スクリーンヒーロー、母メジロフランシス。メジロフランシスは0勝だったが、祖母メジロモントレーはアルゼンチン共和国杯を含め重賞4勝。近親にメジロドーベル（1996年阪神3歳牝馬S、1997年オークス、秋華賞、1998、1999年エリザベス女王杯）。同じくメジロボサツを牝系に持つ。

　現役時代は国内15戦8勝、海外3戦3勝。

　トレーニングセールにてノーザンファームが落札。

　3歳後半の休養中に栗東から美浦・堀宣行厩舎に転厩すると、4歳からマイルを中心に使われて素質が開花。連勝で臨んだダービー卿CTを勝利、その勢いを駆って出走した安田記念を1番人気1着。秋もマイルCS、香港マイルを勝利し、2015年シーズンを負けなしの6連勝で締めた。

　2016年に入ってもその勢いは衰えることなく、香港のチャンピオンズマイルを勝利。安田記念、札幌記念は2着に負けたものの、天皇賞秋、香港Cと2000mのGⅠを連勝して有終の美を飾った。

　2017年から社台スタリオンステーションにて種牡馬入り。初年度から265頭の繁殖牝馬を集める人気種牡馬となっている。

モ

重賞好走馬と産駒全体の特徴にズレ

　初年度産駒からピクシーナイト（シンザン記念）、シゲルピンクルビー（フィリーズレビュー）、ルークズネスト（ファルコンS、シンザン記念2着）と3頭の重賞勝ち馬を出し、重賞2着馬にもインフィナイト（サウジアラビアRC）、ルペルカーリア（京都新聞杯）。

　しかし、重賞好走例が産駒全体の馬券的な狙いどころと微妙に違うのがモーリスの難解なところ。重賞のイメージを引きずり過ぎる

と、平場の予想を誤りやすくなる。

芝2000m以上の直線が短いコースで、近走先行経験のある馬が買い！

　産駒全体の成績は、他の主流種牡馬と比較して直線スピードやキレの面で劣る馬が多い。サドラーズウェルズとロベルトの影響を受けた産駒が多いためだ。

　多くの産駒は2000m以上の直線が短いコース（中山、京都内回り、阪神内回り、札幌、函館、福島、小倉）で、道悪や荒れた状態になっていて時計がかかる馬場向き。

　強いてモーリス自身の現役時代と重ね合わせるなら、香港Cのような条件に向いた馬が多い、とイメージするべきか。

　また、スタミナと馬力を活かすためには、近走で先行している経験が必要。

　2020年の葉牡丹賞はモーリス産駒のノースブリッジが4馬身差で勝っているが、その前走は逃げる競馬。雨が降って時計がかかる馬場を再度逃げて圧勝という内容だった。

　スタミナ馬力型は前向きな経験が必要なのは古くから続くセオリー。モーリス産駒の多くに当てはまる。

モーリス

参考データ①　　　　　　　　　　　　　　　　*Maurice*

芝2000m以上で直線の短いコース。
近走先行経験馬（テンパターン30以内）

着別度数	勝率	連対率	複勝率	単回収	複回収
4- 2- 6-13/25	16.0%	24.0%	48.0%	90	166

（集計対象：中山、京都内回り、阪神内回り、札幌、函館、福島、小倉）
（集計期間：2020年6月1日～2021年5月23日）

牡馬は下級条件ならダート短距離もこなす！

　牡馬で重賞を勝ったピクシーナイト、ルークズネストが500キロを超えていたように、大型馬が出やすいのもモーリスの特徴。

　本質的にダート1400m以下が向いているわけではないが、下級条件（未勝利や1勝クラス）のダート1400mは仕方なくダートを使う馬も数多く出走。

　ほかの芝血統馬と比較するとパワーとダートでバテない持続力に優れているため下級条件であれば走れるのだ。おそらくモーリスも堀厩舎に転厩しなければ条件戦のダート1400mは勝てただろう。

　ただし、母もダート適性や米国要素が薄い馬、母父が欧州型になるとダート適性が足りずに狙えない。ダートへの出走も増えるだろうから、母父、母母父の血統タイプにも注意したい。

参考データ②　　　　　　　　　　　　　　　　　　　　*Maurice*

牡馬。ダート1400m以下の下級条件（未勝利戦or1勝クラス）。母父が欧州型以外

着別度数	勝率	連対率	複勝率	単回収	複回収
7- 1- 6-17/31	22.6%	25.8%	45.2%	287	153

（集計期間:2020年6月1日〜2021年5月23日）

母父が米国型でなければ、
ダート1600m以上は信用できない！

　欧州血統にありがちなのが、芝ではスピード不足のために仕方なくダートの中長距離に出走してくるパターン。これはモーリスにとっても危険なパターンだ。母父が米国型以外の場合は人気になると信用できない。

　まだ産駒数が限られるために出走したケースは少ないが、今までの欧州血統と同じように今後はダートに矛先を向ける馬が増えてく

るだろう。

　そして古くから続く、欧州型の消しパターンが適用できるだろう。パワーを活かせない牝馬はより成績が悪くなる可能性も高い。

参考データ③　　　　　　　　　　　　　　*Maurice*

ダート1600m以上。母父が米国型以外

着別度数	勝率	連対率	複勝率	単回収	複回収
1- 2- 0-10/13	7.7%	23.1%	23.1%	36	41

（集計対象：推定人気順位3位以内）　（集計期間：2020年6月1日〜2021年5月23日）

"主流血統が力を発揮できないレース"が モーリス産駒の重賞連対パターン

　芝の買いポイントは「芝2000m以上で直線の短いコース（近走先行経験がある馬）」としたが、冒頭で挙げた重賞連対例はこの条件を満たしていない。

　ただ決してこれらすべてが例外的好走というわけではなく、モーリスの長所を発揮しやすいシチュエーションであったのも事実。具体的には"主流父系が能力を出せない特殊な状況"だったこと。あるいは"優秀な母の影響を受けた馬"だったことだ。

　ひとつずつ見ていくと、まずはピクシーナイトが勝ち、ルークズネストが2着に走ったシンザン記念。

　ピクシーナイトは出走時の馬体重が536キロ。このときの中京芝は"主流血統が走りづらい特殊馬場"。その結果、父か母父ディープインパクト系の人気馬が全滅。モーリス産駒の1、2

着。「特殊馬場は似た血統が上位を独占しやすい」セオリー通り
の決着だった。2着ルークズネストは次走で"非根幹距離"芝
1400mのファルコンSを勝利。ちなみにこちらもピクシーナイ
ト同様、体重は510キロを超える大型馬。

またシゲルピンクルビーも"非根幹距離"芝1400mのフィ
リーズレビューを勝利。同馬の姉は桜花賞2着のシゲルピンクダ
イヤ。

サウジアラビアRCで2着のインフィナイトも、兄が同じ東京
芝1600mの重賞を勝ったブラックスピネル。加えてこのとき
は大雨で、極端に時計のかかる特殊馬場。このレースを圧勝し
たステラヴェローチェも欧州指向の強いバゴ産駒。"主流血統が
力を発揮できないレース"で、非サンデー系の欧州血統がここで
も上位を独占したわけだ。

京都新聞杯を2着に好走したルペルカーリアは母が名牝シーザ
リオ。エピファネイア、リオンディーズの頁でも解説したように、
自己主張の強い繁殖。モーリスよりもシーザリオ。同馬はモー
リス産駒の適性を語るのには適切ではない。

牡馬で重賞を勝ったピクシーナイトとルークズネストは馬格
を活かしたパワーや持続力を武器にしている。主流血統が力を出
せない馬場やレースだからこそ好走しているわけだ。買いポイン
トとは条件が異なるものの、"主流血統が力を発揮できないレー
ス"で上昇するという核の部分は共通している。

実際、初年度産駒は主流血統が勝ち上がりやすいクラシック
戦線には乗れず、オークス、ダービーに1頭も産駒が出走しなか
った。主流血統が力を発揮しやすいレースよりも力を発揮しづ
らいレース向きなのだ。

モ

モンテロッソ
Monterosso

大系統／ミスプロ系　小系統／ミスプロ系

				父小系統（父国タイプ）
ドバウィ Dubawi 鹿　2002	ドバイミレニアム Dubai Millennium	Seeking the Gold		ミスプロ系（欧）
		Colorado Dancer		**父母父小系統**
	ゾマラダー Zomaradah	Deploy		ネヴァーベンド系（欧）
		Jawaher		**母父小系統**
ポルトローカ Porto Roca 鹿　1996	バラシア Barathea	Sadler's Wells		サドラーズウェルズ系（欧）
		Brocade		**母母父小系統**
	アンテリエール Antelliere	Salieri		ダマスカス系（米）
		Anntelle		

Northern Dancer 5×4

DATA

適性遺伝 **主張型**

POINT

欧州指向の強い血統

古馬混合の芝で注目

モンテロッソ

　2007年生まれ。父父はスーパーホース、ドバイミレニアム。父は名種牡馬ドバウィ、母ポルトローカは豪GIクールモアフィリー＆メアクラシックなど重賞2勝。母父はサドラーズウェルズ系のバラシア。

　現役時代はイギリスでデビュー。アイルランド、ドイツ、UAEで通算17戦7勝。2011年のドバイワールドCではヴィクトワールピサの3着。翌2012年のドバイワールドCを制覇した。2013年に3年連続となるドバイワールドC挑戦予定も出走取り消しとなり、そのまま引退となった。2014年からダーレー・ジャパンで供用中。

適性を見誤られた種牡馬

　モンテロッソ産駒はビリーバー、ラセット、リュヌルージュ、ヒラボクメルローなど、買い続けるだけで儲かる馬が非常に多い。なぜ、モンテロッソは、馬券的においしい穴馬を続出させるのか？以下が大きな理由だ。

モ

- ・ドバイミレニアムの凄さを日本の競馬ファンの多くは知らないこと。その血を継ぐこと自体（血統で予想すること自体）が軽視されていること
- ・モンテロッソ産駒の適性を多くの人が意識しないこと。見誤られていること

　モンテロッソはドバイミレニアム〜ドバウィと続くドバイの名血。

　現役時代の主な勝ち鞍は2012年のドバイワールドC。ただし、ドバイワールドCを制したからといってダート向きではない。

　2010〜2014年のドバイワールドCはメイダン競馬場のオールウェザー（タペタ）コースで行われており、ナドアルシバ競馬場のダートで行われていた時とは別物。2011年には日本馬のヴィクトワールピサとトランセンドがワンツーを決めているように、米国のダート血統が走るコースではない。かといって芝馬がそのまま能力を発揮できるわけでもない。米国本来のダート的な能力に加えて、欧州の芝要素も問われる独特なコースだった。

　モンテロッソもドバイのレースでGⅠを勝ったものの特殊なオールウェザーコース。他では主にイギリスの芝中長距離重賞を走っている。本質的にはダートよりも欧州の芝向き。ヴィクトワールピサに近い。

　本質は芝向きの馬が多く出る血統にもかかわらず、JRAではダートのほうが多く使われている。そして、ダートの回収率は芝よりも低い。向かないダートのレースを走らされて（本来の能力を発揮できずに）凡走している芝馬が多い。

　そして芝に出てきて穴を出す。こうしてモンテロッソの期待値は上がる。

古馬になって強くなる

　モンテロッソは欧州血統らしく日本向きのスピードを伝えづらいことに加え、キャリアを重ねて才能を開花する馬が多い。遅咲きの血統だ。

　さらにダート適性の低い馬が多いのに、ダートを使われてしまうため、どうしても勝ち上がり率が低くなってしまう。

　こうした難しい状況の中、勝ち上がることができた馬は優れた才能を引き継いでいる可能性が高い。使い込んで古馬になってからの良化も見込める。

　デビュー当初は冴えない成績の馬でもキャリアを重ねて上昇する

モンテロッソ

馬が多いのだ。

　キャリアを重ねて上昇するタイプは、キャリアが浅い頃の弱いイメージが先行して評価が上がりづらい。芝の古馬混合戦では本来の能力よりも評価の低い馬が出やすいため配当的な妙味も十分に確保できる。実際、芝レースで該当馬をベタ買いするだけでも回収率はプラスになっている。

　今の日本には欧州の本格的な血統が少ない。欧州的な体力やスタミナが要求される古馬混合戦の芝が本質的に向いている馬は少ない。そのような状況のなかでモンテロッソ産駒にはキャリアを重ねて古馬混合の芝レースで能力を開花する馬が多い。この個性は馬券的な希少価値も高いわけだ。

　これがビリーバー、ラセット、リュヌルージュ、ヒラボクメルローなど、買い続けるだけで儲かる馬が出現するメカニズムだ。

参考データ ①　　　　　　　　　　　　　　　　　　　　　　　　*Monterosso*

古馬混合戦の芝

着別度数	勝率	連対率	複勝率	単回収	複回収
14- 18- 26-106/164	8.5%	19.5%	35.4%	161	135

（集計期間:2017年6月1日〜2021年5月30日）

モ

タフな馬場でさらに狙える

　モンテロッソ産駒は、タフな馬場を苦にしない馬も多い。これも主流種牡馬にはない強み。

　雪の影響で不良馬場になった2020年の中山牝馬Sで、リュヌルージュが14番人気2着に好走したように、特殊な馬場や平坦コース、短距離など、主流の血統が苦手としやすい条件が揃うと、モンテロッソ産駒は買いとなる。

母父米国型以外の牝馬が
2、3歳限定戦で人気になっていたら危ない！

　上記で解説したように、モンテロッソは仕上がりの遅い血統。

　欧州指向の強い血統は牝馬だと小柄な馬を出しやすい特徴がある。このような馬は若駒限定戦で安定して走れないため、人気馬は信頼できない。

　牡馬の場合は大型で体力面を補えているケースもあるが、牝馬で母父が米国型でない場合は体力も補えない。母父が米国型以外の牝馬は2、3歳限定戦で人気になるようなら疑ってかかったほうがいい。

　言い換えれば、ビリーバー、リュヌルージュのように、不得意条件でも勝ち上がってきた馬はかなり強い。キャリアを重ねた古馬になってさらに期待値が上がる。

参考データ②　　　　　　　　　　　　　　　　　　　　*Monterosso*

2、3歳限定戦で母父が米国型以外の牝馬

着別度数	勝率	連対率	複勝率	単回収	複回収
4- 2- 6-15/27	14.8%	22.2%	44.4%	67	68

（集計対象:推定人気順位3位以内）　（集計期間:2017年6月1日～2021年5月30日）

モンテロッソは遅咲きの血統。ビリーバーは4歳5月に3勝クラスに、5歳7月にオープンに上がり、2020年のアイビスサマーダッシュでも9番人気3着に好走した。

モ

リアルインパクト

Real Impact

大系統／サンデー系　小系統／ディープ系

ディープインパクト 鹿　2002	* サンデーサイレンス Sunday Silence	Halo	→	**父小系統（父国タイプ）** ディープ系（日）
		Wishing Well		
	* ウインドインハーヘア Wind in Her Hair	Alzao	→	**父母父小系統** リファール系（欧）
		Burghclere		
* トキオリアリティー Tokio Reality 栗　1994	メドウレイク Meadowlake	Hold Your Peace	→	**母父小系統** セントサイモン系（米）
		Suspicious Native		
	ワットアリアリティ What a Reality	In Reality	→	**母母小系統** マッチェム系（米）
		What Will Be		

Nothirdchance 5×5

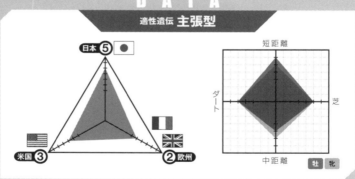

DATA

適性遺伝 **主張型**

日本 ⑤ 🔴

米国 ③　　②欧州

短距離

ダート　　芝

中距離　　牡 牝

POINT

本質はマイルのスペシャリスト

坂と直線の長いコースを好む

　ディープインパクトの初年度産駒で、母はトキオリアリティー。半兄にアイルラヴァゲイン（2007年オーシャンS）、半弟にネオリアリズム（2017年クイーンエリザベス2世C・香港GⅠ）。半妹ウィルパワーの仔にインディチャンプ（2019年安田記念、マイルCS）。

　現役時代は2010年朝日杯FS2着、2011年NHKマイルC3着の実績で臨んだ古馬相手の安田記念で1着。古馬になってからは2013、2014年の阪神Cを連覇。2015年ジョージライダーS（豪GⅠ・芝1500m）1着、ドンカスターマイル（豪GⅠ・芝1600m）2着。

　2016年から社台スタリオンステーションで繋養され、シーズンオフはシャトル種牡馬としてオーストラリアでも供用。初年度産駒からNHKマイルCを制したラウダシオンを出している。2021年からは優駿スタリオンステーションに移動。

東京、中京、阪神外回りの芝1600m以上で買い！

　2021年の2歳馬が3世代目で種牡馬としてのキャリアはまだそう多くはないが、すでにはっきりとした傾向が出ている。

"本質はマイルのスペシャリスト"
"坂と直線の長いコースを好む"

　このふたつを意識すれば、リアルインパクト産駒の特徴をつかめるケースも多い。

　現段階（2021年5月末）で、芝1500m以下と1600m以上の出走比率は半々程度。また、4番人気以下に限定した成績はリアルインパクト産駒の適性が明確に出る（人気薄で走る馬は適性的に恵まれた

リ

馬が多いため）。

　リアルインパクト産駒は1500m以下の成績が悪い。2020年の4番人気以下全体の成績と比較すると、リアルインパクト産駒の芝1500m以下は勝率が3分の1。連対率も2分の1以下。

　対して、優秀なのは芝1600m以上。勝率と連対率は水準を超えている。

芝の距離別成績（4番人気以下限定）

	着別度数	勝率	連対率	複勝率
～1500m	1- 3- 4-111/119	0.8%	3.4%	6.7%
1600m～	8- 11- 4-150/173	4.6%	11.0%	13.3%

（集計期間：2019年6月1日〜2021年5月30日）

（参考）4番人気以下の全体

着別度数	勝率	連対率	複勝率
1240- 1668- 2098-32753/37759	3.3%	7.7%	13.3%

（集計期間：2020年1月1日〜2020年12月31日）

　また、リアルインパクト産駒はゴール前に坂がある直線の長いコースを好む傾向もある。

　リアルインパクト自身も現役時代にJRAで勝った重賞はすべて直線に坂のあるコース。GⅠ安田記念を勝った東京芝は直線が長く坂のあるコース。反対に直線が平坦なコースの重賞では5着が最高。それも人気を裏切っている。

　2011年マイルCSでは1番人気5着、2012年マイラーズCに至っては1番人気ながら18着。リアルインパクト自身もゴール前に坂がないコースは苦手だった。

　産駒の重賞勝ちも東京コース。ラウダシオンによるNHKマイルC（東京芝1600m）と京王杯SC（東京芝1400m）だ。

　理想的な条件は、直線が長く坂がある東京、中京、阪神外回りの

芝1600m以上。2023年春まで京都開催がない状況もリアルインパクト産駒にとっては僥倖だ。

芝1400m以下の人気馬は狙い損！

　リアルインパクトが1400mの阪神Cを連覇していることもあり、短距離向きのイメージを持つ方も多いようで、産駒が短距離に使われることもしばしば。しかし、本質的な芝短距離の適性は低い。成績も芝1400m以下は1600m以上よりも良くない。特に母父が欧州型になると、さらにスタミナ寄りになるので短距離適性は下がりやすい。

　無理筋を狙うよりも、シンプルに東京、中京、阪神外回りの芝1600m以上で狙う。現状はそれを徹底するだけで儲かる。多くの人がシンプルなリアルインパクトの特徴を知らないからだ。

参考データ　　　　　　　　　　　　　　　　　　　　　　*Real Impact*

芝1400m以下。母父欧州型

着別度数	勝率	連対率	複勝率	単回収	複回収
3- 3- 2-11/19	15.8%	31.6%	42.1%	62	68

（集計対象:推定人気順位3位以内）　（集計期間:2019年6月1日〜2021年5月30日）

リ

リオンディーズ

Leontes

大系統／ミスプロ系　小系統／キングマンボ系

キングカメハメハ 鹿 2001	キングマンボ Kingmambo	Mr. Prospector	父小系統（父国タイプ） キングマンボ系（欧）
		Miesque	
	＊マンファス Manfath	＊ラストタイクーン	父母父小系統 ノーザンダンサー系（欧）
		Pilot Bird	
シーザリオ 青 2002	スペシャルウィーク	＊サンデーサイレンス	母父小系統 Tサンデー系（日）
		キャンペンガール	
	＊キロフプリミエール Kirov Premiere	Sadler's Wells	母母父小系統 サドラーズウェルズ系（欧）
		Querida	

Northern Dancer 5·5×4、Special 5×5

DATA

適性遺伝 引き出し型

POINT

お得な名種牡馬

エピファネイアよりもさらに過小評価

プロフィール

Leontes

　父キングカメハメハ、母シーザリオ。半兄にエピファネイア（2013年菊花賞、2014年ジャパンC）、半弟にサートゥルナーリア（2018年ホープフルS、2019年皐月賞）。母シーザリオは2005年オークス、アメリカンオークスを連勝。

　現役時代はデビュー2戦目で2015年朝日杯FSを勝利したものの、その後は弥生賞2着、皐月賞5着、ダービー5着と振るわず、秋に向かう過程で屈腱炎を発症、引退。ブリーダーズ・スタリオン・ステーションで繋養され、初年度から200頭近くに種付けし、以降も毎年150頭前後の繁殖牝馬を集める人気種牡馬となっている。初年度産駒からサウジダービーを勝ったピンクカメハメハを出している。

種牡馬としての特徴

Leontes

不完全燃焼だった現役時代

　リオンディーズの現役時代は新馬戦の直後に使った朝日杯FSを完勝。しかし2戦目にマイル戦を使ってしまったことが仇となる。気性が前向きなため、2戦目でレベルの高いマイル戦を追走しすぎたことで、以降はレースでコントロールが利かなくなってしまう。

　結果、弥生賞、皐月賞は明らかな早仕掛けで敗れ、ダービーは折り合いに専念しすぎて後方で脚を余す競馬。その後屈腱炎を発症。志半ばで引退することになった。うまく育っていればこの程度の戦歴で終わるはずのない高いポテンシャルを秘めた馬だった。

　筆者も種牡馬入り当初、そして産駒がデビューする前からリオンディーズ産駒を高く評価していた。血統も能力もエピファネイアに引けは取らないのに、現役時代が明らかに不完全燃焼だったため種牡馬の評価が不当に低くなることが想像できたからだ。果たして当初の予想通り、馬券も馬の価格もかなりおいしい存在になった。

リ

シーザリオの影響大！　狙いは芝1800m以上

　リオンディーズの重賞勝ちはマイルの朝日杯FSのみだが、産駒は母シーザリオの特徴が引き継がれた馬が多く出ている。芝1800m以上を得意とする馬が多い。エピファネイア産駒もそうだが、ベストは直線が長く、坂のあるコースだ。

　さらに兄エピファネイアの産駒と共通するのが、前向きで新馬戦から走れる気性。加えて、レースでは走らないウッドチップや坂路では動けない馬も多い。新馬戦では調教の動きが地味なため、人気になりづらい。馬券的な妙味もある。

　リオンディーズはブリーダーズ・スタリオン・ステーションで繋養されていることもあって、エピファネイアよりもさらに過小評価されている。積極的に狙っていきたい。

参考データ①

Leontes

芝1800m以上。直線が長く坂のあるコース

着別度数	勝率	連対率	複勝率	単回収	複回収
5- 5- 4-21/35	14.3%	28.6%	40.0%	236	113

（集計対象：東京、中京、阪神外回り）　（集計期間：2020年6月1日〜2021年5月30日）

芝の外枠なら距離を問わず買い！

　エピファネイアと同様に、外枠を得意とすることが多い。直線が長くて坂のあるコースに強い特徴を持つ種牡馬は、外をスムーズに追走させたほうが直線で鋭く伸びるからだ。

　ちなみに同じシーザリオの特徴が出やすいエピファネイアとの違いは、短距離の流れに対する適応力が高いこと。外枠からスムーズなレースができるようなら、距離を問わず好走が期待できる。

　ノーザンファーム以外の繁殖や育成になると、芝中距離に偏った

使われ方をされないケースも増える。そしてリオンディーズは短距離に対する適性が高いからこそ、いまひとつの繁殖牝馬と配合しても優秀な成績を収めることができるのだ。

芝1600m以上で外枠(5～8枠)

着別度数	勝率	連対率	複勝率	単回収	複回収
8- 9-12-63/92	8.7%	18.5%	31.5%	127	112

（集計期間:2020年6月1日～2021年5月30日）

ダートの人気馬は危険!

　一方、苦手とする条件はダート。母シーザリオは軽い芝でのトップスピード、末脚の伸びが特徴。淀みのない流れへの対応力や持続力には欠けているので、ダートが苦手なのだ。これもエピファネイアと同じ。特に母父が欧州型であればその傾向は強くなる。

　エピファネイアとの比較では、リオンディーズのほうが大型の馬が出やすく、ダートを使われる率も高くなる。それでも本質的なダート適性は高くない。人気になるようだと信用はできない。

　ピンクカメハメハの結果だけでダート適性を過大に期待するのは危険だ（サウジのダートはそれだけ特殊能力が要求されていると考えることもできる）。

ダート。母父が欧州型

着別度数	勝率	連対率	複勝率	単回収	複回収
2- 0- 1- 6/9	22.2%	22.2%	33.3%	115	53

（集計対象:推定人気順位3位以内）　（集計期間:2020年6月1日～2021年5月30日）

リ

ルーラーシップ

Rulership

大系統／ミスプロ系　小系統／キングマンボ系

	キングマンボ Kingmambo	Mr. Prospector
キングカメハメハ 鹿 2001		Miesque
	*マンファス Manfath	*ラストタイクーン
		Pilot Bird
エアグルーヴ 鹿 1993	*トニービン Tony Bin	*カンパラ
		Severn Bridge
	ダイナカール	*ノーザンテースト
		シャダイフェザー

- 父小系統（父国タイプ）　**キングマンボ系（欧）**
- 父母父小系統　**ノーザンダンサー系（欧）**
- 母父小系統　**グレイソヴリン系（欧）**
- 母母父小系統　**ノーザンテースト系（日）**

Northern Dancer 5·5×4

DATA

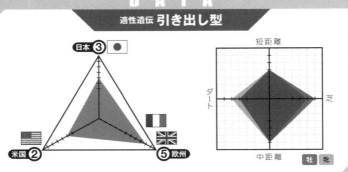

適性遺伝 **引き出し型**

日本③ ●
米国② 🇺🇸
⑤欧州 🇬🇧

短距離
ダート　芝
中距離
牡　牝

POINT

勝ち切れないが、厳しいレースで強みを発揮する

引き出し型種牡馬

ゆったりと追走する競馬が得意

プロフィール

Rulership

　2007年に名牝エアグルーヴとキングカメハメハの間に生まれ、2009年に競走馬としてデビュー。

　現役時代は、2012年に香港・クイーンエリザベス2世Cを制してGI初制覇を成し遂げた。国内のGIでは全部で8走しながら2着1回3着3回といま一歩及ばない成績ながら、その一方8走中7走は掲示板を確保。これを勝ちみの遅さと取るか、高いレベルでも堅実に走ったと取るか、評価は分かれるところだ。

　サンデーサイレンスの血を持たない貴重な血統として2013年に種牡馬入り。以来、ほぼ毎年200頭を超える繁殖牝馬を集める人気種牡馬となっている。

種牡馬としての特徴

Rulership

勝ちみの遅さか堅実さか。狙いはGIの2、3着！

　国内最高レベルの良血キングカメハメハ×エアグルーヴの配合。

　代表産駒はキセキ、メールドグラース、ダンビュライトら個性派揃い。ただし国内のGI勝利はキセキが制した2017年、歴史的不良馬場で行われた菊花賞のみ。対して2着は7回、3着は4回。

　トップスピードでは主流のサンデー系種牡馬には劣るために勝ち切るまではいかないものの、GIのように高いレベルの持続力やスタミナ能力が求められるレースではルーラーシップのバテない強みが活かされていることがよくわかる成績だ。まさにルーラーシップの現役時代を彷彿させる勝ちみの遅さ、あるいは堅実さを産駒に伝えている。

　ちなみに2、3着に好走した11回のうち6回が単勝オッズ10倍以上の人気薄によるもの。弱い相手にも勝ち切れないが、強い相手の厳しいレースでもバテない強みを発揮して善戦する。人気薄での好走が多い点は頭に入れておきたい。

ル

ルーラーシップ産駒の芝GI成績

着別度数	勝率	連対率	複勝率	単回収	複回収
1- 7- 4- 52/ 64	1.6%	12.5%	18.8%	7	96

（集計期間:2020年6月1日～2021年5月30日）

ルーラーシップ産駒の国内芝GIにおける2、3着

年	レース名	馬名	単勝オッズ	人気	着順
2017年	皐月賞	ダンビュライト	56.1	12	3
	阪神JF	リリーノーブル	5.5	3	2
2018年	桜花賞	リリーノーブル	7.4	3	3
	皐月賞	サンリヴァル	24.6	9	2
	オークス	リリーノーブル	12.3	4	2
	天皇賞秋	キセキ	12.8	6	3
	ジャパンC	キセキ	9.2	4	2
2019年	大阪杯	キセキ	4.1	2	2
	宝塚記念	キセキ	3.6	1	2
	朝日杯FS	グランレイ	229.3	14	3
2020年	宝塚記念	キセキ	14.2	6	2

※2021年5月時点

母父サンデーと母父非サンデーで分ける！

　ルーラーシップの勝ちみの遅さは欧州の持続型血統だから。

　主流血統が能力を発揮できないコースや非根幹距離などでもしぶとく走るのも特徴的。ルーラーシップ自身も唯一のＧＩ勝利は海外競馬だった。

　とはいえ、母父が適性主張の強いサンデー系の場合、サンデー系の適性を強く引き継ぐ馬も出やすい。サンデー系が得意とする主流条件で走る馬も多い。実際、国内のＧＩで馬券になったルーラーシップ産駒はすべて母系からサンデーサイレンスの主流スピードを補強された馬だ。

ル
ー
ラ
ー
シ
ッ
プ

　ルーラーシップをはじめ、キングマンボ系は母系からも適性の影響を受ける種牡馬が多い。サンデー系は自身の適性を主張する。ルーラーシップとサンデー系の配合ではサンデーの色が強くなるがゆえの傾向だ。

　ルーラーシップはサンデーの血を持っていないためにサンデー系牝馬との配合が非常に多い。よって、ルーラーシップ産駒は母馬がサンデーの影響を受けているか？を意識することが重要だ。

ルーラーシップ産駒 母父による違い

母父がサンデー系
主流条件でも走れる

そ の 他
非主流（非根幹距離など）が得意

ゆったり追走が吉。牡馬の距離短縮以外を狙え！

　サンデーの血を持っていないのと同じくらい血統的に大きな特徴が、トニービンの血を持っていること。同じくトニービンの血を持つハーツクライと近い。

　ハーツクライとルーラーシップは追走する競馬が得意で、特に牡馬の場合は体力を活かせる同距離や距離延長がプラスに働きやすい。

　ただし、母父が欧州型のルーラーシップ産駒だとスピードの要素が足りないため、「母父欧州型以外」や「近走先行経験」で条件を絞ると良いだろう。

ル

参考データ ①

Rulership

牡馬。芝2200m以上。母父が欧州型以外。
近走先行経験（テンパターン50以内）or距離延長

着別度数	勝率	連対率	複勝率	単回収	複回収
46- 37- 27-177/287	16.0%	28.9%	38.3%	88	95

（集計期間：2017年6月1日〜2021年5月30日）

　またトニービンの血を持つ馬は3歳後半になるまで腰に力がつかない馬が多く、後方からの競馬になりやすいのだが、これが成長とともに腰に力がついてくるともう一段階成長して強い競馬ができるようになるのも特徴。

　これに母系のノーザンテーストの血の影響も加わって古馬になってさらに成長する産駒がよく見られる。

　ルーラーシップ自身、古馬になってから活躍したタイプで、さらに母エアグルーヴも古馬になって一段と成長。バブルガムフェローやサイレンススズカを相手に天皇賞秋を制覇するなど、一流の牡馬相手に一歩も引かぬ活躍を見せた馬だった。

　古馬混合戦のほうがスタミナや持久力が問われやすいのも適性面で有利。

ルーラーシップ産駒の芝重賞 年齢別成績

年齢	着別度数	勝率	連対率	複勝率	単回収	複回収
2歳	1- 2- 3- 20/ 26	3.8%	11.5%	23.1%	16	123
3歳	8- 9- 10- 84/111	7.2%	15.3%	24.3%	42	88
4歳	6- 4- 5- 26/ 41	14.6%	24.4%	36.6%	97	88
5歳	3- 3- 3- 27/ 36	8.3%	16.7%	25.0%	79	116
6歳	1- 2- 1- 11/ 15	6.7%	20.0%	26.7%	114	90
7歳以上	0- 0- 1- 5/ 6	0%	0%	16.7%	0	35

※2021年5月時点

ダート1600m以上&母父非サンデー系&短縮は強力な消し条件！

前述したように、母父サンデーのルーラーシップ産駒は主流血統が能力を発揮するコースへの適性が上がる。

一方の母父非サンデーのルーラーシップは、トップスピードが不足。重い芝が得意な馬が多くなる。

この手のタイプは日本では「芝ではスピードが足りないからダートで使おう」となりがちだが、重い芝とダートでは要求される能力が違う。スピード不足で重い芝が得意だからといって、基本的にダートには向いているわけではない。

さらにルーラーシップは前走よりも追走ペースが速くなりやすい距離短縮が苦手な馬が出やすい。ダート、距離短縮と二重苦が揃えばこれは相当危ない。強力な消し条件となる。

距離に関しては、1600m以上ならゆったり走れてプラスなのでは？と思われる方がいるかもしれないが、そうはいかない。

ルーラーシップ産駒でも1400m以下を使っている馬は気持ちが強くて先行できる馬も多い。このタイプは強い気持ちとバテない強みを活かして好走するケースがあるため、無条件に消すのは早計だ。しかし、1600m以上に出てくるルーラーシップ×母父非サンデー系はスピードもなければ、走る気もない馬が多い。よってダート1600m以上&母父非サンデー系&距離短縮が消し条件となるわけだ。

参考データ②　Rulership

母父非サンデー系。ダート1600m以上。今回距離短縮

着別度数	勝率	連対率	複勝率	単回収	複回収
2- 3- 3-21/29	6.9%	17.2%	27.6%	39	50

（集計対象:推定人気順位3位以内）（集計期間:2017年6月1日～2021年5月30日）

ローエングリン

Lohengrin

大系統／ノーザンダンサー系　小系統／サドラーズウェルズ系

シングスピール Singspiel 鹿　1992	インザウイングス In the Wings	Sadler's Wells	父小系統（父国タイプ） サドラーズウェルズ系（欧）
		High Hawk	
	グローリアスソング Glorious Song	Halo	父母父小系統 ヘイロー系（米）
		Ballade	
*カーリング Carling 黒鹿　1992	ガルドロワイヤル Garde Royale	Mill Reef	母父小系統 ネヴァーベンド系（欧）
		Royal Way	
	コラレハ Corraleja	Carvin	母父父小系統 セントサイモン系（欧）
		Darling Dale	

Mill Reef 5×3

DATA

適性遺伝 中間型

日本 ③

米国 ③　　④ 欧州

短距離

ダート　　芝

中距離　　牡　牝

POINT

日本の芝適性も高い一流の血統

馬券的には実は芝短距離が狙い目

ローエングリンは1999年に父シングスピール、母カーリングの間に生まれる。欧州色の強い良血だ。

5カ国で走った父同様、ローエングリンも国内で45戦10勝（2002年宝塚記念3着、2003年安田記念3着）、海外で3戦0勝（2003年仏ムーラン・ド・ロンシャン賞2着、2003年香港マイル3着）と、日本のみならずフランス、香港のGⅠでも好走を見せた。

競走馬としてはGⅠ勝利には手が届かなかったものの、様々な国で一流のパフォーマンスを発揮したポテンシャルは特筆に値する。それは種牡馬になっても同様。

2年目の産駒ロゴタイプがGⅠを3勝した（2012年朝日杯FS、2013年皐月賞、2016年安田記念）。

ヘイローが色濃い良血馬

父はシングスピール（1996年ジャパンC）で、その母は名牝グローリアスソング。グローリアスソングの牝系は日本でもシュヴァルグラン、ヴィルシーナ、ダノンシャンティが東京芝でGⅠを勝っており、日本の芝で主流のスピード能力を強化している。

常々書いていることだが、もしサンデーサイレンスがいなければ、グローリアスソングの血を継ぐ種牡馬、繁殖牝馬は日本でさらに勢力を拡大したことだろう。

母カーリングもフランスのGⅠを2勝。ローエングリン自身の戦歴の印象は地味ながら、血統は一流で日本の芝適性も高い。

なおグローリアスソングの父ヘイローはスピード能力が持ち味で、速い馬場での持続力勝負に強い血統。

ローエングリンはこのヘイローの影響が強く出ており、これは

ロ

同様にヘイローの血を持つタイキシャトルやキングヘイローも同じ（なお、サンデーサイレンスも父がヘイロー。日本の芝適性が高いのは同様だが、他のヘイローとは一線を画する。詳細は後ほど補足する）。

　話をヘイローに戻す。タイキシャトルは父がヘイロー系で母父がニジンスキー系。父デヴィルズバッグはグローリアスソングの全弟という血統構成。キングヘイローは父がリファール系で母父がヘイロー。この3頭には父か母父がノーザンダンサー系で、サンデーサイレンスを経由しないヘイローの血を持つという共通項がある。だから産駒の適性も似る。

前走から距離短縮で臨む芝1400m以下は買い

　ローエングリン産駒はこれまでに重賞7勝を挙げており（2021年5月末時点）、その内訳は1400m以下が1勝、1600m以上で6勝。本質は芝マイル以上のスピード持続力に長けた馬。

　だが、馬券的には芝短距離が狙い目。特に前走から距離を短縮して芝1400m以下に出走するパターンは大敗から巻き返すことも多く、人気薄でも好走が期待できる。

　この特徴は、先のタイキシャトル、キングヘイローにも同じ。2018年アイビスサマーダッシュや2018年京阪杯など、ローエングリン産駒と同じレースで一緒に馬券になることも珍しくない。

　筆者はローエングリン産駒をタイキシャトルやキングヘイローと同じタイプにすれば良いというアプローチにいち早く気づいた。だからこそデータ、サンプルが揃わないうちからおいしい馬券を仕留められたのだ。

ローエングリン

参考データ ①　　　　　　　　　　　　　　　　　　　　　　　*Lohengrin*

芝1400m以下で距離短縮

着別度数	勝率	連対率	複勝率	単回収	複回収
8- 12- 22-135/177	4.5%	11.3%	23.7%	56	123

（集計期間：2011年6月1日～2021年5月30日）

母父米国産以外のダート1400m以下は危険!

　芝の持続力勝負は得意だが、同じく持続力が問われやすいダートの適性には乏しい。これも父、母ともに欧州型の血統の典型的な特徴。

　母父が米国型ではない馬だとさらに信用できず、上位人気になるようなら軽視するのが得策。

参考データ ②　　　　　　　　　　　　　　　　　　　　　　　*Lohengrin*

ダート1400m以下で母父米国型以外

着別度数	勝率	連対率	複勝率	単回収	複回収
5- 4- 5-28/42	11.9%	21.4%	33.3%	50	55

（集計対象：推定人気順位3位以内）　（集計期間：2011年6月1日～2021年5月30日）

ローエングリン

ヘイローとサンデーサイレンスの違いとは

　ローエングリンの父母父にあたるヘイロー。日本ではサンデーサイレンスの父として有名だが、サンデーサイレンスはヘイロー系の中では鬼っ子的存在。サンデーサイレンス以外のヘイロー系産駒は速い馬場の持続力勝負に強いという特徴がある。

　サンデー系も速い馬場は得意。ただし、サンデーサイレンスは他のヘイロー系よりもフランス指向のタメが利く。さらに母系からもフランス系を強化された配合は米国指向のヘイローとは適性が大きく異なる。ディープインパクト、ステイゴールド、ハーツクライなどはまさしくそう。

　つまり、サンデーサイレンスを経由しないほうが本流のヘイロー。サンデー系が異質なヘイロー系ということ。同じスピード競馬でも持続力で押し切るのがヘイローで、直線でビュッと伸びるのがサンデー系だ。だからこそ、スマート出馬表の系統分類ではヘイロー系とサンデー系を分けているのだ（サンデーに限らず、その系統から逸脱した個性を放つと系統を独立させるのが亀谷流の系統確立の原則だ）。

　日本の主流の競馬ではサンデー系が強く、アメリカ的な流れの競馬になるとサンデーを経由しないヘイロー系のほうが強いというイメージを持っておくとわかりやすいだろう。

　また、サンデーサイレンスを経由しないヘイロー系は距離短縮の適性が高いが、サンデー系の後継種牡馬はもともとタメが利く馬が多く、短縮の適性が下がる。これも競馬と血統を理解する上での基礎的な原則だ。

カラクレナイの2019年鞍馬S（4番人気2着）も、2019年バーデンバーデンC（5番人気1着）も
「距離短縮で臨む芝1400m以下」に該当していた。

ロ

ロードカナロア

Lord Kanaloa

大系統／ミスプロ系　小系統／キングマンボ系

キングカメハメハ 鹿　2001	キングマンボ Kingmambo	Mr. Prospector	父小系統（父国タイプ） キングマンボ系（欧）
		Miesque	
	*マンファス Manfath	*ラストタイクーン	父母父小系統 ノーザンダンサー系（欧）
		Pilot Bird	
レディブラッサム 鹿　1996	ストームキャット Storm Cat	Storm Bird	母父小系統 ストームバード系（米）
		Terlingua	
	*サラトガデュー Saratoga Dew	Cormorant	母母父小系統 リボー系（欧）
		Super Luna	

Northern Dancer 5·5×4

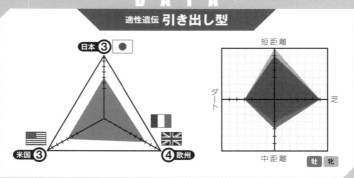

DATA

適性遺伝 引き出し型

日本 ③ 🔴

米国 ③　　　　　④ 欧州

短距離

ダート　　　　芝

中距離　　　牡　牝

POINT

広いコース・根幹距離・軽い馬場に強い

上位種牡馬のなかではダート適性が高い

引き出し型種牡馬

プロフィール

Lord Kanaloa

　2008年生まれ。父キングカメハメハ、母レディブラッサム。母父ストームキャット。父キングカメハメハは2004年にNHKマイルC1着後、日本ダービーをレコードで勝利。母レディブラッサムは中央で芝3勝、ダート2勝、計5勝をマーク。その母サラトガデューはベルダムS、ガゼルH（ともに米GI・ダ9F）勝ち。

　現役時代は名スプリンターを続々と輩出した栗東・安田隆行厩舎が管理。2010年12月に小倉芝1200mでデビューすると2着馬に1秒差をつけて圧勝。3歳になるとジュニアC、500万下の連続2着を挟んで500万特別から重賞初制覇となる京阪杯まで4連勝。明け4歳のシルクロードSも勝利で飾って重賞2連勝で臨んだ高松宮記念はカレンチャンの3着。これが生涯唯一、連対を逃したレースとなった。函館スプリントS、セントウルS2着を挟み、スプリンターズSを制してGI初制覇を遂げると、ここから香港スプリント、阪急杯、高松宮記念、安田記念まで5連勝。5歳秋はセントウルS2着から始動して、スプリンターズS、香港スプリントをそれぞれ連覇。通算19戦13勝（うちGI6勝）で現役生活を終えた。

　翌2014年から社台スタリオンステーションで種牡馬入り。初年度から254頭に種付けし、そのなかからアーモンドアイ、ダノンスマッシュ、ステルヴィオと3頭のGI馬が誕生。これら活躍馬の影響もあって2019年までは毎年250頭以上の繁殖牝馬を集め、2018年には307頭に種付けを行うなど人気を博している。それに伴い種付け料も上昇し、初年度の500万円が2019年には1500万円、2020年には2000万円に急騰している。

　代表産駒はアーモンドアイ（2018年牝馬三冠、ジャパンC、2019年ドバイターフ、天皇賞秋、2020年ヴィクトリアマイル、天皇賞秋、ジャパンC）、ダノンスマッシュ（2020年香港スプリント、2021年高松宮記念）、ステルヴィオ（2018年マイルCS）、サートゥルナー

リア（2018年ホープフルS）、タガロア（豪産。ブルーダイヤモンドS・豪GⅠ・芝1200m）ほか。

種牡馬としての特徴

直線が長く坂のある根幹距離が得意

ロードカナロアは現役時代にスプリント戦で実績を残したが、本質はマイラーである。厩舎が違えばマイル戦線を主体に走り、活躍した可能性も高い。血を育むのは人だ。

実際、ロードカナロア産駒は直線が長く坂のある1600m・2000m・2400mで走る馬が多い。しかも、現状では前走4着以下に負けている馬を買うとプラスになる。

これはロードカナロアが根幹距離に強い産駒を出すということ、得意条件と苦手条件がはっきりしているということを示している。

参考データ①

芝で直線が長く坂のある根幹距離（1600、2000、2400m）。前走4着以下

着別度数	勝率	連対率	複勝率	単回収	複回収
32- 19- 19-201/271	11.8%	18.8%	25.8%	226	100

（集計対象:東京、中京、阪神外回り）（集計期間:2017年6月1日〜2021年5月30日）

ディープインパクト産駒は勢いがあるときは多少苦手な条件でも連続して走れるが、ロードカナロア産駒の場合は、好調でも苦手条件なら競馬をやめてしまう。そして、得意な条件に戻るとしっかりと走るタイプだ。

ロードカナロア産駒は広いコース・根幹距離・軽い馬場に強いが、逆の条件である小回り・非根幹距離・重い馬場というのは苦手。アーモンドアイほどの馬でも有馬記念では惨敗している。

マイル以上の根幹距離の適性が高いこと。加えて巻き返し力が高

ロードカナロア

いことを多くの競馬ファンは知らない。だから、現状では回収率も優秀なのである。

東京・中京・京都・小倉のダート1400m以下は買い

ロードカナロア産駒はダート1400m以下でも好成績を挙げている。この点もディープインパクト産駒との大きな違いだ。

ロードカナロアもディープインパクトも現役時代にダートを走っていない。しかし、その2頭が東京ダ1400mで対決したら、たぶんロードカナロアが勝っただろう。キングカメハメハ系とサンデー系を比較した場合、キングカメハメハ系のほうがJRAの砂を得意とする馬が出やすいからだ。

加えて母父はストームキャット。当然ダート適性が高い。さらにキングマンボ系は母の個性を出しやすい「引き出し型」だ。

ロードカナロアは日本の上位種牡馬のなかではJRAの砂適性(ダート適性)が高い。特にダートの1400mは芝の要素も要求されやすい特殊な条件。ダートの本場で走る生粋の米国血統と比べた場合でもロードカナロアのほうが向いているぐらい。

1300m以下でも東京・中京・京都・小倉であれば好成績を挙げている。

参考データ②   *Lord Kanaloa*

東京、中京、京都、小倉のダ1400m以下

着別度数	勝率	連対率	複勝率	単回収	複回収
52- 52- 44-319/467	11.1%	22.3%	31.7%	114	102

(集計期間:2017年6月1日～2021年5月30日)

キングカメハメハ同様、引き出し型種牡馬

　先にも書いたように、キングマンボ系の種牡馬は引き出し型が多く、母方に主張の強い血があれば、その影響を大きく受けやすい。その典型例がサンデーサイレンスの血を持った母との配合。母の適性が強く出る。

　アーモンドアイの母であるフサイチパンドラは、エリザベス女王杯を勝ったサンデー産駒。サートゥルナーリアの母であるシーザリオも、オークスとアメリカンオークスを勝ったサンデー産駒だ。

　ロードカナロア自身の適性は軽い馬場が得意なマイラーであろう。だが、母に中距離を走るような血が入っていればその影響を強く受けるわけだ。

　一方で、香港スプリントと高松宮記念を連勝したダノンスマッシュは、母方にサンデーの血を持っていない。サンデーを持たないスピード血統と配合し、安田隆行厩舎のように1200mで強い馬を育てられる厩舎に入れば、ハイレベルなスプリンターが生まれる。

　ロードカナロア産駒を芝1200mで狙うときは、

・母方にスプリント適性の高い血を持っているか？
・サンデーの影響が薄い母系か？
・スプリント戦に強い厩舎か？

　この3つをチェックすればいい。

　また、当然ながらダートで狙う際も、ダートに実績のある血を持っているか、ダートに強い厩舎のほうが好走率は上がる。

　引き出し型種牡馬の場合、母の血統と育成が非常に大事になる。これが主張型のサウスヴィグラスが父の場合、どんな繁殖をつけようが、どの厩舎に入ろうが、芝を走れる馬が出る可能性は1%にも満たない。

　産駒の適性をいち早く推測する上でも、主張型と引き出し型の個性、種牡馬の本質的な適性は理解したい。

参考データ③

芝1200m以下。母父欧州型以外。生産ノーザンファーム以外

着別度数	勝率	連対率	複勝率	単回収	複回収
90- 61- 48-381/580	15.5%	26.0%	34.3%	118	98

（集計期間:2017年6月1日〜2021年5月30日）

ワールドエース
World Ace

大系統／サンデー系　小系統／ディープ系

ディープインパクト 鹿 2002	*サンデーサイレンス Sunday Silence	Halo	父小系統（父国タイプ） ディープ系（日）
		Wishing Well	
	*ウインドインハーヘア Wind in Her Hair	Alzao	父母父小系統 リファール系（欧）
		Burghclere	
*マンデラ Mandela 栗 2000	アカテナンゴ Acatenango	Surumu	母父小系統 ハンプトン系（欧）
		Aggravate	
	マンデリヒト Mandellicht	Be My Guest	母母父小系統 ノーザンダンサー系（欧）
		Mandelauge	

Northern Dancer 5×4

DATA

適性遺伝 **主張型**

短距離　芝　中距離　ダート

日本 ④　米国 ②　④ 欧州

牡　牝

POINT

欧州型ディープの不遇な良血

神経質なコルトサイアー

　父ディープインパクトに母はドイツ牝系のマンデラ（父アカテナンゴ）。全弟に2019年菊花賞、2021年天皇賞春勝ち馬のワールドプレミア。半弟ヴェルトライゼンデも2019年ホープフルS2着、2020年ダービー3着。ドイツと日本の血脈が融合した超良血。

　ワールドエース自身はGIでは大出遅れの2012年皐月賞で2着した実績がある程度だが、3歳後半から5歳まで2年近い戦線離脱が大きかった。復帰後は2戦目のマイラーズCを好タイム勝ち。その後は勝ち鞍に恵まれず、6歳で引退。

　2016年より日高のアロースタッドで繋養され、2020年には130頭以上に種付けしている。

根幹距離（1600m、2000m、2400m）の牡馬！

　ワールドエースは産駒が日本の主流距離であり、最もレベルの高いカテゴリの芝1600m、2000m、2400mでしっかりと走ることができているように、ディープインパクトの個性、適性、能力を正統に引き継いだ馬を出しやすい種牡馬だ。芝根幹距離（1600m、2000m、2400m）に出走してくる牡馬なら、安心して買うことができる。

　種牡馬としてのポテンシャルも高く、産駒にディープらしさを伝える割にはディープ産駒ほど人気にならない。根幹距離で非常においしい種牡馬となっている。

　ワールドエースは種牡馬ディープインパクトの2年目の産駒で、現役当時はまだディープ産駒の"キレ味の引き出し方"や"反動の出ない使い方"が確立されておらず、不完全燃焼に終わった。もし今走っていれば芝中距離GIで、もっと活躍できていたはず。不遇の良血だからこそおいしい。

ワ

　繁殖の質は全体的に恵まれているとは言えないものの、ノーザンファーム生産馬からはレッドヴェロシティも出た。良い繁殖につけられればさらなる活躍が期待できる。

参考データ

World Ace

芝1600m、2000m、2400m。牡馬

着別度数	勝率	連対率	複勝率	単回収	複回収
6- 6-18-69/99	6.1%	12.1%	30.3%	118	134

（集計期間：2019年6月1日〜2021年5月30日）

ワールドエース

牡馬産駒のほうが走る"コルトサイアー"

　父ディープの直仔との違いは、ワールドエース産駒は牡馬と牝馬とで成績が大きく異なること。ワールドエースは典型的なコルトサイアーだ。

　デビュー戦時の馬体重は、牝馬はほとんどが420キロ以下で、400キロに満たない馬も多い。小柄になるのは繊細な気性も要因で、仮に能力が高くても実戦で発揮するのは難しくなる。

　小柄な牝馬を出しやすいのは欧州寄りのドイツ中距離血統によくある傾向。ドイツ牝系の影響も受けていることがわかる。

　牝馬特有の柔らかさはキレ味につながるものの、ワールドエース産駒は牡馬でも十分柔らかい馬が出ており、柔らかさを補う必要はない。どちらかと言うとパワーと図太さ（硬さと穏やかさ）を補ったほうが良いということだ。

ダートの牝馬はパワー不足

　ワールドエースはドイツ牝系の影響もあって、淀みない流れやスピードを持続するようなレースは苦手。つまりダートは不向きな血

統だ。ましてや小柄な馬が出やすい牝馬だとパワーも不足するので、今後もダートでは厳しいと言わざるを得ない。

ワールドエースが教訓となったディープの使い方

先にワールドエースは"不遇の良血"だと書いたように、後のディープ産駒全盛の礎でもあり、教訓も与えた馬だった。

12月3週目のデビュー戦を勝ち上がって、2戦目に若駒Sを使ったのは父と同じ。ただ、若駒Sを負けたことで中1週のきさらぎ賞に出走。ここで勝って賞金を加算しながら、前哨戦の若葉Sも使う厳しいローテーションをとっている。

向かったクラシック初戦の皐月賞では出遅れて大外を通るロスの多いレースとなり2着。1番人気に支持されたダービーでは激しい流れの持久力勝負になって4着。

無理をさせたことがたたったのか、ダービー後に故障している。故障から復帰してからは、3歳時のようなパフォーマンスを発揮できず、まさに不完全燃焼だった。

今なら、若駒Sで負けた時点で皐月賞を諦めてダービーを目指すか、きさらぎ賞を使ったとしても前哨戦はパスして皐月賞に直行するのが常道だろう。

ディープインパクト産駒は使い込んではいけないことを体現したような馬だった。当時の主戦騎手は福永祐一騎手。ダービー馬シャフリヤールはワールドエースでの経験が大きな糧になっているはずだ。

ワ

American Pharoah

アメリカンファラオ

大系統／ミスプロ系　小系統／ミスプロ系

パイオニアオブザナイル Pioneer of the Nile 黒鹿　2006	＊エンパイアメーカー Empire Maker	Unbridled	父小系統（父国タイプ） ミスプロ系（米）
		Toussaud	
	スターオブゴーシェン Star of Goshen	Lord at War	父母父小系統 フェアウェイ系（欧）
		Castle Eight	
リトルプリンセスエマ Littleprincessemma 栗　2006	ヤンキージェントルマン Yankee Gentleman	Storm Cat	母父小系統 ストームバード系（米）
		Key Phrase	
	イクスクルーシヴロゼット Exclusive Rosette	Ecliptical	母母父小系統 レイズアネイティヴ系（米）
		Zetta Jet	

Northern Dancer 5×5

DATA

適性遺伝 引き出し型

日本 ③　米国 ⑥　① 欧州

短距離　ダート　芝　中距離　牡　牝

POINT

若駒限定戦に強い

ダート中距離型も、芝指向の強いダートの馬場がベスト

芝の瞬発力勝負は苦手

　2012年生まれ。父パイオニアオブザナイル、母父ヤンキージェントルマン。

　現役時代は北米で11戦9勝。主な勝ち鞍は2015年ケンタッキーダービー（ダ10F）、プリークネスS（ダ9.5F）、ベルモントS（ダ12F）、2015年ブリーダーズCクラシック（ダ10F）など。37年ぶりに誕生した米三冠馬で、GI通算8勝。

　2016年からアメリカで種牡馬入り。初年度産駒からダノンファラオ（2020年ジャパンダートダービー）、カフェファラオ（2021年フェブラリーS）らGI馬を出している。

日本のダート中長距離がベストなアメリカ三冠馬

　アメリカンファラオは米クラシック三冠に加え、ブリーダーズCクラシックでも好タイムで2着馬に6馬身以上の差をつけて圧勝した近年のアメリカ屈指の名馬。

　日本でも種牡馬入りしたエンパイアメーカーの系統。エンパイアメーカーは日本ではイマイチの成績に終わったものの、北米ではクラシック向きで本格的な主流血統だ。

　ただしアメリカンファラオは米国血統だが、素軽さやスピードやダッシュ力があるタイプではない。そのためか本場アメリカのダートGIではいまだに実績を残せていない。

　その一方で、日本のダート中距離は時計がかかりやすく、ラストの失速率も高いカテゴリ。大型でパワーがあり、持久力にも優れるアメリカンファラオ産駒に向く。体力の完成も早いので、2、3歳の早い時期には特に有利となる。

　しかし、ダート1800m以上に出走するすべての馬を狙うのは得策

A

ではない。近走で最低限の先行（テンパターン50以内）を経験している馬、前走で今回よりも短い距離を使っている距離延長馬といった、近走で前向きな経験をしている馬に絞ったほうが良いだろう。

　これは米国血統ではエスケンデレヤと似た傾向。アメリカンファラオはスケールを大きくしたエスケンデレヤのイメージだ。

　アメリカンファラオ産駒の特徴をよく表しているのがダノンファラオ。ダノンファラオが勝ったジャパンダートダービーとダイオライト記念は、前走先行に加えて距離延長。

　一方、同じく代表産駒のカフェファラオは、2021年フェブラリーSを勝ったように東京ダ1600mで強く、先行経験後には凡走しやすい馬。これは母父モアザンレディの影響や、脚の遅い血統でも前向きにしてスピードを引き出す堀厩舎の育成による面が大きいと見る。やはり堀厩舎は種牡馬の適性個性を薄くする超一流調教師である。

参考データ①　　　　　　　　　　　　　　　*American Pharoah*

ダート1800m以上。
距離延長or近走先行経験馬（テンパターン50以内）

着別度数	勝率	連対率	複勝率	単回収	複回収
9- 2- 1-15/27	33.3%	40.7%	44.4%	189	95

（集計期間:2019年6月1日〜2021年5月30日）

ダート1400m以下で人気だと危険！

　スピード、ダッシュ力に欠ける短所を持つだけに、ダートでも短距離の適性は低い。そのカテゴリのスペシャリストにはまず勝てない。日本での頭数が少なくサンプルは4つしかないものの、血統を理解していればそうなると予測するほうが自然。サンプル数が増えてくれば、予測した方向性（ダート短距離の回収率が低い方へ）収束するのではないか。

ダート1400m以下

着別度数	勝率	連対率	複勝率	単回収	複回収
0- 0- 0- 4/ 4	0%	0%	0%	0	0

（集計対象:推定人気順位3位以内）　（集計期間:2019年6月1日〜2021年5月30日）

芝で人気になったら軽視!

　現時点（2021年5月末）でJRAの芝で3勝しており、そのうちの2勝が新馬戦。残りのひとつはリフレイムの2戦目。

　米国血統の武器でもある仕上がりと体力面の完成の早さで若駒限定の芝競馬を勝っているが、日本の芝に対応するためのトップスピードは本質的に不足している。

芝

着別度数	勝率	連対率	複勝率	単回収	複回収
1- 0- 0- 3/ 4	25.0%	25.0%	25.0%	65	37

（集計対象:推定人気順位3位以内）　（集計期間:2019年6月1日〜2021年5月30日）

A

Frankel

フランケル

大系統／ノーザンダンサー系　小系統／サドラーズウェルズ系

ガリレオ Galileo 鹿 1998	サドラーズウェルズ Sadler's Wells	Northern Dancer	父小系統（父国タイプ） サドラーズウェルズ系（欧）
		Fairy Bridge	
	アーバンシー Urban Sea	Miswaki	父母小系統 ミスプロ系（欧）
		Allegretta	
カインド Kind 鹿 2001	*デインヒル Danehill	Danzig	母父小系統 ダンチヒ系（欧）
		Razyana	
	レインボウレイク Rainbow Lake	Rainbow Quest	母母小系統 レッドゴッド系（欧）
		Rockfest	

Northern Dancer 3×4、Natalma 4×5·5、Buckpasser 5×5

DATA

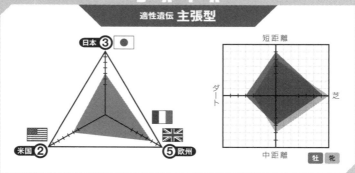

適性遺伝 主張型

日本 ③ ●
米国 ②
⑤ 欧州

短距離
ダート
芝
中距離
牡 牝

POINT

ダンチヒ（デインヒル）の個性を強く引き継いだ欧州型種牡馬

フレッシュさと勢いが重要

日本の高速マイルの流れでもGI級

　2008年、イギリス生まれ。父は英・愛のダービーを制したチャンピオンサイアー・ガリレオ。母父ディンヒル。全弟に2014年チャンピオンS（英GⅠ・芝2000m）勝ちのノーブルミッション。

　現役時代はイギリスで14戦14勝。主な勝ち鞍にデューハーストS（芝7F）、英2000ギニー（芝8F）、クイーンエリザベス2世S（芝8F）、サセックスS（芝8F）、インターナショナルS（芝2063m）、チャンピオンS（芝10F）など。14勝中10勝がGⅠだった。

　2013年から種牡馬として活躍しており、初年度産駒からソウルスターリング（2017年オークス）、モズアスコット（2018年安田記念、2020年フェブラリーS）、クラックスマン（2017、2018年チャンピオンS）ら多くのGⅠ馬を輩出。その後も毎年GⅠ勝ち馬を送り出しており、日本でもグレナディアガーズが2020年朝日杯FSを勝っている。

世界的成功を収めた歴史的名馬

　フランケルは現役時代14戦全勝で、しかもそのほとんどが圧勝。欧州の歴史的名馬だ。種牡馬としても世界的な成功を収めている。

　ただし、すべての面で意外性はない種牡馬で馬券的な妙味はなし。逆張り（消し）で利用する局面が多い。その消し所をしっかり把握しておきたい。

休み明けから走れるが、間隔を詰めると危ない！

　産駒は高い能力を持つ反面、脆さも目立ち、前向きな気性で休み明けから能力を全開できる。一方、間隔を詰めると人気を裏切るこ

F

とが多くなる。フランケル産駒にはフレッシュさが必要。これはディープインパクトと同じ。

　2020年朝日杯FSを勝ったグレナディアガーズも間隔をあけながら使われて結果を残しているのを考えるとわかりやすいだろう。

　中3週以内で間隔を詰めてしまうとフレッシュさが失われ、パフォーマンスを下げやすいことは頭に入れておきたい。

参考データ① *Frankel*

中3週以内。前走2〜9着

着別度数	勝率	連対率	複勝率	単回収	複回収
5- 7- 5-24/41	12.2%	29.3%	41.5%	40	62

（集計対象：推定人気順位3位以内）　（集計期間：2016年6月1日〜2021年5月30日）

　ちなみにポイントを前走2〜9着としたのは、前走1着で勢いがあれば、絶頂期は克服できてしまうから。

　フランケル産駒は好調で勢いのあるときにはトップレベルまで上り詰めるだけのポテンシャルがある。ただし、一度不振に陥ると巻き返しづらいのもディープインパクト産駒の傾向に似ている。スーパーサイアーの原則ともいえる。

　ソウルスターリングがまさにその典型。オークスまでは気持ちが乗っていたものの、毎日王冠で1番人気8着に敗れてからは不振に陥り、そのまま一度も勝つことなく引退。

　そのほかでもミスエルテが新馬、ファンタジーSを連勝し、1番人気に推された朝日杯FSで4着に惜敗。その後は不振に陥って結局一度も掲示板に載ることすらなく引退している。引き際が肝心な種牡馬だ。

　これに関して注意したいのは、モズアスコットは例外だということ。モズアスコットは連闘で安田記念を勝ったが、前走の安土城Sは調教代わりみたいなもので、まったく能力を出していなかった。

あの連闘での勝利は例外として捉えるべきだろう。ダート転向も含め、フランケル産駒の気性を上手に利用した矢作調教師の手腕には大いに感服する次第。

ダート1400m以下で上位人気だと危険

フランケルは欧州指向の強い血統で、芝向きの素軽い走りを見せる産駒も多く、本質的にダートは不向き。

前向きな気性もあり、ダート短距離を使われることも多いのだが、芝とは異なる淀みない流れも欧州指向の血統には合わず、人気になるようだと信用はできない。

ちなみにここでもモズアスコットのイメージに引きずられると馬券は危険。モズアスコットはダート1400mの根岸Sを勝っているが、母父がストームキャット系、母母父がミスワキと、ダートの名血を持っている馬だ。

加えてあの根岸Sは上がり34秒台を出せるような特殊馬場だったのも大きい。そのモズアスコットもNAR（地方競馬）のダートでは逆張りが有効だった。

モズアスコットがハマった場面は忘れて（むしろ人気を裏切ったNARの競馬を思い出して）ダート1400m以下、特に小回りやタフな馬場では消しまくったほうがいいだろう。

参考データ② _Frankel_

ダート1400m以下

着別度数	勝率	連対率	複勝率	単回収	複回収
0- 0- 0- 9/ 9	0%	0%	0%	0	0

（集計対象:推定人気順位3位以内）　（集計期間:2016年6月1日〜2021年5月30日）

F

Frankel

直線が長く坂のあるコースと
軽い芝が最適で日本適性も高い

2014年産以降でJRAの芝1600m以上のGⅠを勝った46頭中、サンデーサイレンスの血をまったく持っていなかったのは6頭のみ（2021年5月末時点）。そのうち3頭がフランケル産駒だ。フランケルは父単体でもサンデーに匹敵するほど、日本の芝中距離適性を示す優秀な種牡馬と言える。

ソウルスターリング、モズアスコット、グレナディアガーズはいずれもGⅠを勝ったのは東京か阪神の芝1600m以上で、直線が長く坂のあるコース、軽い芝が最適。

また短距離指向の厳しい流れ、ハイペースに対する適応力がサンデー系に比べて高いというのも長所だ。実際、モズアスコットが勝った安田記念では中距離指向のサンデー系スワーヴリチャード、サングレーザーが人気で凡走。グレナディアガーズが勝った朝日杯FSもディープインパクト産駒で1番人気のレッドベルオーブが3着に凡走している。

ダンチヒ系が得意とする高速馬場で道中が速い流れなら、ディープインパクト以上に強いと認識しておきたい。

カテゴリ別索引

カテゴリ	種牡馬名	買い条件	
芝1800m	ゴールドシップ	直線が短いコース。同距離か距離延長	126
	ノヴェリスト	下級条件(未勝利戦、1勝クラス、2勝クラス)	224
	マンハッタンカフェ	重賞	284
	マンハッタンカフェ(母父)	重賞	284
芝1800m以上	エイシンフラッシュ	古馬混合戦。社台グループ生産で母父サンデー系の牡馬	46
	エピファネイア	外枠(5~8枠)or前走から距離延長の牡馬	60
	オルフェーヴル	直線が長いコースの古馬混合戦	70
	キングカメハメハ	直線が長く坂のあるコース。母父サンデー系(大系統)の牡馬	96
	ドゥラメンテ	好調(前走5着以内)or新馬戦or休み明け(中9週以上)の牡馬	200
	フェノーメノ	牝馬	252
	リオンディーズ	直線が長く坂のあるコース	304
芝2000m	ロードカナロア	直線が長く坂のあるコース。前走4着以下	320
	ワールドエース	牡馬	326
芝2000m以上	モーリス	直線の短いコース。近走先行経験(テンパターン30以内)のある馬	288
芝2200m	アイルハヴアナザー	テンパターン30以内	30
	キングズベスト	4歳以上	100
	ノヴェリスト	下級条件(未勝利戦、1勝クラス、2勝クラス)	224
	マンハッタンカフェ	重賞	284
	マンハッタンカフェ(母父)	重賞	284
芝2200m以上	ゴールドシップ	下級条件(1勝クラスより下)で同距離or距離延長	126
	ジャングルポケット	母父が米国型か日本型で前走6着以下の馬	144
	ディープインパクト	軽斤量(54キロ以下)	188
	ディープブリランテ	テンパターン50以内	196
	ハーツクライ	2、3歳限定戦。300m以上の距離延長	228
	ルーラーシップ	母父欧州型以外で近走先行経験(テンパターン50以内)or距離延長の牡馬	308
芝2400m	ロードカナロア	直線が長く坂のあるコース。前走4着以下	320
	ワールドエース	牡馬	326
芝2500m	マンハッタンカフェ	重賞	284
ダート	エンパイアメーカー	母父米国型の外枠(6~8枠)	66
	カジノドライヴ	母父米国型	76
	グランプリボス	前走芝→今回ダートの牡馬	112
	ゴールドアリュール	新馬戦	122
	サウスヴィグラス	未勝利戦。母父米国型	134

カテゴリ	種牡馬名	買い条件	
	バトルプラン	古馬混合戦。母父米国型	246
ダート	ヘニーヒューズ	2、3歳限定戦。前走負けた母父米国型	260
	マクフィ	母父米国型	268
	アジアエクスプレス	2、3歳限定戦。母父がサンデー系以外	34
ダート1200m以下	クロフネ	2、3歳限定戦。母父がサンデー系(大系統)以外	116
	ゴールドアリュール	母父米国型の牝馬	122
ダート1300m以下	カレンブラックヒル	母父欧州型以外	82
	サウスヴィグラス	母父欧州型以外で前走内枠(1~4枠)or今回外枠(5~8枠)	134
	バトルプラン	古馬混合戦。今回距離短縮以外	246
ダート1400m以下	モーリス	下級条件(未勝利戦or1勝クラス)。母父が欧州型以外の牡馬	288
	ロードカナロア	東京、中京、京都、小倉	320
	カジノドライヴ	近走先行経験馬(テンパターン50以内)or前走から距離延長	76
ダート1400m	クロフネ	東京	116
	パイロ	新馬戦	242
ダート1400m以上	グランプリボス	テンパターン50以内の母父米国型	112
ダート1600~1800m	スマートファルコン	母父米国型	170
	エスポワールシチー	母父米国型	56
	キングカメハメハ	母父欧州型以外の牡馬・セン馬	96
ダート1600m以上	ゴールドアリュール	上級条件(2勝クラスより上)で直線が長いor坂のあるコース	122
	タートルボウル	母父が欧州型以外の牡馬かセン馬	174
	トランセンド	母父が大系統サンデー系以外の近走先行経験馬(テンパターン30以内)	212
	エスケンデレヤ	テンパターン50以内or距離延長	52
	スクリーンヒーロー	2、3歳限定戦。前走芝→ダートの牡馬orセン馬	160
	ドゥラメンテ	母父米国型の牡馬・セン馬で前走芝を使っている馬	200
ダート1700m以上	ネオユニヴァース	前走芝	220
	ハーツクライ	未勝利戦で前走芝。近走先行経験(テンパターン50以内)or距離延長の牡馬・セン馬	228
	ホッコータルマエ	母父米国型か日本型	264
	マジェスティックウォリアー	前走4着以下	274
	オルフェーヴル	2、3歳限定戦。母父米国型の牡馬	70
	キズナ	大型馬(前走馬体重460キロ以上)or母父が米国型	86
ダート1800m以上	トーセンジョーダン	古馬混合戦。近走先行経験(テンパターン50以内)or今回が距離延長	208
	American Pharoah	距離延長か近走先行経験馬(テンパターン50以内)	330
ダート1900m以上	キンシャサノキセキ	母父が米国型かミスプロ系(大系統)	106

亀谷敬正（かめたに・たかまさ）

「血統ビーム」をはじめとする革新的な競馬ツールの企画・作成、TV番組や書籍の企画・出演、執筆活動は20年以上。常に斬新な発想や分析で、競馬ファン・関係者に衝撃と影響を与え続けている。現在はYouTubeの動画を自社スタジオ「亀谷競馬サロン」から発信している。

血統ビーム オフィシャルサイト
https://k-beam.com

亀谷敬正 オフィシャル競馬サロン
https://www.keiba-salon.com

亀谷敬正の競馬血統辞典
（かめたにたかまさ　けいばけっとうじてん）

2021年9月17日初版第一刷発行
2021年10月5日初版第二刷発行

著　　　者	亀谷敬正	
発　行　者	雨奥雅晴	
装　　　丁	oo-parts design	
写　　　真	橋本健、村田利之	
発　行　所	オーパーツ・パブリッシング	
	〒220-0023　神奈川県横浜市西区平沼1-1-12	
	ダイアパレス高島町501	
	電話：045-513-5891　URL：https://oo-parts.jp	
発　売　元	サンクチュアリ出版	
	〒113-0023　東京都文京区向丘2-14-9	
	電話：03-5834-2507　FAX：03-5834-2508	
印刷・製本	中央精版印刷株式会社